한권으로 합격하는
요양보호사 최종모의고사 10회

1. 알기 쉬운 핵심이론 요약!
2. 최근 5년간의 출제문제를 엄선 수록!
3. 한권으로 요양보호사 완전 합격한다!

머리말

[오늘이 내 인생에서 가장 젊은 날이란 말이 있다.]

우리나라도 고령화 시대를 맞아 경력이 단절되거나 은퇴 후에도 적당한 일자리를 찾는 사람들이 늘어났으며 그중 하나로 요양보호사는 미래 직종으로 각광받고 있습니다.

요양보호사란 고령이나 노인성 질병 등의 사유로 일상생활을 혼자서 수행하기 어려운 노인 등에게 신체활동 또는 가사활동 지원 등 양질의 요양보호서비스를 제공하는 업무를 수행하는 자로서 국가공인요양보호사 자격을 취득한 요양보호 전문가를 말합니다

요양보호사는 교육기관에서 표준 교육 과정은 240시간, 국가 자격(면허) 소지자(간호사 · 간호조무사 · 물리치료사 · 사회복지사 · 작업치료사)는 40~50시간의 교육 과정을 이수하면 자격시험에 응시할 수 있으며 노인 요양 및 재가 시설에서 의무 채용하도록 돼 있어 많은 수요가 예상되며 많은 사람들이 일자리를 가질 수 있는 기회가 되었습니다.

요양보호사를 준비하는 사람들에게 시간과 노력을 절약하고 시험 준비에 완벽을 기할 수 있도록 본 책을 출간하게 되었습니다.

[본 교재의 특징]
첫째 – 시험에 대비하여 단기간에 내용을 파악하고 이해할 수 있도록 실전문제를 10회 수록하였습니다.
둘째 – 핵심 요약을 통하여 수험생들이 어려워하는 부분을 최대한 쉽게 꼭 알아야 할 내용들만 간략하게 정리하였습니다.
셋째 – 최신 경향을 철저히 분석한 적중 문제를 실어 최대의 효과를 얻을 수 있도록 하였습니다.
넷째 – 이 책 한 권만으로도 합격을 돕는 지름길로 갈 수 있도록 하였습니다.

이 책 한 권이 학습하는 여러분에게 절대적인 도움이 되리라 확신하면서 합격의 영광이 함께 하기를 기원합니다.

끝으로 본서를 발간하기까지 도와주신 모든 분들께 진심으로 감사하다는 말씀을 드립니다.

저자 드림

시험 안내

▶ 시험 과목

구분	시험 과목	시험 문제 수	배점	비고
1교시	1. 요양보호론(필기시험) (요양보호와 인권, 노화와 건강증진, 요양보호와 생활지원 및 상황별 요양보호기술)	35문제	1점/1문제	객관식 (5지 선다형)
	2. 실기시험	45문제		

▶ 시험시간표

— 컴퓨터 시험(CBT)

구분	입장 시작	입장 완료	시험 시작	중도 퇴실	시험 시간
오전 시험 (1 사이클)	09:20~	~09:40	10:00~	11:00~	10:00~11:30 (90분)
오후 시험 (2 사이클)	12:50~	~13:10	13:30~	14:30~	13:30~15:00 (90분)

※ 시험 센터에 따라 시험일과 시험 시간(오전/오후)이 다르게 운영될 수 있으므로, 해당 내용은 구간별 시험 일정 공개일에 다시 한번 확인 바람

※ 시험은 주 5일(월요일~금요일), 하루 2번(오전, 오후) 시행
　단, 월 1회에 한하여 토요일 오전에도 시행 예정

※ 월요일에는 오전 시험이 없으며, 오후 시험만 운영됨(센터 상황에 따라 운영될 수도 있음)

※ 지필시험은 CBT로 전환되었습니다.

※ 한국보건의료인국가시험원 홈페이지 : https://www.kuksiwon.or.kr/

목차

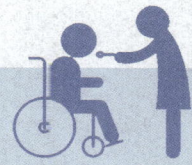

▶ 적중 시험문제
제1회 실전모의고사 ··· 008
제2회 실전모의고사 ··· 020
제3회 실전모의고사 ··· 032
제4회 실전모의고사 ··· 044
제5회 실전모의고사 ··· 056
제6회 실전모의고사 ··· 068
제7회 실전모의고사 ··· 080
제8회 실전모의고사 ··· 092
제9회 실전모의고사 ··· 104
제10회 실전모의고사 ······································· 115

▶ 적중 문제 정답 및 해설
제1회 실전모의고사 ··· 128
제2회 실전모의고사 ··· 134
제3회 실전모의고사 ··· 139
제4회 실전모의고사 ··· 144
제5회 실전모의고사 ··· 149
제6회 실전모의고사 ··· 154
제7회 실전모의고사 ··· 159
제8회 실전모의고사 ··· 164
제9회 실전모의고사 ··· 169
제10회 실전모의고사 ······································· 174

▶ 핵심요약 ··· 180

요양보호사 실전모의고사

적중 시험문제

제 1 회 실전모의고사
제 2 회 실전모의고사
제 3 회 실전모의고사
제 4 회 실전모의고사
제 5 회 실전모의고사
제 6 회 실전모의고사
제 7 회 실전모의고사
제 8 회 실전모의고사
제 9 회 실전모의고사
제 10 회 실전모의고사

1회 필기 적중 시험문제

001 요양보호사의 법적 권익 보호 중 성희롱이라고 느꼈을 때 대처방안으로 옳은 것은?
① 웃으면서 이렇게 하시면 안 된다고 말한다.
② 화를 내면서 다시는 오지 않는다고 말한다.
③ 감정적인 대응은 삼가고 단호히 거부의사 표현을 하고 기관장에게 보고하도록 한다.
④ 한번이니까 참고 넘어간다.
⑤ 대상자 가족에게 알리고 적정한 보상을 요구한다.

002 장기요양등급 판정 시 다음 설명에 해당하는 대상자의 등급으로 옳은 것은?

- 일상생활 수행이 어려움이 있다.
- 경증 치매를 앓고 있다.
- 장기요양 인정 점수가 47점이다.

① 장기요양 1등급
② 장기요양 2등급
③ 장기요양 3등급
④ 장기요양 4등급
⑤ 장기요양 5등급

003 노화에 따른 피부의 변화로 옳은 것은?
① 피부가 건조하고 탄력성이 증가한다.
② 상처회복이 빠르다.
③ 발톱이나 손톱이 딱딱하고 두꺼워진다.
④ 머리카락이 두꺼워진다.
⑤ 각질이 감소한다.

004 욕창이 발생할 위험 요소가 가장 큰 대상자는?
① 거동이 불편하면서 요실금이 있는 대상자
② 최근에 무릎 수술로 보조기로 걷는 대상자
③ 비만이 있는 대상자
④ 체중 감소가 있는 대상자
⑤ 피하지방이 많은 대상자

005 노인복지 원칙 중 옳은 것은?

- 일할 수 있는 기회를 갖는다.
- 개인 능력에 맞추어 적응할 수 있는 환경에서 살 수 있어야 한다.
- 적절한 교육과 훈련 프로그램에 접근할 수 있어야 한다.

① 독립의 원칙
② 참여의 원칙
③ 자아실현의 원칙
④ 존엄의 원칙
⑤ 보호의 원칙

006 노인 소유의 물건을 빼앗거나 저축이나 연금 등을 허락 없이 사용할 때 노인학대 중 옳은 것은?
① 신체적 학대
② 성적 학대
③ 경제적 학대
④ 정서적 학대
⑤ 방임

007 배우자 사별에 대한 적응 단계 중 빈칸에 해당하는 단계로 옳은 것은?

상실감 → ☐ → 혼자사는 삶의 개척

① 소외감 ② 상실감
③ 고독감 ④ 정체감
⑤ 책임감

008 잠도 못 자고, 밥맛이 없고, 최근 몸무게 감소를 보이고 있으면서 흥미와 의욕도 없는 노인의 심리적 현상으로 옳은 것은?
① 내향성의 증가
② 경직성의 증가
③ 조심성의 증가
④ 의존성의 증가
⑤ 우울증 경향의 증가

009 노인복지시설 중 재가노인 복지시설과 관계가 적은 것은?
① 방문목욕
② 주, 야간 보호서비스
③ 방문간호
④ 방문요양
⑤ 단기 보호

010 한 달 이상 기침하고 있는 대상자에게 요양보호사의 대처 방법으로 옳은 것은?
① 결핵인 것 같으니 약을 먹어야 할 것 같다고 말한다.
② 나이가 들면 그럴 수 있으니 지켜보자고 말한다.
③ 생강차를 먹으면 좋아진다고 차를 마시게 한다.
④ 가족과 상의하고 시설장이나 간호사에게 보고한다.
⑤ 알고 있는 지식을 활용하여 임시적 치료를 해 준다.

011 대상자가 회음부 세척을 거부할 때 요양보호사의 대처방안으로 옳은 것은?
① 회음부 세척을 거부하더라도 억지로 씻긴다.
② 안전하고 편안한 환경을 조성하고 물수건을 이용하여 본인이 할 수 있도록 돕는다.
③ 회음부 세척을 원할 때까지 기다려 준다.
④ 대상자 가족에게 씻기도록 한다.
⑤ 대상자에게 주의를 준다.

012 다음 설명에 해당하는 시설 생활노인 권리 보호를 위한 윤리 강령은?

• 사전 동의 없이 정보를 공개해서는 안 된다.
• 직무 수행 과정에서 얻은 정보를 대상자의 허락 없이 타인에게 노출해서는 안 된다.
• 노인의 사생활이 흥밋거리로 다루어져서는 안 된다.

① 사생활과 비밀 보장에 관한 권리
② 안락하고 안전한 생활 환경을 제공받을 권리
③ 존엄한 존재로 대우받을 권리
④ 개별화된 서비스를 제공받고 선택할 권리
⑤ 신체 구속을 받지 않을 권리

013 고혈압 진단을 받은 대상자의 치료 및 예방으로 옳은 것은?
① 혈압이 높지 않으면 약을 일시적으로 먹지 않아도 된다.
② 숨이 가쁘더라도 근력운동 위주로 한다.
③ 혈압약은 약사나 간호사와 상의하도록 한다.
④ 고지방식이, 저염식이를 한다.
⑤ 표준 체중을 유지하고 혈압을 규칙적으로 측정한다.

014 김씨 할아버지는 밤중에 자주 깨서 소변을 봐야 하고 소변 줄기가 가늘면서 보고 나서도 시원하지 않은 느낌을 받고 있다. 이 증상과 관련되는 질환으로 옳은 것은?
① 빈뇨
② 전립선 비대증
③ 야뇨
④ 고혈압
⑤ 당뇨

015 노인의 건강증진을 위해 영양관리로 옳은 것은?
① 입맛이 없으니 좋아하는 식단 위주로 식사를 한다.
② 탄수화물의 섭취를 늘린다.
③ 물을 많이 먹지 않는다.
④ 칼슘은 우유로 보충하고 비타민 D를 섭취한다.
⑤ 미각이 저하되어 있으므로 음식을 짜게 만들어 주어야 한다.

016 섬망에 대한 설명으로 옳은 것은?
① 만성질환이다.
② 서서히 나타나고 만성으로 진행된다.
③ 점차적으로 사람을 알아보지 못한다.
④ 주의 집중이 별로 떨어지지 않는다.
⑤ 갑자기 나타나고 대체로 회복된다.

017 노인의 약물 사용 방법으로 옳은 것은?
① 증상이 비슷할 경우 다른 사람에게 처방된 약을 함께 먹는다.
② 이전 처방약이 많이 남아 있을 경우 약을 복용해도 된다.
③ 약이 쓸 경우 우유나 녹차와 함께 복용한다.
④ 약 복용시간을 준수한다.
⑤ 약 복용을 잊었을 경우 2배로 복용한다.

018 노인 대상 예방접종과 관련된 설명으로 옳은 것은?
① 인플루엔자는 매년 2회 접종한다.
② 65세 이상 노인은 반드시 B형간염, A형간염을 접종을 권장하고 있다.
③ 50세 이상 노인은 인플루엔자는 매년 1회 접종한다.
④ 50세 이상 노인은 파상풍 디프테리아를 5년마다 추가 접종한다.
⑤ 폐렴구균은 65세 이상 접종한다.

019 뇌졸중은 노인의 사망 원인 1위이고 겨울철에 증가하고 있다. 예방 안전 수칙으로 옳은 것은?
① 실외 운동을 하는 것이 좋다.
② 겨울철에는 실외, 실내운동을 되도록 삼간다.
③ 새벽 시간보다는 오전 10시~오후 4시 사이에 운동하는 것이 좋다.
④ 가까운 곳을 외출할 때는 가볍게 입고 나간다.
⑤ 따뜻한 곳에서 갑자기 차가운 장소로 이동해도 괜찮다.

020 천식이 있는 노인이 운동 후 가슴이 답답해하며 호흡 곤란을 겪고 있을 때 돕기 위한 방법으로 옳은 것은?
① 적당한 휴식과 수면을 취하도록 한다.
② 깊은 심호흡을 할 수 있도록 돕는다.
③ 처방받은 기관지확장제를 투여하도록 돕는다.
④ 119에 신고한다.
⑤ 실내보다는 실외로 이동시켜서 불안을 줄인다.

021 요양보호 업무 유형과 내용으로 연결이 옳은 것은?
① 신체활동 지원 서비스 – 세면 도움
② 정서 지원 서비스 – 외출 시 동행
③ 일상생활 지원 서비스 – 세면 도움
④ 인지지원 서비스 – 생활 상담
⑤ 신체활동 지원 서비스 – 취사

022 임종 적응 단계 중 순서로 옳은 것은?

> 가. 분노 나. 수용 다. 우울 라. 부정 마. 타협

① 가 – 나 – 다 – 라 – 마
② 가 – 라 – 마 – 다 – 나
③ 라 – 가 – 마 – 다 – 나
④ 라 – 가 – 다 – 마 – 나
⑤ 다 – 라 – 가 – 마 – 나

023 임종 대상자의 가슴에서 가래 끊는 소리가 들릴 경우 대처 방법으로 옳은 것은?

① 상체를 높여 준다.
② 고개를 옆으로 돌려 주어 입안을 닦아 준다.
③ 손을 잡아 준다.
④ 담요를 덮어 준다.
⑤ 얼음조각을 입에 넣어 준다.

024 요양보호사의 윤리적 태도로 옳은 것은?

① 대상자와 친근해질 경우 반말을 할 수 있다.
② 대상자가 없을 경우 들어가서 기다려 준다.
③ 방문 시간에 늦을 경우 사전에 연락하여 양해를 구한다.
④ 피곤할 경우 피로한 모습을 보이거나 일찍 간다고 말한다.
⑤ 대상자에게 서비스를 제공할 경우 요양보호사의 판단하에 한다.

025 신체활동에 필요한 복지용구 중 대여 품목으로 옳은 것은?

① 이동변기
② 이동 욕조
③ 욕창예방 방석
④ 안전손잡이
⑤ 성인용 보행기

026 요양보호사의 신체 손상을 줄이기 위한 방법으로 옳은 것은?

① 무릎을 굽히고 중심을 높게 한다.
② 대상자와 떨어져서 보조한다.
③ 지지면을 넓히고 무게 중심을 낮게 한다.
④ 무릎은 구부리지 않는다.
⑤ 척추를 구부린다.

027 편마비 대상자의 식사 자세로 옳은 것은?

① 건강한 쪽을 밑으로 하여 옆으로 눕게 한다.
② 마비된 쪽을 밑으로 하여 옆으로 눕게 한다.
③ 똑바로 누워서 고개만 옆으로 돌린다.
④ 침대에 걸터앉아서 먹을 수 있도록 한다.
⑤ 일어나서 먹을 수 있도록 한다.

028 옴의 치료 및 예방으로 옳은 것은?

① 가족 또는 동거인 중 신체 접촉이 있었더라도 증상이 있는 대상자만 치료한다.
② 옴진드기가 가장 활동적인 낮에 약을 바른다.
③ 옴진드기에 오염된 것으로 생각되는 침구, 옷 등과의 접촉을 금한다.
④ 내복과 침구는 햇볕에 널어 둔다.
⑤ 치료용 연고를 바를 때 마비가 있는 쪽은 바르지 않는다.

029 노화에 따른 호흡기계 특성으로 옳은 것은?

① 폐 순환량 증가
② 기침반사 증가
③ 기관지 내 분비물 저하
④ 폐포의 탄력성 저하
⑤ 섬모운동 증가

030 어르신이 술 취한 사람처럼 비틀거리면서 한쪽으로 자꾸 쓰려지려고 한다. 뇌졸중의 증상 중 옳은 것은?
① 반신마비
② 의식장애
③ 운동실조증
④ 어지럼증
⑤ 시력장애

031 수분을 충분히 마셔야 하는 질병으로 옳은 것은?
① 간경화
② 부신기능저하증
③ 심부전
④ 신부전증
⑤ 폐렴

032 당뇨병 대상자에게 식사를 제공할 때 식단으로 옳은 것은?
① 인절미, 고구마
② 늙은 호박, 수박
③ 보리밥, 사과
④ 찹쌀밥, 도넛
⑤ 우동, 찐감자

033 노인성 난청 대상자와 이야기하는 방법으로 옳은 것은?
① 빠르고 큰 목소리로 말한다.
② 이해할 때까지 되풀이해서 말한다.
③ 자신을 속인다고 생각할 수 있어 다른 곳을 보면서 이야기한다.
④ 입모양은 작게 벌리면서 정확하게 말한다.
⑤ 촉각으로 이해시킨다.

034 유치도뇨관을 삽입하고 있는 대상자의 소변주머니 관리 돕기 방법으로 옳은 것은?
① 유치도뇨관을 가지고 있기 때문에 물을 적게 먹어야 한다고 알려 준다.
② 보행을 할 경우 유치도뇨관이 빠질 수 있으므로 침대에서 안정시킨다.
③ 소변량과 색깔은 소변주머니를 비울 때만 확인한다.
④ 소변주머니를 방광 위치보다 높게 두지 않는다.
⑤ 대상자의 아랫배가 불편감이 있을 수 있다고 알려 준다.

035 안압의 상승으로 시신경이 손상되어 시력이 점차 약해지는 질환으로 옳은 것은?
① 녹내장
② 백내장
③ 황반변성
④ 망막박리
⑤ 노안

1회 실기 적중 시험문제

001 경관영양 돕는 방법으로 옳은 것은?
① 영양액을 따뜻하게 준비한다.
② 비위관이 빠져 있으면 임의적으로 밀어 넣는다.
③ 왼쪽으로 눕힌 후 경관영양을 주입한다.
④ 영양액을 다 주고 난 후 피곤할 수 있으니 바로 눕힌다.
⑤ 영양액은 위장과 같은 위치에 걸어야 천천히 흘러 들어갈 수 있다.

002 치매가족이 느끼는 부담의 종류로 옳지 않은 것은?
① 신체적 부담
② 가족의 긍정적 변화
③ 정서적 부담
④ 경제적 부담
⑤ 사회활동의 제한

003 입안을 닦을 때 순서로 옳은 것은?
① 윗니 → 아랫니 → 윗몸 → 아래쪽 잇몸 → 혀 → 입천장 → 볼 안쪽
② 아랫니 → 윗니 → 아래쪽 잇몸 → 윗몸 → 입천장 → 볼 안쪽 → 혀
③ 윗니 → 윗몸 → 아래쪽 잇몸 → 아랫니 → 입천장 → 혀 → 볼 안쪽
④ 아랫니 → 아래쪽 잇몸 → 윗니 → 윗몸 → 입천장 → 볼 안쪽 → 혀
⑤ 윗니 → 윗몸 → 아래쪽 잇몸 → 아랫니 → 혀 → 입천장 → 볼 안쪽

004 대상자가 스스로 세수를 할 수 없는 경우 눈을 닦아 주는 방향으로 옳은 것은?

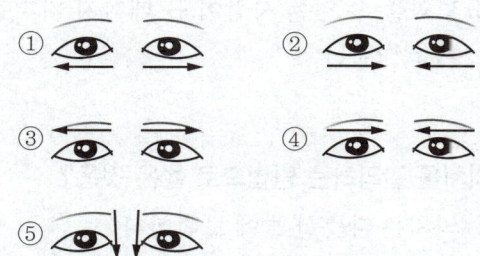

005 대상자의 손발톱 깎기 모양으로 옳은 것은?
① 손톱 – 일자로, 발톱 – 일자로
② 손톱 – 둥글게, 발톱 – 둥글게
③ 손톱 – 일자로, 발톱 – 둥글게
④ 손톱 – 둥글게, 발톱 – 일자로
⑤ 손톱 – 오목하게, 발톱 – 둥글게

006 좌측 편마비 대상자를 휠체어에서 이동변기로 옮길 때 이동변기의 위치로 옳은 것은?

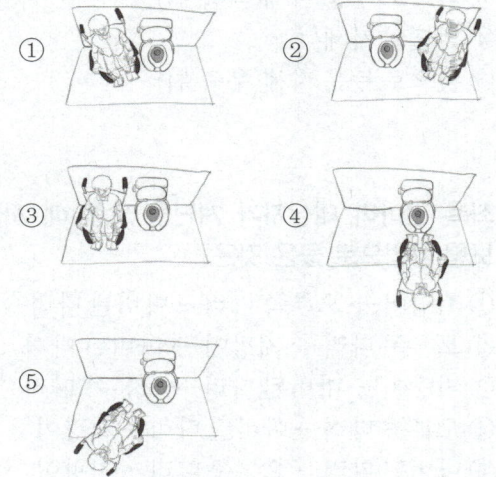

007 허리를 들 수 없거나 협조가 어려운 대상자 일 경우 기저귀를 교환하는 방법으로 옳은 것은?

① 똑바로 누운 상태에서 기저귀를 교환한다.
② 허리를 들게 하여 기저귀를 교환한다.
③ 대상자를 옆으로 돌려 눕혀 기저귀를 교환한다.
④ 무릎을 세우고 기저귀를 밑으로 깔아 둔다.
⑤ 도와줄 수 있는 사람이 올 때까지 기저귀 교환은 미룬다.

008 의치를 관리하는 방법으로 옳은 것은?

① 의치는 따뜻한 물에 보관한다.
② 의치를 세척할 때는 세정제를 사용하여 뜨거운 물에 삶는다.
③ 아래쪽 의치부터 먼저 뺀다.
④ 입안에 작은 상처가 있어도 의치를 끼워도 된다.
⑤ 잇몸에 압박 해소를 위해 자기 전에 의치를 뺀다.

009 숨이 차거나 얼굴을 씻을 때, 식사 시나 위관 영양을 도울 때 자세로 옳은 것은?

① 바로 누운 자세
② 반 앉은 자세
③ 옆으로 누운 자세(좌측 위)
④ 엎드린 자세
⑤ 옆으로 누운 자세(우측 위)

010 좌측 편마비 대상자가 계단을 오를 때 지팡이 보행 방법으로 옳은 것은?

① 지팡이 → 오른쪽 다리 → 마비된 다리
② 오른쪽 다리 → 지팡이 → 마비된 다리
③ 지팡이 → 마비된 다리 → 오른쪽 다리
④ 오른쪽 다리 → 마비된 다리 → 지팡이
⑤ 마비된 다리 → 오른쪽 다리 → 지팡이

011 치매 대상자가 밤만 되면 밖에 나가야 한다고 할 때 대처방법으로 옳은 것은?

① 밤에 나가면 위험하기 때문에 방문은 잠가둔다.
② 수면을 취하도록 눕혀준다.
③ 밤에는 나가면 안된다고 말한다.
④ 좋아하는 노래를 듣게 한다.
⑤ 복잡한 활동을 제시한다.

012 요양보호사는 어르신의 오늘 하루 동안 먹은 양과 대, 소변의 양을 체크하면서 상태를 기록하였다. 요양보호 기록의 종류 중 옳은 것은?

① 상담일지
② 방문일지
③ 상태 기록지
④ 사고보고서
⑤ 장기요양급여 제공 기록지

013 요양보호 기록의 원칙으로 옳은 것은?

① 요양보호사의 생각이나 의견을 토대로 작성한다.
② 기록을 미루지 말고 신속하게 작성한다.
③ 장황하게 기록한다.
④ 몇 잔, 몇 일 기록보다는 "많이, 오랜만에" 같은 표현으로 기록한다.
⑤ 기록이 잘못되었을 경우 간단하게 지워도 된다.

014 치매를 앓고 있는 어르신의 식사 돕기 방법으로 옳은 것은?
① 그릇은 접시를 사용하여 덜 흘리게 한다.
② 양념 통은 바로 집어서 먹을 수 있도록 식탁 위에 둔다.
③ 씹는 행위를 잊어버리지 않기 위해 먹기 좋게 고기는 잘라서 제공한다.
④ 색깔이 있는 플라스틱 제품을 사용하는 것이 좋다.
⑤ 졸려하는 경우 식사를 빨리 먹을 수 있도록 도와준다.

015 치매를 앓고 있는 어르신이 우리 아들 어디 갔어? 라고 반복적으로 질문할 때 돕는 방법으로 옳은 것은?
① '집에 있어요'라고 말한 뒤 다른 일을 한다.
② 평소에 좋아하는 음식을 준다.
③ 피곤한 것 같으니 잘 수 있도록 도와준다.
④ 여러 번 말하는 건 좋지 않다고 설명한다.
⑤ 질문할 때마다 답변을 해 준다.

016 어르신이 바지를 내리려고 하면서 손으로 엉덩이나 배를 가리킬 때 요양보호사의 언어적 표현으로 옳은 것은?
① 바지를 내리시면 안 된다고 말한다.
② 요양보호사가 수치심을 가질 수 있으므로 시설장에게 보고한다.
③ 화장실이 가고 싶은지 물어본다.
④ 불편해하는 것 같으니 조용히 나가서 기다려준다.
⑤ 행동의 이유를 묻는다.

017 대상자의 배설물 상태에서 꼭 보고해야 하는 상황으로 옳은 것은?
① 소변량이 평소보다 많을 때
② 대변이 질퍽할 때
③ 푸른빛의 소변 색이 나올 때
④ 대변을 1~2일에 한 번 볼 때
⑤ 소변볼 때 거품이 났다가 바로 사라질 때

018 왼쪽 편마비 대상자의 옷을 벗을 때( )부터 벗고, 옷을 입을 때( ) 순서로 옳은 것은?
① 오른쪽 → 왼쪽
② 오른쪽 → 오른쪽
③ 왼쪽 → 오른쪽
④ 왼쪽 → 왼쪽
⑤ 머리 → 머리

019 편마비 대상자를 침대 위에서 일으켜 앉히는 방법으로 옳은 것은?
① 요양보호사는 대상자의 마비된 쪽에 선다.
② 대상자의 마비된 양손은 바닥에 내려 둔다.
③ 대상자가 두 손으로 짚고 일어나 앉을 수 있도록 한다.
④ 대상자의 양쪽 무릎을 굽혀 어깨와 엉덩이를 지지하여 돌려 눕힌다.
⑤ 일어나는 방법을 설명하고 혼자 할 수 있도록 지지한다.

020 대상자의 식사준비 시 조리방법으로 옳은 것은?
① 찜 - 부드러운 맛을 위해 센 불로 짧게 가열한다.
② 삶기 - 육류는 되도록 오래 삶는다.
③ 삶기 - 생선은 오래 삶아야 부드럽다.
④ 굽기 - 오래 구워야 맛을 살릴 수 있다.
⑤ 볶기 - 채소는 오래 데친 후 볶는다.

021 감염성 질환으로 옳은 것은?

| 가. 고혈압 | 나. 독감 |
| 다. 코로나-19 | 라. 노로바이러스 장염 |

① 가, 나, 다
② 가, 나
③ 나, 다, 라
④ 가, 라
⑤ 가, 나, 다, 라

022 대상자가 유치도뇨관을 강제로 빼려고 한다. 안 되는 이유를 설명하려고 할 때 옳은 것은?

① 자를 수 있는 가위가 없기 때문에
② 소변이 밖으로 새어 나오기 때문에
③ 주변 사람들이 싫어하기 때문에
④ 다시 연결이 어렵기 때문에
⑤ 요도 점막의 손상 때문에

023 누워 있는 대상자에게 침대에서 머리를 감길 때 돕는 방법으로 옳은 것은?

① 환기를 위해 문과 창문을 열어 놓는다.
② 솜으로 귀를 막고 눈에 수건을 올려놓는다.
③ 방수포는 다리 쪽에 깐다.
④ 손톱으로 두피를 마사지한다.
⑤ 장신구는 잃어버리지 않게 빼지 않고 감긴다.

024 다음 그림과 같은 방법에 따라 건조해야 하는 세탁물로 옳은 것은?

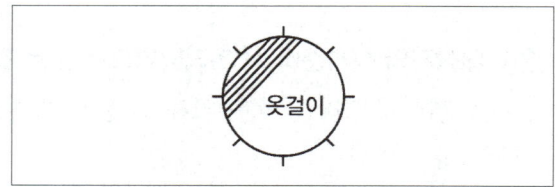

① 노란색 스웨터
② 노란색 블라우스
③ 흰색 면티
④ 이불류
⑤ 파란색 니트

025 대상자의 쾌적한 실내 환경 조성을 위해 옳은 것은?

① 환기는 하루 1번 10~30분 정도 열어서 환기한다.
② 실내온도는 여름에는 18~22℃, 겨울은 22~25℃가 쾌적한 온도이다.
③ 실내 습도는 40~60%가 적합하다.
④ 배설물을 치울 때는 간접 조명이 배설물 확인이 쉽다.
⑤ 야간에는 모든 조명을 끈다.

026 어르신이 인절미를 먹고 있다가 갑자기 기침을 하면서 괴로운 표정으로 목을 조르는 듯한 자세를 취하고 있다. 요양보호사의 돕는 방법으로 옳은 것은?

① 손가락을 넣어서 빼려고 시도한다.
② 사레가 걸린 것 같으니 물을 먹여 준다.
③ 119에 신고한다.
④ 등을 두드려 준다.
⑤ 가장 먼저 기침을 하게 한 후 뒤에서 양손으로 밀어 올린다.

027 자동심장충격기의 패드 부착 위치로 옳은 것은?

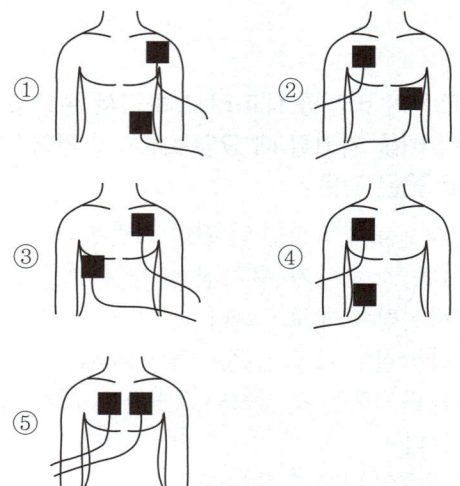

028 심폐소생술 순서로 옳은 것은?

> 가. 도움요청 　　나. 반응확인
> 다. 가슴압박 　　라. 회복자세
> 마. 호흡확인

① 가 - 나 - 다 - 라 - 마
② 가 - 나 - 다 - 마 - 라
③ 나 - 가 - 마 - 다 - 라
④ 가 - 다 - 나 - 라 - 마
⑤ 마 - 나 - 다 - 라 - 가

029 지팡이 선정 시 고려사항으로 옳은 것은?

① 지팡이는 신체 길이보다 짧은 게 좋다.
② 등이 굽어 있어서 지팡이 사용은 어렵다.
③ 지팡이를 사용하는 쪽은 새끼발가락으로부터 20cm 지점이다.
④ 바닥을 짚은 상태에서 20~30도 구부린 높이
⑤ 지팡이 길이는 길수록 좋다.

030 대상자의 신체활동을 돕고 난 후 손 씻는 방법으로 옳은 것은?

① 물로만 깨끗이 씻는다.
② 손의 물기를 제거할 때 젖은 수건으로 닦는다.
③ 장갑을 착용했더라도 물과 비누로 씻는다.
④ 손가락만 씻는다.
⑤ 비누가 없을 경우 물로만 씻는다.

031 평소 당뇨 질환이 있는 어르신이 외출을 하던 중 갑자기 식은땀을 흘리면서 어지럽다고 호소할 때 요양보호사의 대처 방법으로 옳은 것은?

① 앉을 수 있는 곳을 찾아서 쉬게 한다.
② 저체온증 때문일 수 있으므로 옷으로 덮어 준다.
③ 꽉 끼는 옷으로 증상이 있을 수 있으므로 단추를 풀어 준다.
④ 설탕, 주스 등을 먹인 다음 쉬게 한다.
⑤ 심호흡을 깊게 할 수 있도록 한다.

032 식중독 예방 방법으로 옳은 것은?

① 육류와 채소 등의 도마는 하나로 사용한다.
② 육류 중 소는 회로 먹을 수 있다.
③ 오염된 조리 기구는 세척만 해도 충분하다.
④ 고기, 생선류는 충분히 가열한다.
⑤ 조리된 음식은 실온에 보관해도 괜찮다.

033 대화를 나누는데 나의 말의 반응이 없는 동료에게 나-전달법의 대화로 옳은 것은?

① "어디까지 알아들었는지 답답해요."
② "내 말이 들리나요?"
③ "이해해요?"
④ "무슨 일이 있나요?"
⑤ "나중에 얘기해요."

034 변비가 있는 대상자에게 할 수 있는 치료 및 예방으로 옳은 것은?

① 변비가 있을 때마다 하제를 사용해서 변을 잘 볼 수 있게 한다.
② 우유는 변의를 느끼게 하므로 자주 섭취한다.
③ 변비가 심할 경우 식사량을 줄인다.
④ 변의가 있어도 참았다가 정해진 시간에 가도록 한다.
⑤ 운동보다는 복부마사지를 자주 한다.

035 근골격계의 노화에 따른 특성으로 옳은 것을 고르시오.

> 가. 어깨는 좁아지고 골반은 커진다.
> 나. 엉덩이와 허리의 피하지방이 감소한다.
> 다. 근육피로를 자주 느끼게 된다.
> 라. 관절운동이 제한된다.

① 가, 나, 다
② 나, 다, 라
③ 가, 다, 라
④ 나, 라
⑤ 가, 나, 다, 라

036 퇴행성 관절염으로 도움이 되는 운동으로 옳은 것은?

① 장거리 걷기
② 등산
③ 배드민턴
④ 계단 오르기
⑤ 수영

037 뇌전증이 있는 어르신이 갑자기 경련을 일으켰다. 요양보호사가 돕는 방법으로 옳은 것은?

① 급한 상황이므로 딱딱한 바닥에 눕게 한다.
② 똑바로 눕히고 거품이 일어나면 닦아 준다.
③ 혀를 깨물 수 있으므로 손수건이나 누를 수 있는 막대를 넣어 준다.
④ 몸에 꽉 끼는 옷의 단추를 풀고 편하게 호흡하게 한다.
⑤ 경련이 심해질 경우 대상자를 꽉 붙잡아서 발작을 멈추게 한다.

038 다음 내용 중 화상의 증상으로 옳은 것은?

> • 표피에만 국한된 화상이다.
> • 화상 부위가 빨갛게 변하며 약간 부어올라 있다.
> • 통증은 있지만 물집은 생기지 않는다.

① 욕창
② 괴사
③ 1도 화상
④ 2도 화상
⑤ 3도 화상

039 출혈이 있는 대상자를 돕는 방법으로 옳은 것은?

① 출혈이 나지 않게 부위에 압박붕대로 꽉 조인다.
② 쇼크가 의심된다면 다리를 높여준다.
③ 급한 상황이므로 맨손으로 직접 압박한다.
④ 멸균거즈를 덮어만 둔다.
⑤ 생리식염수로 출혈 부위를 뿌려 주고 거즈로 압박한다.

040 대상자가 갑자기 숨이 찬다면서 얼굴이 하얗게 변하는 증상이 일어 났을 때 요양보호사의 대처 방법으로 옳은 것은?

① 빨리 숨쉬라고 재촉한다
② 물을 먹여본다.
③ 즉시 도움을 요청하고 천장을 바라보는 자세로 눕힌다.
④ 빨리 세게 호흡을 불어 넣는다.
⑤ 계속 말을 시켜서 의식을 놓지 않게 한다.

041 자동심장충격기의 사용법으로 연결이 옳은 것은?

가. 전원을 켠다.
나. 모두 물러나고 제세동을 시행한다.
다. 심장 리듬을 분석한다.
라. 패드를 붙인다.

① 가 - 나 - 다 - 라
② 가 - 다 - 라 - 나
③ 가 - 라 - 다 - 나
④ 라 - 가 - 다 - 나
⑤ 라 - 가 - 나 - 다

042 대상자의 건강 상태를 위해 식재료를 구매하는 방법으로 옳은 것은?
① 요양보호사의 주관대로 식재료를 구매한다.
② 한꺼번에 다량으로 식재료를 구매한다.
③ 유통기한이 임박하고 저렴한 식재료를 구매한다.
④ 식재료의 종류와 양을 결정하여 구매 목록을 만든다.
⑤ 영양 표시보다는 가볍게 먹을 수 있는 식재료로 구매한다.

043 빈혈 대상자가 충분하게 섭취해야 하는 음식은?
① 김치
② 돼지고기
③ 젓갈
④ 현미밥
⑤ 붉은 살코기

044 임종 시 마지막까지 남아 있는 감각기관으로 옳은 것은?
① 미각
② 청각
③ 후각
④ 시각
⑤ 통각

045 임종한 대상자의 돕는 방법으로 옳은 것은?
① 의치가 있으면 제거한다.
② 어둡지 않게 조명은 밝게 한다.
③ 시트는 머리부터 발끝까지 덮도록 한다.
④ 대상자를 바로 눕히고 베개를 이용하여 어깨와 머리를 올려 준다.
⑤ 가족이 오기 전에 물건들을 정리한다.

2회 필기 적중 시험문제

001 노인의 심리적 특성으로 옳은 것은?
① 우울증의 감소
② 내향성의 증가
③ 조심성의 감소
④ 경직성의 감소
⑤ 의존성의 감소

002 국제연합이 채택한 노인을 위한 유엔 원칙에 해당하는 것은?
① 시설에 거주할 때에도 사생활을 존중해야 한다.
② 가능한 가정보다는 시설에서 살도록 유도한다.
③ 능력별, 지위별로 대우받아야 한다.
④ 젊은 세대와 지식과 기술을 공유하지 않게 한다.
⑤ 사회운동을 하거나 단체를 조직할 수 없도록 한다.

003 대상자를 하루 중 일정한 시간 동안 장기요양기관에 보호하여 신체활동 지원을 제공하는 장기요양급여는?
① 단기 보호
② 요양병원 간병 급여
③ 가족 요양 급여
④ 특례 요양 급여
⑤ 주·야간 보호

004 장기요양등급 판정 시 다음 설명에 해당하는 대상자의 등급은?

- 장기요양 인정 점수가 65점이다.
- 보행보조기 등을 통해 이동한다.
- 일상생활에서 부분적으로 다른 사람의 도움을 받아야 외출이 가능하다

① 장기요양 1등급
② 장기요양 2등급
③ 장기요양 3등급
④ 장기요양 4등급
⑤ 장기요양 5등급

005 요양보호사가 가정 등을 방문하여 신체활동 및 가사활동을 지원하는 재가 급여의 종류로 옳은 것은?
① 방문목욕
② 방문요양
③ 방문간호
④ 주, 야간 보호
⑤ 단기보호

006 장기요양기관에서 방문요양과 방문목욕 서비스를 제공할 수 있는 장기요양 요원은?
① 간호사
② 요양보호사
③ 간호조무사
④ 치위생사
⑤ 사회복지사

007 다음 설명에 해당하는 시설 생활노인 권리보호를 위한 윤리강령은?

> • 시설의 규칙과 규정을 생활노인과 가족에게 충분히 설명한다.
> • 입소 계약과 관련된 계약기간, 장기요양급여의 내용 및 비용 등을 설명한다.

① 충분한 정보를 제공받을 권리
② 질 높은 서비스를 받을 권리
③ 시설 내, 외부 활동 참여에 대한 권리
④ 가정과 같은 환경에서 생활할 권리
⑤ 사생활과 비밀 보장에 대한 권리

008 돌봄 종사자는 노인의 권익신장을 위한 상담과 조치를 취해야 하며 노인의 권리가 침해받은 경우 권리 규제에 적극적 조치를 강구해야 한다고 규정한 윤리강령은?

① 안락하고 안전한 생활 환경을 제공받을 권리
② 사생활과 비밀보장에 관한 권리
③ 시설정보에 대한 접근성을 보장받을 권리
④ 질 높은 서비스를 받을 권리
⑤ 존엄한 존재로 대우받을 권리

009 다음 사례에 해당하는 노인 학대 유형은?

> 작은 쪽방에서 생활하는 대상자는 1개월 전에 배우자와 사별한 후 식사를 거르고 약 복용을 중지한 채 혼자 지냈다. 이로 인하여 신체가 쇠약하고 체력이 현저히 떨어졌다.

① 자기방임
② 방임
③ 유기
④ 신체적 학대
⑤ 경제적 학대

010 다음 설명에 해당하는 업무를 담당하는 기관은?

> • 노인 학대 사례의 신고 접수
> • 신고된 시설 학대 사례에 대한 개입
> • 학대 사례에 대한 사례 관리 절차 지원

① 주민자치센터
② 구청
③ 경찰서
④ 노인보호전문기관
⑤ 노인복지관

011 요양보호사가 서비스를 제공할 때 올바른 행동으로 옳은 것은?

① 치매대상자는 보호자 동의 없이 서비스를 제공한다.
② 학대받는 상황이 발견되면 스스로 문제를 해결한다.
③ 대상자로부터 서비스 제공에 대한 물질적 보상을 요구한다.
④ 대상자를 상호 대등한 관계로 대한다.
⑤ 욕창관리, 관장 등 서비스를 제공한다.

012 요양보호사가 목욕 서비스를 하고 있을 때 대상자가 뒤에서 가슴을 만지는 경우 대처 방법으로 옳은 것은?

① 화를 내며 나간다.
② 아무렇지 않게 계속 목욕 서비스를 마무리한다.
③ "이러시면 안 됩니다."라고 단호하게 대처한다.
④ 대상자를 성추행으로 신고한다.
⑤ 대상자의 가족에게 정신적 피해 보상을 요구한다.

013 노인성 질환의 일반적 특성으로 옳은 것은?
① 대부분 만성질환이 아니다.
② 회복이 느리고 합병증이 발생한다.
③ 원인이 명확하여 노화와 구별이 용이하다.
④ 급성 퇴행성 질병이다.
⑤ 약물 부작용이 적어 약물 치료가 용이하다.

014 노화에 따른 소화기계 특성으로 옳은 것은?
① 짠맛과 단맛에 둔해지고 쓴맛을 잘 느낀다.
② 근력과 운동능력이 좋아진다.
③ 청각기능이 발달한다.
④ 고혈압 또는 저혈압이 발생한다.
⑤ 감각이나 인지능력이 향상된다.

015 설사를 많이 하여 탈수가 예상되는 대상자에게 올바른 대처 방법은?
① 시원한 커피를 준다.
② 고지방 음식을 준다.
③ 수시로 지사제를 제공한다.
④ 식이섬유가 풍부한 음식을 제공한다.
⑤ 물을 충분히 마시게 한다.

016 노인의 변비를 완화시키는 방법으로 옳은 것은?
① 수분 섭취를 줄인다.
② 규칙적인 운동을 한다.
③ 신체활동을 줄인다.
④ 빈번한 하제를 사용한다.
⑤ 우유 섭취를 억제한다.

017 다음 증상이 나타나는 노인성 질환은?

- 숨을 내쉴 때 천명음이 나타난다.
- 가슴이 답답한 느낌이 난다.
- 점액 분비량이 증가하고 알레르기성 비염 증상이 나타난다.

① 폐결핵　　　② 폐렴
③ 만성기관지염　④ 천식
⑤ 독감

018 고혈압 약물복용 방법으로 옳은 것은?
① 약 복용 후 혈압이 안정되었다면 약 복용을 중단한다.
② 전날 약 복용을 잊었다면 다음날에 전날의 약을 같이 복용한다.
③ 약을 규칙적으로 복용한다.
④ 약 복용 후 두통 등의 증상이 없으면 약 복용을 중단한다.
⑤ 혈압이 높게 상승할 때만 약을 복용한다.

019 심장의 수축력이 저하되어 신체조직의 대사 요구에 적절한 혈액을 공급받지 못하여 피로, 걷기, 계단 오르기 등 일상생활이 어려운 질환은?
① 심부전
② 신부전
③ 만성관절염
④ 고혈압
⑤ 류마티스

020 다음과 같은 증상을 보이는 노인성 질환은?

- 날씨나 활동에 따라 통증의 호전과 악화가 반복된다.
- 연골이 닳아서 관절에 염증성 변화가 나타난다.
- 아침에 일어나면 관절이 뻣뻣해져 있다.

① 골다공증
② 고관절 골절
③ 류마티스
④ 허리 디스크
⑤ 퇴행성 관절염

021 치매 노인의 지남력 저하로 나타나는 증상은?
① 핸드폰 둔 곳을 기억하지 못한다.
② 친구와의 통화 내용을 기억하지 못한다.
③ 날짜와 시간을 기억하지 못한다.
④ 통화 중 적절한 단어를 떠올리지 못한다.
⑤ TV 리모컨을 조작하지 못한다.

022 뇌의 혈관이 막히거나 터져서 혈액이 공급되지 못하여 나타나는 질환의 증상은?
① 연한 혈뇨
② 마비와 언어장애
③ 묽은 혈변
④ 안정 시 떨림
⑤ 기침과 가려움증

023 노인의 건강증진을 위한 식단으로 옳은 것은?
① 동물성 지방 섭취를 권장한다.
② 섬유질 섭취를 제한한다.
③ 고열량 식품을 권장한다.
④ 저염식이를 한다.
⑤ 유제품 섭취를 제한한다.

024 노인 대상자의 운동 관리 방법으로 옳은 것은?
① 근육 손상을 방지하기 위해 준비운동을 한다.
② 운동효과를 위해 고강도 운동을 권장한다.
③ 마무리 운동은 생략한다.
④ 폐활량을 높이기 위해 마라톤을 권장한다.
⑤ 운동은 고강도부터 시작하여 점차 강도를 줄인다.

025 수면장애가 있는 대상자의 수면관리 방법으로 옳은 것은?
① 커피나 카페인 음료를 마신다.
② 낮잠을 충분히 재운다.
③ 규칙적인 운동과 일정한 시각에 수면을 취한다.
④ 취침 전 집중할 수 있는 일을 한다.
⑤ 저녁 식사를 충분히 제공한다.

026 노인 대상자의 건강증진을 위한 약물 관리 방법으로 옳은 것은?
① 술을 마시고도 꼭 약을 복용한다.
② 약물의 용량을 증상에 따라 증감한다.
③ 증상이 비슷한 사람끼리 약물을 같이 복용한다.
④ 다른 사람과 처방전을 바꿔서 복용한다.
⑤ 현재 복용 중인 약물이 있더라도 가장 최근의 처방약을 복용해야 한다.

027 65세 이상의 성인에게 필요한 예방접종 감염병은?
① 자궁경부암
② 폐렴구균
③ 폐결핵
④ 뇌염
⑤ 장티푸스

028 설명에 해당하는 노인의 심리적 현상은?

> • 융통성이 없어진다.
> • 새로운 변화를 싫어한다.
> • 익숙한 태도나 방법을 고집한다.

① 수동성 증가
② 의존성 증가
③ 경직성 증가
④ 애착심 증가
⑤ 조심성 증가

029 거동이 불편한 대상자가 요양보호사에게 고액의 돈을 은행에 입금해 달라고 부탁했을 때 요양보호사의 대처 방법으로 옳은 것은?

① 인터넷뱅킹을 권장한다.
② 대상자의 가족과 함께 가서 입금한다.
③ 요양보호사 혼자 은행에 가서 입금한다.
④ 고액이라 곤란하다고 정중히 거절한다.
⑤ 고액의 입금이라 본인이 직접 가셔야 한다고 말한다.

030 다음에 해당되는 학대의 유형은?

> 노모가 넘어져서 통증을 호소하며 누워 있는데 아들은 노모를 모시고 병원에 데려갈 생각을 하지 않는다.

① 유기
② 자기 방임
③ 경제적 학대
④ 신체적 학대
⑤ 방임

031 노인이 약물에 쉽게 중독되는 이유는?

① 신장의 배설 능력 감소
② 근육량의 감소
③ 지방량의 감소
④ 심장의 수축력 증가
⑤ 간의 대사 능력 증가

032 대장암 대상자에게 알맞은 음식은?

① 육개장
② 참치김치찌개
③ 장어구이
④ 곰국
⑤ 야채샐러드

033 퇴행성관절염이 있는 노인에게 알맞은 운동 방법은?

① 수영
② 등산
③ 탁구
④ 골프
⑤ 조깅

034 대상자가 말이 어눌해지고 팔과 다리를 가누지 못할 때 의심되는 증상은?

① 알츠하이머
② 파킨슨병
③ 뇌졸중
④ 고혈압
⑤ 심근경색

035 독감을 예방하기 위해 실시하는 인플루엔자 접종 주기는?

① 6개월에 1회
② 1년에 1회
③ 1년에 2회
④ 2년에 1회
⑤ 6개월에 2회

2회 실기 적중 시험문제

001 대상자가 식사 도중 사레 들리지 않도록 예방하는 방법으로 옳은 것은?

① 수분이 적은 음식을 준다.
② 음식을 먹을 때 삼키기 쉽게 밥을 먹은 후 국을 먹도록 한다.
③ 많은 양을 한꺼번에 넣어 준다.
④ 앉아서 상체를 앞으로 숙여서 식사한다.
⑤ 음식을 먹는 도중에 괜찮은지 질문한다.

002 경관영양을 하는 경우로 옳은 것은?

① 사레가 자주 걸리는 경우
② 삼키기 힘들 때
③ 음식을 먹기 싫어할 때
④ 다리에 마비가 있을 때
⑤ 전신마취를 한 경우

003 대상자가 약 복용시 특히 낙상에 주의해야 하는 약물로 옳은 것은?

① 소화제
② 감기약
③ 스테로이드제
④ 수면제
⑤ 당뇨약

004 부정맥이 있는 어르신이 와파린 약을 먹을때 주의해서 먹어야 하는 음식으로 옳은 것은?

① 시금치   ② 오이
③ 호박   ④ 사과
⑤ 배

005 복지용구 종류이다. 선정 시 고려사항으로 옳은 것은?

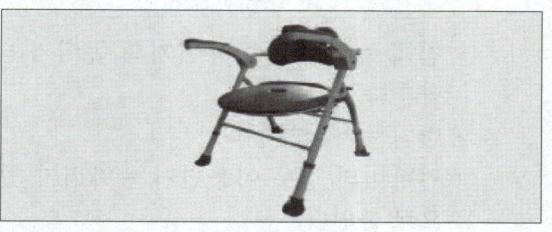

① 앉는 면이 높은 것이 좋다.
② 등받이는 낮은 것이 좋다.
③ 소재는 금속 재질로 되어 있는 것이 좋다.
④ 의자 부분에 구멍이 없어야 한다.
⑤ 팔걸이가 있으면 불편하다.

006 침상 배설돕기 순서로 옳은 것은?

> 가. 변기 밑에 화장지를 깔아 준다.
> 나. 커튼이나 스크린으로 가린다.
> 다. 둔부 밑에 방수포를 깐다.
> 라. 반듯한 자세로 항문이 변기 중앙에 오게 한다.

① 가, 나, 다, 라
② 가, 다, 나, 라
③ 나, 가, 다, 라
④ 나, 다, 가, 라
⑤ 라, 나, 가, 다

007 다음 그림에 해당하는 사용 돕기로 옳은 것은?

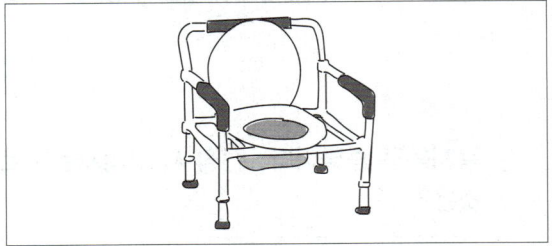

① 침대 높이보다 이동변기의 높이가 낮도록 맞춘다.
② 변기를 차갑게 둔다.
③ 편마비의 경우 이동변기는 마비가 있는 쪽으로 붙인다.
④ 움직이기 힘든 대상자의 경우 침대 난간에 빈틈없이 붙인다.
⑤ 대상자의 다리가 바닥에 닿지 않게 한다.

008 대상자의 식사 전에 입안을 헹구는 이유로 옳은 것은?

① 식욕을 억제하기 위해
② 충치 예방을 위해
③ 구강 건조를 막기 위해
④ 편도선염을 예방하기 위해
⑤ 위액분비를 줄이기 위해

009 치매 대상자의 약물 중 아리셉트라는 약물의 효능으로 옳은 것은?

① 인지기능 개선제
② 식욕촉진제
③ 근이완제
④ 항우울제
⑤ 혈액 순환제

010 요실금이 있는 치매 대상자가 실금한 경우 올바른 대처 방법으로 옳은 것은?

① 실수하지 않도록 단호하게 말한다.
② 수치심을 느낄 수 있으므로 그냥 놔둔다.
③ 신체 부위가 젖었더라도 옷부터 입힌다.
④ 기저귀를 채워 준다.
⑤ 더러워진 옷을 갈아입히고 매 2시간마다 배뇨하게 도와준다.

011 다음 그림 중 호흡곤란이 있을 때 취하는 자세로 옳은 것은?

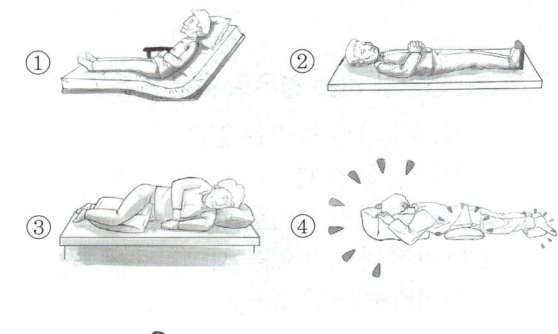

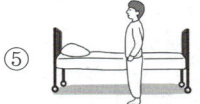

012 화재 시 소화기 사용법의 순서로 옳은 것은?

가. 손잡이를 움켜쥔다.
나. 노즐을 잡고 불쪽을 향한다.
다. 안전핀을 뽑는다.
라. 분말을 고르게 쓴다.

① 가, 나, 다, 라
② 가, 다, 나, 라
③ 다, 나, 가, 라
④ 다, 가, 나, 라
⑤ 나, 다, 가, 라

013 태풍 예보 시 대비 방법으로 옳지 않은 것은?
① 폭우 시 대피할 장소를 미리 알아둔다.
② 실내에서는 문과 창문을 닫고 외출을 하지 않는다.
③ 공사장 근처에는 가까이 가지 않는다.
④ 농촌, 산간 지역의 경우 물꼬 점검을 위해 나가서 점검한다.
⑤ 상수도 공급 중단을 대비해 욕실 등에 미리 물을 받아 둔다.

014 왼쪽 편마비 대상자가 지팡이를 이용하여 계단을 오르려고 한다. 보행 방법으로 옳은 것은?
① 지팡이 → 왼쪽 다리 → 오른쪽 다리
② 왼쪽 다리 → 지팡이 → 오른쪽 다리
③ 지팡이 → 오른쪽 다리 → 왼쪽 다리
④ 오른쪽 다리 → 지팡이 → 왼쪽다리
⑤ 오른쪽 다리 → 왼쪽 다리 → 지팡이

015 복지용구 중 구입 품목에 해당하는 것을 고르시오.

| 가. 이동변기 | 나. 욕창예방매트리스 |
| 다. 이동욕조 | 라. 안전손잡이 | 마. 지팡이 |

① 가, 나, 다
② 가, 다
③ 나, 다
④ 가, 라, 마
⑤ 다, 라, 마

016 장기 요양원의 설명으로 옳은 것은?
① 방문간호 업무를 수행하는 장기 요양원은 요양보호사이다.
② 방문간호는 간호사로서 1년 이상의 간호 업무 경력이 있는 자
③ 방문간호는 간호조무사로서 3년 이상의 간호보조 업무 경력이 있는 자
④ 방문간호 업무를 수행하는 장기 요양원은 사회복지사이다.
⑤ 방문요양에 관한 업무를 수행하는 장기 요양원은 치과 위생사이다.

017 대상자를 대면할 때 옳은 방법은?
① 대상자가 말을 걸기 전까지 쳐다보기만 한다.
② 상대방을 정면으로 보기보다는 힐끗 보는 것이 좋다.
③ 대상자가 시선을 피할 경우 내일 오겠다고 한다.
④ 대상자와 멀리 떨어져서 인사를 건넨다.
⑤ 대상자와 눈을 맞추고 2초 이내에 인사를 건낸다.

018 휠체어를 접는 방법의 순서가 옳은 것은?

| 가. 시트를 들어 올린다 | 나. 발 받침대를 올린다. |
| 다. 팔걸이를 접는다. | 라. 잠금장치를 잠근다. |

① 가, 나, 다, 라
② 가, 다, 나, 라
③ 라, 나, 다, 가
④ 라, 나, 가, 다
⑤ 나, 라, 가, 다

019 요양보호사가 휠체어 뒤에 서서 뒷바퀴를 내려놓고 앞바퀴를 올린 상태로 뒷바퀴를 천천히 뒤로 빼면서 이동시키고 있다. 휠체어 이동 시 작동법으로 옳은 것은?
① 문턱 오를 때
② 오르막길 갈 때
③ 문턱 내릴 때
④ 내리막길을 갈 때
⑤ 울퉁불퉁한 길을 갈 때

020 침대에서의 체위변경 목적으로 옳은 것은?
① 체위변경은 통증을 유발할 수 있으므로 되도록 하지 않는다.
② 대상자가 거부하면 하지 않는다.
③ 관절의 변형을 방지한다.
④ 낙상을 예방한다.
⑤ 대상자에게 안정감 주기 위해서다.

021 관장할 때 자세로 옳은 것은?
① 복위
② 앙와위
③ 반좌위
④ 측위
⑤ 좌위

022 의사소통의 방법 중 경청을 방해하는 것으로 옳은 것은?
① 상대방이 말하는 의미를 이해한다.
② 미리 대답을 준비한다.
③ 경청하고 있다는 것을 표현한다.
④ 오감을 동원해 적극적으로 듣는다.
⑤ 의견이 다르더라도 일단 수용한다.

023 어르신들의 여가활동 돕기로 옳은 것은?
① 여가활동은 대상자가 선택하기보다 요양보호사가 맞는 활동을 선택한다.
② 개인적인 차이를 고려하기보다 신체적 상태만 고려한다.
③ 프로그램이 어렵더라도 흥미 위주로 선택한다.
④ 개인 위주보다는 단체 위주의 프로그램을 선택한다.
⑤ 대상자의 욕구에 맞는 여가활동을 지원한다.

024 요양보호 기록의 목적으로 옳은 것은?
① 대상자의 개인정보를 기록하기 위해
② 요양보호사의 연속성을 유지하기 위해
③ 대상자에게 행한 서비스를 알리기 위해
④ 책임감을 줄여 주기 위해
⑤ 동료 요양보호사들에게 기록의 중요성을 알리기 위해

025 치매 대상자의 구강위생을 돕는 방법으로 옳은 것은?
① 거울을 보고 칫솔질을 하게 한다.
② 양치질을 거부할 경우 스스로 할 때까지 기다려 준다.
③ 의치는 변형을 막기 위해 따뜻한 물에 담가 둔다.
④ 치석 제거를 위해 딱딱한 칫솔을 사용한다.
⑤ 양치한 물을 뱉지 않을 경우 억지로 입을 벌려서라도 뱉게 한다.

026 치매 대상자의 안전과 사고예방으로 주변 환경을 돕는 방법으로 옳은 것은?
① 대상자의 방은 운동을 위해 2층으로 배치하는 것이 좋다.
② 환경은 자주 바꿔 준다.
③ 바닥에 넘어지지 않게 양탄자를 깔아둔다.
④ 사생활 보호를 위해 안에서도 잠글 수 있는 문으로 설치한다.
⑤ 출입구나 난로 주변에는 밝은색 야광테이프를 붙여 준다.

027 다음 내용은 치매 대상자의 문제행동이다. 돕는 방법으로 옳은 것은?

- 계속 같은 종류의 음식만 먹는다.
- 밥을 먹고도 계속 식사를 요구한다.

① 좋아하는 대체 식품을 이용한다.
② 식사를 요구할 때마다 반복해서 준다.
③ 금방 식사한 그릇은 바로 치워 버린다.
④ 못 들은 척한다.
⑤ 음식은 갈아서 줄 경우 배가 고플 수 있으므로 크게 썰어 준다.

028 임종의 징후로 옳은 것은?
① 맥박이 빨라진다.
② 손발이 따뜻하다.
③ 음식 섭취에 관심이 높아진다.
④ 숨을 가쁘게 몰아쉰다.
⑤ 혈압이 높아진다.

029 임종 적응 단계 중 "아니야, 나는 믿을 수 없어."라는 표현을 하며 자신의 병을 다시 회복될 수 있다고 믿는 단계는?
① 부정 ② 분노
③ 타협 ④ 우울
⑤ 수용

030 대상자의 임종 과정 동안 신체, 정신적 변화가 나타날 때 요양보호사가 돕는 방법으로 옳은 것은?
① 대상자의 몸이 싸늘해지면 보온을 위해 전기장판을 틀어 준다.
② 호흡이 불규칙할 때 상체와 머리를 높여주고 손을 잡아 준다.
③ 잠자는 시간이 길어지면 큰소리로 대상자를 깨운다.
④ 정신 혼돈이 있을 때는 대상자가 누군지 질문을 한다.
⑤ 가래가 끓을 경우 스스로 뱉어 내게 한다.

031 화상을 입었을 때 돕는 방법으로 옳은 것은?
① 화상 부위 물집은 바로 터트린다.
② 장신구는 잊어버릴 수 있으므로 그대로 둔다.
③ 화상 부위는 흐르는 수돗물에 직접 대 준다.
④ 벗기기 힘든 의복은 잘라 낸다.
⑤ 화상 부위에 치약을 바른다.

032 편의점에서 구입 가능한 비상약으로 옳은 것은?
① 고혈압약
② 당뇨약
③ 알레르기약
④ 해열진통제
⑤ 치매약

033 자동심장충격기의 사용법으로 옳은 것은?
① 자동심장충격기는 경련이 있는 대상자에게 사용한다.
② 패드 부착 위치는 오른쪽 패드는 오른쪽 빗장뼈 밑, 왼쪽 패드는 왼쪽 중간 겨드랑이 선에 붙인다.
③ 가슴압박과 인공호흡 비는 30 : 1의 비율로 한다.
④ 자동심장충격기는 5분 간격으로 분석을 자동 반복한다.
⑤ 제세동 필요 시 물러나라는 신호가 나오면 주변 사람들과 함께 쇼크 버튼을 누른다.

034 식품의 보관 방법으로 바르지 못한 것은?
① 조개류는 바로 사용하지 않을 때는 신문지에 싸서 냉장 보관한다.
② 시금치는 세워서 보관한다.
③ 감자는 냉장고에 보관한다.
④ 고구마는 서늘하고 어두운 곳에 보관한다.
⑤ 달걀은 둥근 부분이 위로, 뾰족한 부분이 아래로 향하게 놓는다.

035 안전한 식품 보관 방법으로 옳은 것은?
① 조리한 반찬, 국은 7일까지 보관할 수 있다.
② 냉동식품은 실온에서 해동한다.
③ 조리한 식품은 실온에 하루 정도 보관해도 된다.
④ 육류의 냉장 보관 기간은 2일이 안전하다.
⑤ 생선의 냉동보관 기간은 1년까지 안전하다.

036 다음 세탁 방법 중 애벌빨래에 관한 설명으로 옳은 것은?
① 커피는 알코올을 묻혀 톡톡 두드려 준다.
② 튀김기름 묻은 부위에 주방용세제를 떨어뜨려 비벼서 제거한다.
③ 얼룩이 생겼어도 즉시 처리하지 않아도 된다.
④ 립스틱 얼룩은 물로 살살 비빈다.
⑤ 땀이 묻은 부위는 말린다.

037 본 세탁의 물세탁 기호에 대한 설명으로 옳은 것은?

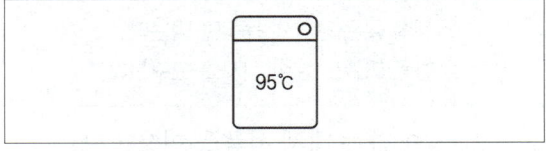

① 삶을 수 없음
② 세제 종류 제한 있음
③ 손세탁만 가능
④ 세탁기로 약하게
⑤ 95℃ 물로 세탁

038 거동이 불편하거나 인지기능이 저하된 대상자들의 여가활동 중 자기계발 활동 돕기로 옳은 것은?
① 책 읽기
② 퍼즐 놀이
③ 체조
④ 종이접기
⑤ 텃밭 채소 가꾸기

039 치매 대상자가 욕설을 하고 주먹으로 치는 파괴적인 행동을 할 때 돕기 방법으로 옳은 것은??
① 위협적인 행동 시 손을 강하게 잡는다.
② 욕하는 이유에 대해서 물어본다.
③ 자극을 주지말고 온화하게 이야기한다.
④ 방안에 가둔다.
⑤ 흥분하는 모습에 대해 알려준다.

040 요양보호사와 대상자 간의 말벗 하기 중 빈칸에 대화 중 옳은 것은?

> 어르신이 열이 나는데도 외출을 하겠다고 고집하신다.
> 어르신 : 손자 생일 선물을 사 주기로 약속했어요.
> 요양보호사 : (   )
> 어르신 : 마트에 선물 사러 가야 하는데….
> 요양보호사 : 열이 있으니까 마트에는 제가 대신 다녀오는 것은 어떨까요?

① "열이 있어요. 나가지 마세요."
② "생일 선물은 나중에 사 주세요."
③ "손자가 아주 좋아하겠어요."
④ "열이 떨어질 때까지 누워 있어요."
⑤ "손자가 중요한 게 아니에요."

041 뇌병변으로 말하는 능력에 이상이 있는 대상자와 이야기하는 방법으로 옳은 것은?

① 눈을 깜박이거나 손짓 등으로 의사 표현하게 한다.
② 얼굴과 눈을 응시하며 빠르게 말한다.
③ 이해가 된 경우에는 길게 설명해 준다.
④ 질문에 대한 답변이 끝나기 전에 바로 질문을 한다.
⑤ 칭찬을 할 때는 언어적으로 표현해 준다.

042 대상자의 손과 발을 닦아 주려고 하는데 발톱 주위에 염증이 있을 경우 요양보호사가 대처하는 방법으로 옳은 것은?

① 발톱을 일자로 잘라 준다.
② 발을 비누로 깨끗이 닦아 준다.
③ 집에 있는 연고를 발라 준다.
④ 시설장에게 보고한다.
⑤ 발을 부드럽게 마사지해 준다.

043 여성 노인 대상자의 회음부 청결을 위해 닦아 주려고 한다. 순서로 옳은 것은?

① 요도 → 항문 → 질
② 요도 → 질 → 항문
③ 질 → 요도 → 항문
④ 항문 → 요도 → 질
⑤ 항문 → 질 → 요도

044 요양보호사가 대상자의 면도를 도우려고 할 때 옳은 것은?

① 면도 전에는 면도기에 물만 묻혀서 면도한다.
② 전기면도기는 사용하지 않는다.
③ 피부가 주름져 있으면 주름진 곳을 피해서 면도한다.
④ 면도는 턱 쪽에서 귀밑, 입에서 코밑 순서로 진행한다.
⑤ 면도날은 얼굴 피부와 45° 정도의 각도로 유지하여 면도한다.

045 대상자가 밥을 먹다가 갑자기 목을 조르는 듯한 자세를 취할 때 요양보호사의 돕기 방법으로 옳은 것은?

① 손가락을 넣어 이물질을 뱉어 내게 한다.
② 등을 두드려 준다.
③ 구토를 시킨다.
④ 스스로 기침을 하여 뱉어 내게 한다.
⑤ 흉부 압박을 실시한다.

3회 필기 적중 시험문제

001 나이가 많을수록 문제에 대해 대답을 망설이거나 대답을 못하며, 때로는 중립을 지키려 하는 노인의 심리적 특성은?
① 경직성의 증가
② 의심성의 증가
③ 우울성 증가
④ 수동성 증가
⑤ 조심성 증가

002 부모가 자녀와 가깝게 살면서 부양받는 가족 형태는?
① 고령화 가족
② 노인부양 가족
③ 수정확대 가족
④ 핵가족
⑤ 이산가족

003 고령의 대상자에게 신체활동 및 가사 활동 등을 지원하여 대상자의 건강증진과 생활 안정을 도모하고 가족의 부담을 덜어 주기 위해 만들어진 제도는?
① 국민건강보험
② 국민연금
③ 기초노령연금
④ 노인장기요양보험
⑤ 기초생활수급제도

004 장기요양급여 대상자로 인정받을 수 있는 경우는?
① 치매로 거동이 불편한 60세 남성
② 뇌출혈로 쓰러져 입원 중인 75세 여성
③ 고혈압을 앓고 있는 65세 남성
④ 당뇨병을 앓고 일상생활이 가능한 65세 여성
⑤ 기초노령연금을 받고 관절염이 있는 75세 남성

005 65세 미만인 성인이 장기요양급여 대상자로 인정받으려 한다. 이때 신청인이 장기요양급여 대상자로 인정받을 수 있는 질병은?
① 당뇨
② 치매
③ 만성신부전증
④ 급성심부전증
⑤ 관절염

006 노인장기요양보험제도에 대한 설명으로 옳은 것은?
① 요양원 입소 대상자의 본인 부담금은 25%이다.
② 기초수급생활자의 비용은 유료이다.
③ 보험의 재원은 장기요양보험료, 국가지원, 본인 일부 부담금으로 조달된다.
④ 보험자는 시, 군, 구이다.
⑤ 장기요양 신청은 본인만 가능하다.

007 대상자의 신체활동에 필요한 복지 용구를 제공하는 장기요양급여는?
① 시설급여
② 기타재가급여
③ 방문간호
④ 방문요양
⑤ 가족요양급여

008 대상자의 등급에 따른 이용한도액, 본인부담률이 명시된 것은?
① 모니터링기록지
② 요양보호기록지
③ 서비스 제공계획서
④ 노인 개인 생활일지
⑤ 개인별 장기 요양 이용 계획서

009 재가에서 제공하는 일상생활 지원 서비스에 해당하는 행동은?
① 주변 정리
② 세면 도움
③ 말벗 하기
④ 침상 목욕
⑤ 생활 상담하기

010 다음 설명에 해당하는 시설 생활 노인 권리보호를 위한 윤리강령은?

- 입소에 관련된 계약기간, 장기요양급여의 내용 및 비용 등을 설명한다.
- 시설의 규칙과 규정을 생활노인과 가족에게 충분히 설명한다.

① 시설 내·외부 활동 참여에 대한 권리
② 사생활과 비밀 보장에 대한 권리
③ 질 높은 서비스를 받을 권리
④ 충분한 정보를 제공받을 권리
⑤ 가정과 같은 환경에서 생활할 권리

011 다음 대화 중 요양보호사가 위반한 시설 생활노인 권리보호를 위한 윤리강령은?

병원에서 대상자가 치료받고 나오느라 식사 시간이 늦었다.
대상자 : 밥과 반찬이 다 식어 버렸네.
요양보호사 : 그러니 다음에는 일찍 오세요.
대상자 : 나는 따뜻한 음식을 먹고 싶은데….

① 존엄한 존재로 대우받을 권리
② 사생활과 비밀 보장에 대한 권리
③ 자신의 견해와 불편을 표현하고 해결을 요구할 권리
④ 질 높은 서비스를 받을 권리
⑤ 안락하고 안전한 생활 환경을 제공받을 권리

012 다음 설명에 알맞은 노인 학대 유형은?

- 난방, 수도, 가스, 전기, 전화 등이 단절되어 있다.
- 고장 난 보청기를 끼고 있다.
- 날씨에 맞지 않는 더러운 옷을 입고 있다.

① 정서적 학대
② 방임
③ 경제적 학대
④ 신체적 학대
⑤ 유기

013 요양보호를 받고 있는 대상자가 자녀의 학대를 받아 다리에 멍이 들어 있는 것을 발견했을 때 신고해야 할 기관은?
① 보건소
② 구청
③ 의료기관
④ 노인복지관
⑤ 노인보호전문기관

014 목욕을 거부하는 대상자를 동료 요양보호사가 욕을 하고 때리는 것을 목격할 때 요양보호사의 행동으로 옳은 것은?
① 동료 요양보호사를 불러 조용히 설득한다.
② 대상자의 가족에게 알려 준다.
③ 노인보호전문기관이나 경찰서에 신고한다.
④ 동료 요양보호사에게 잘못된 행동이라고 말한다.
⑤ 동료 요양보호사에게 그럴 수 있다고 위로해 준다.

015 요양보호사의 직업윤리로 옳은 것은?
① 복장, 외모 관리 등 자기관리를 철저히 한다.
② 대상자 가족의 의견에 따라 서비스를 제공한다.
③ 대상자의 학벌이나 경제적 요건에 따라 차별 서비스를 제공한다.
④ 대상자가 없으면 방에 들어가서 기다린다.
⑤ 대상자의 개인정보를 동료 요양보호사와 공유한다.

016 대상자의 가족이 기저귀의 재사용을 요구할 때 대처 방법은?
① 요양보호사가 개인 사비로 기저귀를 구매하여 사용한다.
② 햇볕에 말려서 재사용한다.
③ 다른 보호자의 동의를 얻어 요구를 들어준다.
④ 재사용에 대한 위험성 및 해로운 이유를 설명하고 새로운 기저귀를 사용한다.
⑤ 재사용 기저귀와 새로운 기저귀를 혼용하여 사용한다.

017 요양보호사의 윤리적 태도로 옳은 것은?
① 서비스 제공은 원칙과 절차에 따라 실시한다.
② 자신의 근무를 타인에게 부탁한다.
③ 추가적인 서비스를 제공할 때는 임의적으로 들어준다.
④ 본인 부담금을 면제해 준다.
⑤ 서비스 대상자의 사생활을 다른 동료에게 공유한다.

018 노인성 질환의 설명으로 옳은 것은?
① 급성질환으로 회복이 느리다.
② 질환이 빈번하고 회복이 빠르다.
③ 만성질환으로 치료가 빠르다.
④ 노인성 질환은 젊은 사람의 비해 약물에 둔감하다.
⑤ 노화 과정과 구분이 어려워 정확한 진단이 힘들다.

019 변비의 발생 원인은?
① 규칙적인 운동
② 수분섭취 부족
③ 충분한 식이섬유 섭취
④ 채소와 과일 섭취
⑤ 활발한 장운동 증가

020 천식이 있는 환자의 기관지를 악화시키는 원인은?
① 따뜻한 차 한잔
② 충분한 수면
③ 찬 공기 노출
④ 가벼운 체조
⑤ 가벼운 반신욕

021 고혈압 환자의 올바른 약물복용 방법은?
① 환자의 임의대로 약물을 증감한다.
② 약물복용 후 증상이 완화되면 약물복용을 하지 않는다.
③ 약물복용 후 증상이 지속된다면 의료진에게 알린다.
④ 고혈압 약은 장기간 복용하면 안 된다.
⑤ 음주 후에도 약을 챙겨 먹는다.

022 골다공증을 예방할 수 있는 방법은?
① 정신건강에 좋은 명상을 한다.
② 건강이 좋아지도록 요가, 등산을 한다.
③ 고지방 음식을 즐겨 먹는다.
④ 충분한 숙면을 취한다.
⑤ 비타민 D를 챙겨 먹는다.

023 노인의 고관절 골절을 유발하는 질환은?
① 류마티스
② 허리 디스크
③ 퇴행성 관절염
④ 골다공증
⑤ 척추 측만증

024 요실금 증상에 대한 올바른 대처 방법은?
① 항상 성인 기저귀를 채운다.
② 골반근육 운동을 한다.
③ 수분을 제한한다.
④ 방사선 치료를 받는다.
⑤ 장시간 소변 참는 훈련을 하여 한 번에 배뇨하도록 한다.

025 다음 중 욕창이 생기는 원인은?
① 요금실 및 변금실
② 변비가 있는 대상자
③ 스스로 체위변경을 자주 할 때
④ 피하지방이 많은 대상자
⑤ 단시간 와상상태인 대상자

026 장기간 누워 있는 대상자의 욕창 관리 방법으로 올바른 것은?
① 5시간마다 체위를 변경해 준다.
② 몸에 꽉 끼는 옷을 입힌다.
③ 주름진 침대 시트를 펴 준다.
④ 도넛 모양의 베개를 사용한다.
⑤ 뜨거운 찜질팩을 대어 준다.

027 옴에 대한 올바른 설명은?
① 세균성 질환이다.
② 호흡기 감염병이다.
③ 박테리아에 의한 감염병이다.
④ 옷이나 침구류는 햇볕에 건조하거나 삶아서 사용한다.
⑤ 밤보다 낮에 가려움이 더 심하다.

028 인슐린을 맞고 있는 당뇨 대상자에게 저혈당이 올 경우 나타나는 경우는?
① 배가 부른 포만감
② 체온 상승
③ 갈증 해소
④ 속 쓰림
⑤ 식은땀

029 현기증이나 팔다리 저림, 뒷골 통증 등의 증상이 나타날 때 의심되는 질환은?
① 뇌졸중
② 심근경색
③ 빈혈
④ 섬망
⑤ 알츠하이머

030 우측 뇌혈관이 막힌 대상자에게 나타나는 초기 증상은?
① 좌측 팔다리의 감각이 상향된다.
② 좌측 팔다리의 감각이 저하된다.
③ 우측 팔다리의 감각이 저하된다.
④ 우측 팔다리의 감각이 마비된다.
⑤ 안정 시 몸이 떨린다.

031 안정 시 떨림이 있고, 점차 근육이 굳어지는 질환은?
① 퇴행성 관절염
② 알츠하이머
③ 파킨슨병
④ 뇌졸중
⑤ 반신마비

032 노인의 수면장애 원인은?
① 규칙적인 생활을 한다.
② 적당한 운동을 한다.
③ 밤에 잠이 안 올 때에는 따뜻한 커피를 마신다.
④ 지나치게 집중된 일을 하지 않는다.
⑤ 수면제를 장기 복용하지 않는다.

033 올바른 파상풍 예방접종 방법은?
① 모든 성인이 매년 접종한다.
② 모든 성인이 5년마다 접종한다.
③ 60세 성인이 5년마다 접종한다.
④ 65세 성인이 10년마다 접종한다.
⑤ 모든 성인이 10년마다 접종한다.

034 겨울철 뇌졸중과 낙상에 의한 골절을 예방하는 올바른 방법은?
① 음주 다음 날엔 꼭 새벽 운동을 한다.
② 추운 날 외출 시 가벼운 복장을 한다.
③ 운동 후 마무리 운동은 생략한다.
④ 외부운동 보다 실내운동을 한다.
⑤ 겨울철 야외활동을 늘린다.

035 추운 겨울날 실내에서 외출 시 대상자가 주의해야 할 증상은?
① 혈관 확장
② 혈압 상승
③ 체온 상승
④ 심박동수 저하
⑤ 호흡수 감소

3회 실기 적중 시험문제

001 골다공증을 가지고 있는 대상자에게 주의해야 하는 식품으로 옳은 것은?
① 연어
② 우유
③ 커피
④ 고등어
⑤ 포도 주스

002 골반 근육 강화 운동으로 예방할 수 있는 질환은?
① 전립선비대증
② 방광염
③ 골다공증
④ 요실금
⑤ 허리 디스크

003 대상자의 올바른 식사 자세 중 연결이 옳은 것은?
① 앉은 자세 – 식탁과 의자는 거리를 두고 식사한다.
② 앉은 자세 – 식탁의 높이는 윗부분이 대상자의 배꼽 높이에 오게 한다.
③ 침대에 걸터 앉은 자세 – 발과 바닥은 닿지 않게 한다.
④ 침대머리를 올린 자세 – 침대를 약 10° 높인다.
⑤ 편마비 대상자 식사 자세 – 마비된 쪽을 밑으로 하여 옆으로 누운 자세를 취한다.

004 입으로 식사를 할 수 없는 대상자의 경관영양을 돕는 방법으로 옳은 것은?
① 대상자가 의식이 없으면 식사의 시작을 알리지 않아도 된다.
② 위관영양액은 음식이 상할 수 있으므로 빠르게 주입한다.
③ 영양주머니는 하루에 한 번 씻는다.
④ 위관영양액은 체온 정도의 온도로 데운다.
⑤ 비위관이 새는 경우 테이프로 붙여서 막아준다.

005 다음 그림 중 휠체어에 앉아 있을 때 욕창 발생 부위로 옳은 것은?

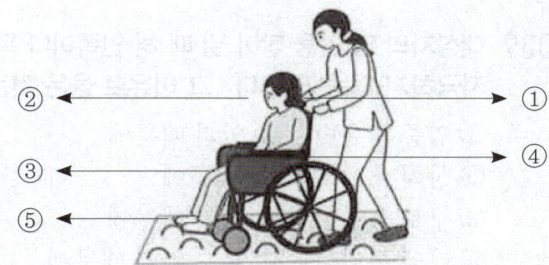

006 치매대상자가 욕설하고 때리고 주먹으로 치는 행동을 보일때 돕는 방법을 옳은 것은?
① 왜 화가 났는지 질문한다.
② 난폭한 행동을 못하도록 손을 잡는다.
③ 자극을 주지말고 조용한 장소에서 쉬게한다.
④ 방에 가둔다.
⑤ 경찰에 신고한다.

007 대상자가 배설 시 소리가 나는 것에 심적 부담을 느낄 때 돕는 방법으로 옳은 것은?

① 스크린을 쳐 준다.
② 변기 밑에 방수포를 깔아 준다.
③ 손을 잡아 준다.
④ 기저귀를 채워 준다.
⑤ 음악을 틀어 놓는다.

008 거동이 불편하고 누워 있는 대상자의 기저귀 사용을 돕는 방법으로 옳은 것은?

① 누워 있는 동안에는 기저귀를 채워 둔다.
② 몇 번 실금했다고 기저귀를 채우면 의존하게 될 수 있다.
③ 기저귀가 많이 더럽지 않으면 자주 갈아 주지 않아도 된다.
④ 기저귀를 채우는 경우 바지는 벗겨 둔다.
⑤ 간이변기 사용은 정해진 시간에만 보도록 한다.

009 대상자의 입 안을 닦아 낼 때 혀 안쪽이나 목젖을 자극하지 않는 게 좋다. 그 이유로 옳은 것은?

① 염증을 유발할 수 있기 때문에
② 상처가 날 수 있기 때문에
③ 구토를 유발할 수 있기 때문에
④ 타액 분비를 촉진할 수 있기 때문에
⑤ 통증을 유발할 수 있기 때문에

010 의치를 가지고 있는 대상자가 자기 전에 의치를 빼서 보관하는 이유로 옳은 것은?

① 잇몸에 압박 자극을 해소하기 위해
② 의치의 변형을 막기 위해
③ 잇몸에 상처를 막기 위해
④ 입안의 건조를 막기 위해
⑤ 충치 예방을 위해

011 대상자에게 목욕을 돕는 방법으로 옳은 것은?

① 물 온도는 50°C로 맞춘다.
② 식사 직후에 목욕하는 것이 좋다.
③ 목욕을 거부하더라도 강제로 목욕을 할 수 있게 한다.
④ 대상자가 할 수 있는 부분은 스스로 할 수 있게 한다.
⑤ 목욕은 몸통 → 팔 → 다리 순서로 한다.

012 대상자가 침대 아래로 미끄러져 있을 때 침대 머리 쪽으로 이동 시 돕는 방법으로 옳은 것은?

① 보기가 좋지 않아서 이동시킨다.
② 침대커버가 구겨져 있어도 불편하지 않으면 펴주지 않아도 된다.
③ 대상자가 협조를 할 수 있는 경우 침대머리 쪽 난간을 잡게 한다.
④ 대상자의 무릎은 세우지 말고 그냥 똑바로 둔다.
⑤ 대상자가 협조를 할 수 없는 경우 머리를 먼저 당겨서 옮기고 다리를 이동시킨다.

013 사지마비 대상자를 무리하게 똑바로 앉히려고 시도하면 안 된다. 그 이유로 옳은 것은?

① 통증이 있기 때문에
② 넙다리뼈가 골절될 수 있기 때문에
③ 혈압이 갑자기 떨어질 수 있기 때문에
④ 불편해 할 수 있기 때문에
⑤ 낙상의 위험이 있기 때문에

014 다음 그림은 대상자가 침대 오른쪽으로 쏠려 있어서 중앙으로 이동시키려고 한다. 이동하는 방법으로 옳은 것은?

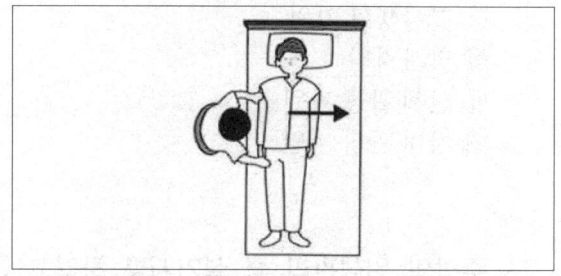

① 상반신과 하반신을 나누어 이동시킨다.
② 요양보호사는 대상자가 쏠려 있는 오른쪽에 선다.
③ 대상자의 두 팔은 엉덩이에 붙인다.
④ 상반신은 어깨를 잡고 이동시킨다.
⑤ 하반신은 하의를 잡고 잡아당긴다.

015 대상자를 휠체어로 이동 시 뒷걸음으로 내려가면서 지그재그로 이동해야 하는 경우로 옳은 것은?

① 문턱을 오를 때
② 문턱을 내려갈 때
③ 내리막길을 내려갈 때
④ 오르막길을 갈 때
⑤ 울퉁불퉁한 길을 갈 때

016 편마비 대상자를 휠체어에서 자동차로 옮기려고 한다. 이동하는 방법으로 옳은 것은?

① 요양보호사 무릎으로 대상자의 건강한 측 무릎을 지지한다.
② 대상자의 엉덩이부터 자동차 시트에 앉게 한다.
③ 휠체어를 자동차와 90° 각도로 대 준다.
④ 대상자의 양쪽 발이 바닥에 닿지 않게 한다.
⑤ 발 받침대를 내려놓고 옮긴다.

017 오른쪽 편마비 대상자가 지팡이를 이용하여 평지를 이동할 때 순서로 옳은 것은?

① 오른쪽 다리 → 지팡이 → 왼쪽 다리
② 왼쪽 다리 → 지팡이 → 오른쪽 다리
③ 지팡이 → 왼쪽 다리 → 오른쪽 다리
④ 지팡이 → 오른쪽 다리 → 왼쪽 다리
⑤ 오른쪽 다리와 지팡이 같이 → 왼쪽 다리

018 외상이 의심되는 대상자를 들어 올려서 이송하려고 한다. 고정하는 순서로 옳은 것은?

① 손목과 엉덩이 → 무릎 → 위팔
② 손목과 엉덩이 → 위팔 → 무릎
③ 무릎 → 손목과 엉덩이 → 위팔
④ 위팔 → 손목과 엉덩이 → 무릎
⑤ 손목과 엉덩이 → 무릎

019 대상자와 요양보호사의 감염의 위험을 줄이기 위해 요양보호사의 위생관리로 옳은 것은?

① 손은 방문 시에 한 번 닦는다.
② 손톱은 짧게 자르면 아플 수 있으므로 길게 깎는다.
③ 사용한 일회용 보호장구를 재사용한다.
④ 가운이나 신발을 깨끗하게 유지한다.
⑤ 배설물 처리 후 장갑을 착용하면 손은 씻지 않아도 된다.

020 대상자가 지팡이를 사용할 때 미끄러지지 않기 위해 수시로 확인해야 하는 것은?

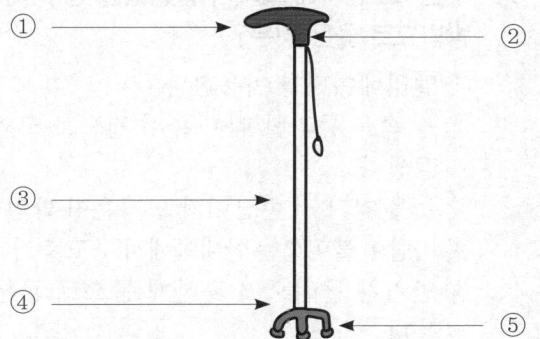

021 노인장기요양보험 급여로 대여할 수 있는 복지용구로 옳은 것은?
① 성인용 보행기
② 수동침대
③ 안전손잡이
④ 이동변기
⑤ 자세 변환 용구

022 노인장기요양보험 급여로 대여할 수 있는 복지용구 중 이동 욕조에 관한 설명으로 옳은 것은?
① 조립이 간단하며 사용 중 쉽게 풀릴 수 있어야 한다.
② 인체에 접촉하는 면은 울퉁불퉁해야 한다.
③ 사용할 때 두 사람이 들어가서 사용할 수 있다.
④ 평평하고 이물질 없는 장소에서 사용한다.
⑤ 팽창한 상태에서 변형이 가능해야 한다.

023 다음 복지 용구 중 휠체어를 이용하는 대상자의 경사로 이동을 돕기 위한 용구로 옳은 것은?
① 배회감지기
② 휴대용 경사로
③ 사다리
④ 지팡이
⑤ 목욕 리프트

024 주간보호센터에 화재가 발생했을 경우 대피하는 방법으로 옳은 것은?
① 엘리베이터를 이용한다.
② 불 속을 통과할 때 마른 수건으로 코와 입을 감싼다.
③ 문을 열기 전 손잡이가 뜨거운지 확인한다.
④ 바람이 불어오는 반대쪽에서 구조를 기다린다.
⑤ 연기가 들어오지 못하게 몸으로 문틈을 막는다.

025 노인장기요양보험의 표준서비스 하나로 취사, 청소, 세탁을 지원해주는 서비스로 옳은 것은?
① 개인 활동 지원
② 일상생활 지원
③ 정서지원
④ 신체 활동 지원
⑤ 치매 관리 지원

026 주방의 위생관리 중 설거지를 하려고 한다. 순서로 옳은 것은?

가. 물컵
나. 김치를 담은 반찬 그릇
다. 젓가락
라. 삼겹살 담은 접시

① 가 → 나 → 다 → 라
② 가 → 다 → 나 → 라
③ 나 → 가 → 다 → 라
④ 다 → 가 → 나 → 라
⑤ 다 → 가 → 라 → 나

027 대상자와 외출 동행 업무 시 지나친 요구를 할 때 요양보호사의 행동으로 옳은 것은?
① 화를 내면서 단번에 거절한다.
② 요구 시마다 들어준다.
③ 가족들에게 추가 비용을 요구한다.
④ 시설장에게 보고하여 조절하도록 한다.
⑤ 개인적인 업무도 함께 본다.

028 쾌적한 실내환경 조성을 위한 방법으로 옳은 것은?
① 전체난방보다는 국소난방이 바람직하다.
② 환기 시 바람이 대상자에게 직접 닿는 게 좋다.
③ 자연채광은 어둡고 습도가 낮은 게 좋다.
④ 배설물 확인을 위해 직접조명이 좋다.
⑤ 조명은 어느 한곳만 밝게 한다.

029 요양보호사가 대상자에게 대화를 하면서 중간 중간에 적절하게 미소를 짓고 있다. 비언어적 의사소통의 기법 중 옳은 것은?
① 자세
② 눈맞춤
③ 얼굴표정
④ 어조
⑤ 외양

030 대상자와 요양보호사가 대화를 나누고 있다. 공감적 대화로 옳은 것은?

> 대상자 : "아이고, 여기저기 너무 아파. 갈수록 더 아픈 것 같아."
> 요양보호사 :

① "나이가 들면 아플 수밖에 없어요."
② "건강하게 사시고 싶은데 아프시니까 많이 힘드시죠."
③ "병원에 가셔야죠."
④ "가족들한테 아프다고 말씀하세요."
⑤ "아프면 누워 계세요."

031 다음 내용은 감염예방을 위한 원칙의 내용 중 해당하는 내용으로 옳은 것은?

> • 세균   • 미생물
> • 곰팡이

① 저장소
② 탈출구
③ 침입구
④ 미생물
⑤ 전파방법

032 요양보호사가 기록하는 것을 어려워한다. 그 이유로 옳은 것은?
① 기록할 시간의 부족 때문에
② 서비스를 제한하기 때문에
③ 동료가 감시하기 때문에
④ 대상자의 가족들에게 공개되기 때문에
⑤ 대상자의 건강 문제를 진단하기 때문에

033 요양보호사가 반드시 기관에 보고해야 하는 상황으로 옳지 않은 것은?
① 대상자의 상태가 평소와 다르게 변화가 있을 때
② 대상자에 대한 새로운 정보를 입수했을 때
③ 업무를 잘못 수행했을 때
④ 요양보호사의 개인적 업무가 있는 경우
⑤ 추가적인 서비스가 필요할 때

034 치매 대상자가 식사 거부가 있을 경우 확인해야 하는 사항으로 옳은 것은?
① 맛이 없는지 확인한다.
② 입안에 상처가 있는지 확인한다.
③ 가족들에게 알린다.
④ 먹기 싫어도 강제로 먹인다.
⑤ 먹고 싶을 때 다시 준다.

035 치매 대상자의 식사 돕는 방법으로 옳은 것은?
① 투명한 유리그릇을 사용한다.
② 숟가락을 못 잡을 수 있어서 가벼운 것을 사용한다.
③ 한 가지 음식을 먹고 난 후 다른 음식을 준다.
④ 빨대는 위험할 수 있어서 사용하지 않는다.
⑤ 음식을 자주 흘리기 때문에 비닐 식탁보를 사용한다.

036 치매를 앓고 있는 어르신이 짐을 싸고 다시 풀기를 반복하고 있을 때 대처하는 방법으로 옳은 것은?

① 물건을 치워 버린다.
② 같은 행동에 대한 이유를 묻는다.
③ 행동을 멈출 때까지 기다려 준다.
④ 콩나물을 다듬게 도와준다.
⑤ 억지로 중단시킨다.

037 다음과 같은 특징이 나타나는 치매 대상자의 문제행동 유형으로 옳은 것은?

- 낮에는 온순하다.
- 저녁 시간이 되면 갑자기 침대 밖으로 뛰쳐나오거나 방을 서성인다.

① 배회
② 석양증후군
③ 망상
④ 섬망
⑤ 파괴적 행동

038 다음 세탁표시에 따른 세탁 방법으로 옳은 것은?

① 30°C 물로 세탁, 세제종류 제한 없음
② 30°C 물로 약하게 세탁, 중성세제 사용
③ 30°C 물로 세탁, 삶을 수 있음
④ 손세탁 가능
⑤ 30°C 물로 손세탁, 표백할 수 있음

039 대상자가 라면을 끓이다가 화상을 입어 물집이 잡혔다. 응급처치 돕기로 옳은 것은?

① 흐르는 수돗물에 화상 부위를 대 준다.
② 장신구는 제거하지 않는다.
③ 물집은 터뜨리지 않는다.
④ 화상 부위에 수건을 대 준다.
⑤ 얼음찜질을 해 준다.

040 자동심장충격기 사용 방법으로 옳은 것은?

① 분석 중이라는 음성메시지가 나오면 심폐소생술을 시행한다.
② 오른쪽 패드는 오른쪽 빗장뼈 밑, 왼쪽 패드는 왼쪽 중간 겨드랑이선에 붙인다.
③ 자동심장충격기는 5분 간격으로 심장 리듬 분석을 자동 반복한다.
④ 다른 사람들이 주변에 있도록 하고 버튼을 누른다.
⑤ 일반적 단계는 전원 켜기 → 패드부착 → 제세동 시행 → 심장 리듬 분석

041 대상자가 주간보호센터에서 걷기 연습을 하다가 넘어져 골절이 되었다. 응급처치 방법으로 옳은 것은?

① 손상 부위를 직접 압박한다.
② 걸을 수 있으면 움직이게 해서 침대로 이동시킨다.
③ 손상 부위를 맞춰 준다.
④ 손상 부위를 부목으로 고정한다.
⑤ 손상 부위에 온찜질을 해 준다.

042 임종 대상자 가족들이 슬픔을 겪고 있을 때 요양보호사가 돕는 방법으로 옳은 것은?

① "힘드시지요?"와 같이 공감하고 위로해 준다.
② 가족의 태도에 대해 주관적인 생각을 말한다.
③ 장례식에는 꼭 참석한다.
④ 신체적 접촉은 하지 않는다.
⑤ 일이 끝났으므로 집으로 돌아간다.

043 치매 대상자가 자꾸 바지를 내리고 신체 일부를 만지려고 할 경우 대처 방법으로 옳은 것은?

① 화를 낸다.
② 모른 척한다.
③ 옷을 입혀 주고 그만하라고 말한다.
④ 옷을 없애 버린다고 말한다.
⑤ 시설장에게 알리고 그만둔다.

044 폐암 말기 대상자가 임종이 가까워지면서 느끼는 타협의 단계 중 반응으로 옳은 것은?

① "나는 지쳤어."
② "아니야, 나는 믿을 수 없어."
③ "그래. 내게 이런 일이 벌어졌어. 인정해."
④ 조용히 울고 있다.
⑤ "나는 아니야. 왜 하필이면 나야."

045 요양보호사가 대상자를 기록한 내용이다. 올바르게 기록한 것은?

① 어르신이 어제보다 조금 걸었음
② 6월 6일 오전 9시 우유 200cc 섭취함
③ 얼마 전부터 엉덩이 부분에 빨갛게 보임
④ 오늘 소변 3회 봄
⑤ 점심 시간에 밥과 반찬을 다 먹음

4회 필기 적중 시험문제

001 노부모를 부양하는 방법 중 옳은 것은?
① 노부모는 아들이 반드시 모신다.
② 자녀에게 노부모 부양을 강요한다.
③ 공적 부양 서비스를 보완적으로 이용한다.
④ 경제적 부양만 신경 쓴다.
⑤ 정서적 부양만 신경 쓴다.

002 노인들이 문제 해결에 있어 자신의 방법이 틀린 방법이어도 자신에게 익숙한 방법으로 문제 해결을 하려는 심리적 특성은?
① 경직성
② 애착심
③ 수동성
④ 의존성
⑤ 조심성

003 5~9명의 요양대상자가 공동으로 생활하며 요양, 일상생활 서비스를 지원받는 노인 의료복지 시설은?
① 노인복지관
② 경로당
③ 주·야간보호센터
④ 노인요양공동생활가정
⑤ 노인공동생활가정

004 다음에서 설명하는 대상자의 장기요양등급은?

- 보행 보조기 등을 이용하여 이동한다.
- 심신의 기능 상태 장애로 다른 사람의 도움을 받아야 외출이 가능하다.
- 대상자의 장기요양 인정 점수가 70점이다.

① 장기요양 1등급
② 장기요양 2등급
③ 장기요양 3등급
④ 장기요양 4등급
⑤ 장기요양 5등급

005 다음 중 방문목욕과 방문 요양 서비스를 제공할 수 있는 사람은?
① 간호사
② 간호조무사
③ 사회복지사
④ 물리치료사
⑤ 요양보호사

006 요양보호사의 일상생활지원서비스에 해당하는 것은?
① 화장실 이용 돕기
② 세탁 및 취사 돕기
③ 관공서 가기
④ 양치질 돕기
⑤ 생활상담하기

007 일상생활지원서비스 중 개인활동지원으로 옳은 것은?
① 약국에서 약품을 대신 받아 준다.
② 배우자의 심부름을 해 준다.
③ 대상자의 손녀를 유치원에 데려다준다.
④ 대상자의 친척 옷을 세탁해 준다.
⑤ 대상자 가족의 잔치 음식을 만들어 준다.

008 요양보호 서비스를 대상자에게 제공할 때 기본 원칙으로 옳은 것은?
① 중요한 서비스는 설명 없이 제공한다.
② 대상자의 보호자에게도 서비스를 제공한다.
③ 대상자의 활력징후를 매일 체크한다.
④ 대상자의 상태를 파악하여 반영한다.
⑤ 요양보호사의 일정에 맞춰 서비스를 제공한다.

009 요양보호사의 역할 중 다음 설명에 해당되는 것은?

> 신체활동지원서비스나 일상생활지원서비스 등에 그치지 않고 대상자의 능력을 최대한 발휘하도록 지지하는 것

① 정보전달자
② 옹호자
③ 동기 유발자
④ 숙련된 수발자
⑤ 관찰자

010 다음 설명은 시설 생활노인의 권리보호에 대한 설명이다. 요양원이 위반한 윤리 강령은?

> 박씨 할아버지는 입소 전 침대 생활을 하셨다. 입소 후 시설에서 나이 든 대상자가 침대를 쓰면 허리에 나쁘다고 해서 무조건 매트리스 깔고 이불을 덮고 자라고 해서 어쩔 수 없이 생활하지만, 잠을 쉽게 못 주무시고 자고 나면 허리가 아프시다고 투덜거리신다.

① 안락하고 안전한 생활 환경을 제공받을 권리
② 신체적 제한을 받지 않을 권리
③ 질 높은 서비스를 받을 권리
④ 존엄한 서비스를 받을 권리
⑤ 정보 접근과 자기 결정권 행사의 권리

011 가족이 대상자의 은행 통장에서 동의 없이 몰래 현금을 인출하여 대상자는 각종 공과금의 독촉장을 받고 있다. 이 경우 해당되는 학대의 유형은?
① 유기
② 방임
③ 정서적 학대
④ 신체적 학대
⑤ 경제적 학대

012 요양보호사가 대상자에게 목욕 서비스를 제공하다가 허리를 다쳐 한 달간 병원 치료를 받았다. 이때 발생되는 산재보험 설명 중 옳은 것은?
① 시설의 부도 및 폐업을 하면 산재보험 급여를 받을 수 없다.
② 산재보험의 보험급여의 권리는 3~5년간 유효하다.
③ 치료비는 전액 사업주가 보상한다.
④ 산재보험 급여는 가족에게 양도할 수 있다.
⑤ 요양보호사의 나이가 많으면 산재보험이 안 된다.

013 요양보호사가 재가 방문하여 설거지를 하고 있는데 대상자가 엉덩이를 만지는 경우 올바른 대처 방법은?
① 시설장에게 대상자 교체를 요구한다.
② 서비스를 즉시 중단한다.
③ 모른 척하며 설거지를 마무리한다.
④ "손 치우세요."라고 단호하게 말한다.
⑤ "제가 좋으세요?"라고 말한다.

014 대상자의 가족이 감사의 표시로 돈 봉투를 주려고 한다. 이때 요양보호사의 올바른 행동은?
① "감사합니다."라고 받고 다음 날 다시 돌려준다.
② "이 돈으로 필요한 물품 구입하겠습니다."
③ "감사한 마음만 받겠습니다."
④ "저를 어떻게 보시고 돈을 주세요?"
⑤ "이 돈으로 음료수 사다 드릴게요."

015 무거운 물건을 들어 옮길 때 허리를 보호하는 올바른 자세는?
① 두 다리를 11자로 모으고 들어 올린다.
② 한쪽 다리에 힘을 주어 들어 올린다.
③ 순간적으로 한 번에 들어 올린다.
④ 무릎을 굽힌 뒤 허리를 구부린 채 들어 올린다.
⑤ 무릎을 굽힌 뒤 허리를 펴서 들어 올린다.

016 스트레칭 시 안전하고 효과적인 방법은?
① 같은 동작을 5~10회 반복한다.
② 통증을 느낄 때까지의 강도로 실시한다.
③ 동작과 동작 사이에 쉬지 않고 실시한다.
④ 동작을 하는 동안 호흡을 멈춘다.
⑤ 동작 속도는 빠르게 실시한다.

017 요양보호사가 재가서비스 제공 시 감염예방 방법으로 옳은 것은?
① 대상자가 독감에 걸렸을 경우 서비스를 중단한다.
② 대상자가 옴에 감염되었을 경우 요양보호사와도 같이 치료받는다.
③ 대상자가 감기에 걸렸을 경우 일회용 장갑을 착용한다.
④ 대상자가 과거에 결핵을 앓은 경우 마스크를 착용한다.
⑤ 대상자가 장염에 걸렸을 경우 식사를 가족에게 맡긴다.

018 대상자가 노화에 따른 소화기계의 변화로 옳은 것은?
① 직장벽의 탄력성이 증가한다.
② 대장의 활동성은 변함없다.
③ 쓴맛과 단맛을 구분하지 못한다.
④ 위액 분비가 증가한다.
⑤ 지방의 흡수력이 감소한다.

019 대상자가 변비에 걸려 고생한다면 돕는 방법으로 옳은 것은?
① 야채와 수분을 제한한다.
② 지사제 복용을 권장한다.
③ 물을 마시고 복부 마사지를 해 준다.
④ 관장을 즉시 실시한다.
⑤ 움직이는 활동을 제한한다.

020 대상자가 만성기관지염을 앓고 있다면 증상을 완화시키는 방법은?
① 온도를 높게 올려 준다.
② 습도를 높게 올려 준다.
③ 호흡을 빠르게 한다.
④ 심호흡과 기침을 하여 기관지 내 가래를 뱉게 한다.
⑤ 뜨겁고 매운 음식을 먹인다.

021 노화로 인한 심혈관계의 특성은?
① 말초혈관 저항 감소
② 혈압이 상승한다.
③ 심박동 수 증가
④ 심장근육 탄력성 증가
⑤ 심박출량 증가

022 대상자가 빈혈로 인하여 철분제를 복용한다. 이때 어지럼증을 느낄 때 요양보호사가 먼저 해야 할 일은?
① 의사에게 처방된 철분제를 복용했는지 확인한다.
② 고지방식을 권장한다.
③ 햇볕을 쬐기 위해 외출을 한다.
④ 체력운동을 한다.
⑤ 영양주사를 맞힌다.

023 골다공증 예방을 위한 방법은?
① 걷기와 같은 체중 부하 운동을 한다.
② 자외선을 차단한다.
③ 유연성을 키우는 요가나 수영을 한다.
④ 탄력 스타킹을 착용한다.
⑤ 카페인이 많은 음료를 섭취한다.

024 골다공증 예방에 필요한 영양소는?
① 비타민 A, 철분
② 비타민 B, 칼슘
③ 비타민 C, 칼륨
④ 비타민 D, 칼슘
⑤ 비타민 E, 칼슘

025 요도 주변의 세포가 증식하여 잔뇨감이 있고, 소변줄기가 끊어지며 힘을 주어야 소변이 나오는 질환은?
① 요도염
② 방광염
③ 요로결석
④ 신장염
⑤ 전립선비대증

026 대상자의 욕창이 발생할 위험 요소는?
① 단백질이 과다한 대상자
② 체위 변형이 가능한 상태
③ 영양부족으로 인하여 근육이 위축된 상태
④ 피하지방이 많은 대상자
⑤ 변비가 있는 대상자

027 대상자의 안구에 수정체가 혼탁해져 뿌옇게 보일 때 나타나는 증상은?
① 실명
② 불빛에서의 눈부심
③ 안구 통증
④ 색 구별능력 증가
⑤ 눈에 이물감

028 대상자가 매사에 관심이 없고 말수가 줄어들고 식욕부진에 수면 양상이 변할 때 나타날 수 있는 질환은?
① 섬망
② 치매
③ 우울증
④ 건망증
⑤ 갱년기

029 다음 질문은 어떤 질환의 증상을 알아보기 위한 질문인가?

"웃어 보세요.", "말해 보세요.",
"양팔을 들어 보세요."

① 뇌졸중
② 치매
③ 파킨슨병
④ 알츠하이머
⑤ 언어장애

030 대상자가 뇌졸중이 의심될 때 "손들어 보세요.", "웃어 보세요.", "양팔을 들어 보세요."라고 하는 것은 어떤 상태를 알아보는 것인가?
① 팔의 균형감각과 얼굴의 경련 상태
② 팔의 평형감각과 운동 감각 상태
③ 실어증과 정서 상태
④ 의식상태 및 정서 상태
⑤ 팔과 얼굴의 마비 정도

031 대상자가 뇌졸중으로 인하여 연하곤란이 나타날 때 음식물로 일어날 수 있는 합병증은?
① 당뇨병
② 위궤양
③ 심장마비
④ 폐렴
⑤ 섬망

032 노인이 대외 활동이나 운동프로그램에 참여할 때 힘든 이유는?
① 폐활량의 증가
② 폐활량의 감소
③ 관절 운동 범위 증가
④ 심장 근육의 수축력 증가
⑤ 시력의 증가

033 대상자가 수면장애가 있을 때 나타나는 증상은?
① 깊은 잠을 오래 잔다.
② 낮잠을 거의 안 잔다.
③ 누우면 바로 잔다.
④ 수면 중에 잠을 자주 깬다.
⑤ 수면시간이 규칙적이다.

034 노인의 성적 변화가 생길 때 올바른 것은?
① 성적 양상은 평생 동안 지속된다.
② 성적 관심은 개인차가 없다.
③ 여성의 성욕이 남성보다 강해진다.
④ 노인의 성호르몬은 젊은 세대와 크게 변화가 없다.
⑤ 노화로 인해 성 기능 저하가 생겨 성욕이 사라진다.

035 시설에 입소한 대상자에게 실시해야 할 예방접종은?
① 수두
② 풍진
③ 대상포진
④ 홍역
⑤ 일본뇌염

4회 실기 적중 시험문제

001 다음에서 설명하는 노인의 심리적 특성은?

> • 결단이나 행동이 느려지고 신중해진다.
> • 질문이나 문제에 대해 대답을 할지 망설인다.
> • 중립을 지키곤 한다.

① 내향성의 증가
② 조심성의 증가
③ 경직성의 증가
④ 우울증 경향의 증가
⑤ 의존성의 증가

002 경증치매로 신체적 기능과 관계 없이 서비스를 제공하고 있으며 장기요양 인정점수가 45점 미만인 등급으로 옳은 것은?

① 장기요양 1등급
② 장기요양 3등급
③ 장기요양 4등급
④ 장기요양 5등급
⑤ 인지지원 등급

003 치매 대상자가 일상생활을 할 수 있도록 돕는 원칙으로 옳은 것은?

① 스스로 할수 있도록 강하게 말한다.
② 모든 것을 다 해주어야 한다.
③ 습관적으로 해오던 일들은 할 수 있도록 해준다.
④ 주변이 깨끗하면 혼란스러울 수 있으니 정리하지 않도록 한다.
⑤ 치매가 있다고 계속 알려준다.

004 평소 변비가 있는 치매대상자에게 변비완화를 위해 돕는 방법으로 옳은 것은?

① 대변이 나올 때 까지 변기에 오래 앉아 있도록 한다.
② 배를 가볍게 마사지하여 불편감을 줄여 준다.
③ 변비약을 매일 준다.
④ 손가락을 이용해서 변을 빼준다.
⑤ 음식을 많이 먹도록 해서 변을 잘 보도록 한다.

005 며칠째 씻지 않아 냄새가 나는 치매다상자의 목욕을 돕는 방법으로 옳은 것은?

① 욕조에는 혼자 두어도 안전하다.
② 목욕시간은 할 수 있을 때 아무 때나 하는 것이 좋다.
③ 온도는 뜨거운 물이 좋다.
④ 목욕을 하기 싫다고 해도 억지로 시킨다.
⑤ 물에 대한 거부반응을 보일 경우 물에서 적응 할 수 있도록 발목부터 들어가게 한다.

006 거동이 불편한 대상자가 휠체어에서 화장실로 옮길 때 돕는 방법으로 옳은 것은?

① 마비된 쪽에 휠체어를 둔다.
② 휠체어를 침대 난간에 30~45° 비스듬히 붙인다.
③ 양팔로 대상자의 어깨를 감싸 안아서 대상자를 세운다.
④ 요양보호사가 밖에서 기다리기를 원할 시 문을 열어 둔다.
⑤ 화장실 밖에서 기다릴 때 조용히 기다려 준다.

007 대상자에게 배설을 도와줄 수 있는 방법으로 옳은 것은?
① 침대를 올려 준다.
② 옆으로 눕힌다.
③ 똑바로 눕힌다.
④ 엎드린 자세를 취한다.
⑤ 똑바로 누워서 양쪽 무릎을 세운다.

008 대상자의 기저귀 사용을 돕는 방법으로 옳은 것은?
① 대상자가 말하기 전까지는 기저귀를 교체하지 않는다.
② 항문 부위, 회음부를 물티슈로만 닦고 기저귀를 바로 채운다.
③ 협조가 어려운 대상자는 옆으로 돌려 눕혀서 기저귀를 교환한다.
④ 회음부는 뒤에서 앞으로 닦는다.
⑤ 하의는 벗겨 둔다.

009 유치도뇨관을 삽입하고 있는 대상자의 소변주머니의 높이로 옳은 것은?
① 배꼽 높이와 같게 한다.
② 심장보다 높게 한다.
③ 가슴높이와 같게 한다.
④ 아랫배보다 낮게 한다.
⑤ 허리보다 높게 한다.

010 다음 그림과 같은 자세를 취할 때 대상자의 발목 밑에 타월을 받치는 이유로 옳은 것은?

① 대상자가 안정감을 갖기 위하여
② 넙다리와 허리의 긴장 완화를 위하여
③ 무릎관절의 구축을 위하여
④ 통증을 감소시키기 위하여
⑤ 허리 앞 굽음을 감소시키기 위하여

011 침상에서 반 앉은 자세를 취할 때 빈칸에 들어갈 내용으로 옳은 것은?

- 천장을 보며 누운 상태에서 침상 머리를 (가)정도 올린 자세이다.
- 등 뒤에 베개 두세 개를 이용하여 (나)자 형태로 자세를 유지한다.

① 가 – 45°, 나 – D
② 가 – 45°, 나 – A
③ 가 – 90°, 나 – A
④ 가 – 90°, 나 – D
⑤ 가 – 30°, 나 – D

012 고혈압 대상자에게 식사를 제공하려고 할 때 식단으로 옳은 것은?
① 낙지 젓갈, 고등어
② 해물파전, 제육볶음
③ 고등어, 현미밥
④ 닭도리탕, 소시지
⑤ 된장찌개, 새우볶음밥

013 변비가 있는 대상자에게 제한해야 할 식품은?
① 호두
② 과일 통조림
③ 현미
④ 참외
⑤ 김

014 다음 대화 중 효과적인 의사소통 사용 방법으로 옳은 것은?

- 대상자 : 지난번 요양보호사가 더 잘했는데….
- 요양보호사 : 지난번 요양보호사님이 일을 참 잘 하셨나 봐요.

① 나 – 전달법
② 라포 형성
③ 수용
④ 공감적 반응
⑤ 적극적인 청취

015 대상자의 대화 중 공감적 반응으로 옳은 것은?

대상자 : 나이가 드니 주름도 많고 탄력이 없어서 속상해요.
요양보호사 : (   )

① "나이가 들면 어쩔 수 없는 거예요."
② "주름은 누구나 있을 수 있어요."
③ "요즘은 피부과에서 치료를 받으면 좋아져요."
④ "주름이 많으셔서 속상하셨어요?"
⑤ "남들보다 주름이 많은 거예요?"

016 심폐소생술 후 대상자가 반응은 없으나 정상적인 호흡과 효과적인 순환을 보일 때 자세로 옳은 것은?

①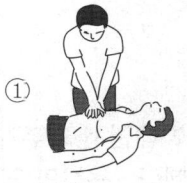
②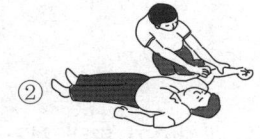
③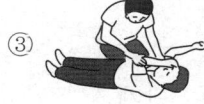
④
⑤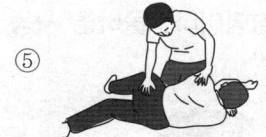

017 대상자가 지팡이를 이용할 때 지팡이의 바른 위치로 옳은 것은?

① 새끼발가락으로부터 앞 30cm, 옆 30cm
② 새끼발가락으로부터 앞 30cm, 뒤 30cm
③ 새끼발가락으로부터 앞 15cm, 옆 15cm
④ 새끼발가락으로부터 앞 15cm, 뒤 15cm
⑤ 새끼발가락으로부터 앞 45cm, 뒤 45cm

018 낙상의 우려가 있는 치매 대상자에게 예방방법으로 옳은 것은?

① 취침 시 침대 높이를 높인다.
② 발에 꼭 맞는 신발보다 여유 있게 신게한다.
③ 계단을 이용한다.
④ 침대보다는 바닥에 요와 이불을 사용한다.
⑤ 침대 난간을 내리고 취침하게 한다.

019 화재 발생시 소화기 사용법에 대해 올바르게 연결한 것은?

(가)    (나)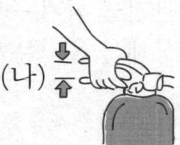

(다) 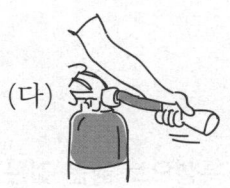   (라)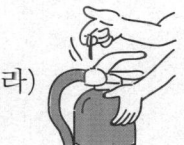

① 가 – 나 – 다 – 라
② 다 – 가 – 나 – 라
③ 다 – 나 – 가 – 라
④ 라 – 다 – 나 – 가
⑤ 라 – 나 – 다 – 가

020 다음 그림에 대한 설명이다. 올바른 사용 방법으로 옳은 것은?

① 머리를 앞으로 숙이고 충분히 숨을 내쉰다.
② 사용 전에 흔들면 안 된다.
③ 3~5초간 천천히 깊게 숨을 들이쉰다.
④ 폐에 약물이 깊숙이 도달하도록 숨을 참으면 안 된다.
⑤ 플라스틱 통과 뚜껑은 세척하면 안 된다.

021 천식을 앓고 있는 대상자 침대에 누워 있다가 가슴이 답답함을 호소하고, 호흡곤란을 일으킬 때 돕는 방법으로 옳은 것은?

① 옆으로 눕힌다.
② 물을 마시게 한다.
③ 다리를 올려 준다.
④ 환기를 시켜 준다.
⑤ 상체를 올리는 반 앉은 자세를 취한다.

022 심혈관계 노화에 따른 특성으로 옳은 것은?

① 말초혈관으로부터 혈액순환이 증가한다.
② 근육이 두꺼워져 탄력성이 떨어진다.
③ 심박출량이 증가한다.
④ 정맥의 귀환이 증가된다.
⑤ 심박동수가 증가한다.

023 고관절 골절의 증상으로 옳은 것은?

① 서혜부의 통증
② 허리통증
③ 키가 작아짐
④ 등이나 허리가 굳음
⑤ 관절부위의 통증

024 전립선 비대증이 있는 대상자가 스스로 배뇨 조절이 힘들 때 돕는 방법으로 옳은 것은?

① 항상 기저귀를 채워 둔다.
② 물의 섭취를 제한한다.
③ 낮에는 기저귀 사용을 자제하고 스스로 볼 수 있도록 훈련한다.
④ 잦은 기저귀 교환은 피부가 자극될 수 있으므로 자주 교환하지 않는다.
⑤ 혼자서 방에 있을 때는 바지를 벗겨 놓는다.

025 대상자가 오랜 시간 그림과 같이 누워 있을 때 욕창이 잘 발생하는 신체 부위는?

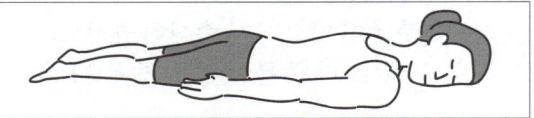

① 발가락
② 엉덩이
③ 등 부위
④ 후두부
⑤ 발뒤꿈치

026 대상자가 오랜 시간 누워 지내면서 피부가 벗겨지고 물집이 보이기 시작했다. 욕창의 단계 중 옳은 것은?

① 발적   ② 1단계
③ 2단계   ④ 3단계
⑤ 4단계

027 대상자를 대하는 원칙으로 옳은 것은?
① 목욕하기 싫어해도 옷을 벗겨서 강제로 하게 한다.
② 화장실을 가는 건 요양보호사가 힘들 수 있으므로 간이변기를 쓰게 한다.
③ 노인을 들어 올릴 때 겨드랑이를 잡아서 올린다.
④ 대상자가 자는 동안 기저귀가 젖었는지 이불을 들추지 않는다.
⑤ 소변줄을 빼려고 하면 억제대로 손을 묶어 둔다.

028 대상자의 영양부족을 확인할 수 있는 지표로 옳은 것은?
① 상처 회복 지연
② 식욕 증가
③ 체중증가
④ 건강해 보임
⑤ 규칙적인 배변활동

029 연하곤란이 있는 대상자가 음식물을 섭취할 때 주의 깊게 관찰해야 하는 증상은?
① 경련
② 피로
③ 사레
④ 탈수
⑤ 부종

030 칫솔질의 방향으로 옳은 것은?
① 치아에서 잇몸 쪽으로 90° 각도로 닦는다.
② 잇몸에서 치아 쪽으로 90° 각도로 닦는다.
③ 치아에서 잇몸 쪽으로 45° 각도로 닦는다.
④ 잇몸에서 치아 쪽으로 45° 각도로 닦는다.
⑤ 치아에서부터 혀의 방향으로 원을 그리듯 닦는다.

031 두발 청결을 도울 때 방법으로 옳은 것은?
① 귀막이 솜은 하지 않는다.
② 두피를 손가락 끝으로 마사지한 후 헹군다.
③ 두피를 손톱 끝으로 마사지한 후 헹군다.
④ 린스는 하지 않는다.
⑤ 많은 양의 샴푸를 사용한다.

032 치매 대상자가 실금한 경우 대처 방법으로 옳은 것은?
① 단호하게 말해서 실수하지 않도록 한다.
② 더러워졌어도 창피할 수 있으므로 옷은 갈아입히지 않는다.
③ 기저귀를 채운다.
④ 배뇨 후 몸을 앞으로 구부리게 해서 치골 상부를 눌러 준다.
⑤ 냄새가 나도 추울 수 있으니 환기를 시키지 않는다.

033 변비가 있는 대상자를 돕는 방법으로 옳은 것은?
① 섬유질이 적은 식품을 되도록 먹는다.
② 물은 하루 500cc 정도 섭취하도록 한다.
③ 변비약을 자주 섭취한다.
④ 불규칙하게 변을 보도록 한다.
⑤ 손바닥을 이용하여 배를 가볍게 마사지한다.

034 치매 대상자의 개인위생을 돕는 방법으로 옳은 것은?
① 해야 할 일을 한 가지씩 제시한다.
② 물에 대한 거부반응을 보이더라도 강제로 목욕을 시킨다.
③ 욕조 내에 물을 가득 채운다.
④ 욕조보다 샤워를 이용하는 것이 안전하다.
⑤ 반신욕 하는 동안 욕조에 혼자 있게 둔다.

035 섬망이 있는 대상자가 환각을 보일 때 대처하는 방법으로 옳은 것은?
① 위협적인 언어로 얘기한다.
② 감정 없는 눈빛으로 마주 보도록 한다.
③ 현실을 확인할 수 있는 환경을 만들어 준다.
④ 커튼을 항상 치고 불안하지 않게 한다.
⑤ 대상자가 말도 안 되는 소리를 할 경우 들어주지 않는다.

036 섬망대상자의 의식 수준의 변화를 나타낸 것이다. 빈칸에 들어갈 내용으로 옳은 것은?

( ) → 수시간 내지 수일에 걸쳐 호전과 악화 반복 → 지남력 장애

① 피로
② 초조
③ 기억력 감퇴
④ 주의력 저하
⑤ 언어장애

037 노인의 수면관리로 옳은 것은?
① 취침 시간을 길게 늘린다.
② 잠이 안 올 경우는 수면제를 복용하도록 한다.
③ 낮잠을 틈틈이 자도록 한다.
④ 잠자리에 들도록 돕는다.
⑤ 운동을 많이 하면 수면의 방해가 되므로 되도록 하지 않게 한다.

038 치매 초기 단계의 대상자와 의사소통하는 방법으로 옳은 것은?
① 복잡하고 간접적인 언어로 설명한다.
② 유사한 의미의 다른 언어를 이야기해 준다.
③ 약어로 된 단어를 사용한다.
④ 대상자의 과거 기억이나 사건을 회상시키지 않도록 한다.
⑤ 대상자와는 시간대 상관없이 대화한다.

039 다음의 표에서 임종 징후로 옳은 것을 고르시오

가. 의식이 점차 흐려진다.
나. 맥박이 빨라진다.
다. 숨을 고르게 몰아쉰다.
라. 손발이 차가워진다.

① 가, 나 ② 가, 다
③ 가, 라 ④ 나, 다
⑤ 나, 라

040 임종 대상자가 시간, 장소, 주의에 있는 사람에 대해 혼돈하는 이유로 옳은 것은?
① 신진대사의 변화
② 취침 시간이 길어져서
③ 기억력 감퇴로 인해
④ 호흡곤란으로 인해
⑤ 생각하기 싫어서

041 임종 대상자가 심리변화가 있을 때 돕는 방법으로 옳은 것은?
① 불안해할 경우 혼자 있게 해 준다.
② 대상자에게 항상 관심을 갖는다.
③ 대상자가 만나고 싶은 사람이 있어도 나중에 만날 수 있도록 한다.
④ 임종 장소에 대해서 언급하지 않는다.
⑤ 대상자가 의사결정을 하기보다는 요양보호사가 결정하도록 한다.

042 응급처치에 대한 설명으로 옳은 것은?
① 전문의료인이 올 때까지 기다린다.
② 통증 순서로 처치한다.
③ 연세가 많은 분의 지시의 따라 응급처치를 한다.
④ 토사물은 빨리 치운다.
⑤ 대상자를 가급적 옮기지 않는다.

043 약물 복용 방법으로 옳은 것은?

① 고혈압 약은 자몽주스와 함께 먹는다.
② 모든 약은 식후에 복용한다.
③ 약을 잘라서 복용할 때는 약사와 상의한다.
④ 약 복용을 잊었을 경우 2배로 복용한다.
⑤ 이전 처방약이 많이 남았을 경우 복용한 후 최근 처방약을 먹는다.

044 대상자가 질문에 반응이 없고 정상적인 호흡이 없을 때 심폐소생술의 단계로 옳은 것은?

① 반응 확인
② 도움 요청
③ 가슴압박
④ 기도유지
⑤ 인공호흡

045 나 – 전달법의 대화 내용으로 옳은 것은?

> 대상자가 더러워진 옷을 갈아입으려고 하지 않을 때

① "옷 갈아입히기가 진짜 힘드네요."
② "옷을 갈아입으면 기분이 좋아질 거예요."
③ "더러워진 옷을 갈아입는 것이 싫으시군요."
④ "옷을 갈아입지 않으니 화가 나네요."
⑤ "옷을 갈아입지 않으시니 건강을 해칠까 봐 걱정돼요."

5회 필기 적중 시험문제

001 노인에게 일반적으로 나타날 수 있는 심리적 변화는?
① 수동성 감소
② 독립성 증가
③ 조심성 감소
④ 의존성 증가
⑤ 경직성 감소

002 대상자가 배우자와 사별을 했을 때 처음으로 겪는 정서적 반응은?
① 상실감
② 책임감
③ 정체감
④ 소외감
⑤ 고독감

003 노인의료복지시설에 해당하는 시설 유형은?
① 노인복지주택
② 노인복지관
③ 노인요양시설
④ 경로당
⑤ 양로시설

004 장기요양인정 절차 중 ( ) 안에 들어갈 것은?

신청 ➡ 방문 조사 ➡ ( ) ➡ 의사 소견서 제출 ➡ 등급판정위원회 개최 ➡ 등급 판정

① 목표 설정
② 서비스 제공 계획 수립
③ 사례조사
④ 건강 상태 평가
⑤ 장기요양인정점수산정

005 다음 서비스 중 대상자의 가정에서 신체활동과 가사 활동 등을 제공하는 재가 급여는?
① 주·야간 보호
② 방문요양
③ 단기보호
④ 방문간호
⑤ 방문목욕

006 등급 판정을 받은 대상자가 서비스 이용 신청 절차를 바르게 나열한 것은?

가. 서비스 이용 계약 체결
나. 서비스 제공 계획 수립
다. 서비스 신청 접수 및 방문 상담
라. 서비스 제공 실시
마. 모니터링 실시 및 서비스 종료

① 가 – 나 – 다 – 라 – 마
② 다 – 가 – 나 – 라 – 마
③ 나 – 가 – 라 – 다 – 마
④ 다 – 나 – 가 – 라 – 마
⑤ 가 – 다 – 나 – 라 – 마

007 신체활동 지원 서비스 중 요양보호사가 제공하는 서비스는?
① 유치도뇨관 삽입
② 활력증후 측정
③ 관절구축 예방
④ 흡인
⑤ 위관삽입

008 요양보호사에게 대상자가 차례 음식을 준비해 달라고 요구할 때 대처 방법은?
① 정중하게 요양보호사가 제공하지 않는 서비스라고 말한다.
② 다음에 해 드린다고 정중히 말한다.
③ 모르는 척 다른 일을 계속한다.
④ 대상자와 함께 음식 준비를 해 준다.
⑤ 비용을 받고 준비해 준다.

009 요양보호사에게 대상자가 가족에게 필요한 물품을 사다 달라고 요구했을 때 올바른 대처 방법은?
① 대상자에게 요양서비스 원칙을 알려 주고 정중히 거절한다.
② 가족에게 알리고 동의를 얻어 사다 준다.
③ 추가 비용을 알려 준다.
④ 시설장에게 알리고 동의를 얻어 사다 준다.
⑤ 일단 사비로 사다 주고 가족에게 비용을 청구한다.

010 요양보호사가 대상자의 언어적 폭력에 해당하는 것은?
① 손과 엉덩이를 만진다.
② 본인 속옷에 손을 넣는다.
③ 뒤에서 포옹하며 껴안는다.
④ 본인 성기를 노출시킨다.
⑤ 야한 농담이나 욕설을 한다.

011 요양보호사의 직업윤리 원칙으로 올바른 것은?
① 모든 서비스는 요양보호사의 상식선에서 해결한다.
② 지식과 기술을 습득하는 노력을 한다.
③ 서비스는 대상자의 학력과 경제적 능력에 맞춰 차별적 서비스를 제공한다.
④ 대상자가 실수하는 경우 즉시 훈계하여 재발을 방지한다.
⑤ 대상자의 가족 요구를 항상 우선시한다.

012 요양보호사가 법적, 윤리적 책무를 성실히 준수한 행동으로 옳은 것은?
① 본인 부담금을 할인해 주려고 노력한다.
② 대상자에게 유리한 등급 판정이 나오도록 알려 준다.
③ 대상자나 가족에게 추가 요금을 요구한다.
④ 요양보호 서비스 내용을 정확히 기록한다.
⑤ 필요한 복지용구를 직접 판매 또는 제조한다.

013 대상자 또는 가족이 타시설과 비교하면서 본인 부담금을 깎아 달라고 요구할 때 요양보호사의 대처 방법은?
① 본인 부담금을 면제받을 수 있는 기관을 알선해 준다.
② 서비스 이용 시간을 대신 늘려준다.
③ 본인 부담금의 임의 면제 또는 감경은 불법임을 설명한다.
④ 대상자의 생활 형편을 고려하여 청구한다.
⑤ 본인 부담금을 감경받을 수 있는 방법을 알려 준다.

014 의료침대의 자세를 바꾸려 반복적으로 레버를 돌리다가 손목에 통증과 부종이 생길 경우 초기 대처 방법은?
① 냉찜질을 하여 통증을 완화시킨다.
② 온찜질을 하여 통증을 완화시킨다.
③ 손목을 위아래로 돌려 준다.
④ 통증 부위에 부목을 대어 손목을 고정시킨다.
⑤ 가벼운 아령으로 손목 운동을 한다.

015 요양보호사가 양손으로 무거운 물건을 들어 올릴 때 신체적 손상을 예방하기 위한 올바른 자세는?
① 허리만 이용해서 들어 올린다.
② 물건은 최대한 몸에서 멀리 위치하여 들어 올린다.
③ 허리와 무릎을 모두 굽혀서 들어 올린다.
④ 허리를 펴고 무릎을 굽혀 지지면을 넓힌 후 들어 올린다.
⑤ 물건은 든 상태에서 방향을 바꿀 때 허리를 돌려서 움직인다.

016 요양보호사가 자기관리를 위해 스트레칭을 할 때 올바른 방법은?
① 동작과 동작 사이에 휴식 없이 계속한다.
② 상하좌우 균형 있게 교대로 실시한다.
③ 동작은 빠르게 반복해서 실시한다.
④ 통증이 느껴질 정도로 실시한다.
⑤ 스트레칭 된 자세로 2~3초간 유지한다.

017 대상자로부터 요양보호사가 감염될 수 있는 질환은?
① 천식
② 알레르기성 비염
③ 기관지염
④ 폐결핵
⑤ 축농증

018 노화로 인해 발생하는 질환의 일반적인 특성으로 옳은 것은?
① 급성 퇴행성 질병이다.
② 원인이 확실하게 나타난다.
③ 재발하기 쉽고 경과가 길다.
④ 약물에 대한 반응이 둔감하다.
⑤ 만성질환으로 치료 경과가 빠르다.

019 다음 소화기계 질환 중 설명과 관련 깊은 질환은?

• 혈변, 직장 출혈
• 설사, 변비
• 장습관의 변화와 장폐색

① 대장암 ② 위암
③ 췌장암 ④ 간암
⑤ 폐암

020 대상자가 천식을 앓을 경우 바르게 돕는 방법은?
① 창문을 열어 찬 공기로 환기시킨다.
② 방안에 카펫을 깔아 바닥을 보온한다.
③ 운동 후 기관지확장 흡인기를 사용한다.
④ 실내 온도를 15도 이하로 내리고 습도를 낮춘다.
⑤ 옷이나 침구는 뜨거운 물로 세탁한다.

021 폐결핵에 대한 설명으로 옳은 것은?
① 폐결핵은 비감염성 질환이다.
② 정기적으로 객담검사를 한다.
③ 폐결핵은 유전병이다.
④ 결핵은 일주일 정도 약물 치료로 완치가 된다.
⑤ 초기에 객혈과 가슴 통증이 있다.

022 동맥경화증에 대한 올바른 건강관리 방법은?
① 고염식이 섭취
② 활동을 제한한다.
③ 고지방식이 섭취
④ 건·습식 사우나를 꾸준히 한다.
⑤ 금연을 한다.

023 고관절 골절을 발생시키는 가장 흔한 질환은?
① 퇴행성 관절염
② 류마티스 관절염
③ 척추 측만증
④ 골다공증
⑤ 추간판 탈추증

024 여성이 노화로 인하여 성 변화가 나타날 때 옳은 것은?
① 에스트로겐 분비 증가
② 유방의 크기 증가
③ 질 수축 및 분비물 감소
④ 요실금 감소
⑤ 난소 크기 증가

025 노인의 소변이 조금씩 새어 나온다. 그 원인으로 올바른 것은?
① 골반 근육 조절 능력의 감소
② 방광의 저장 능력 증가
③ 요로 감염 감소
④ 신장 기능 증가
⑤ 잔료량 저하

026 대상자가 전립선 비대증이 있을 때 나타나는 증상은?
① 힘을 주어야 소변이 나온다.
② 소변에서 혈뇨가 같이 나온다.
③ 소변에서 거품이 많이 보이며 배뇨 후에도 거품이 사라지지 않는다.
④ 소변 색깔이 적갈색으로 나온다.
⑤ 재채기나 기침을 하면 조금씩 실금한다.

027 대상자가 좌측 편마비로 불편함을 호소하여 반대편 건강한 쪽으로 계속 눕혀서 욕창이 생겼다. 이때 발생하는 부위는?
① 어깨와 등 전체
② 우측 발 복숭아뼈
③ 오른쪽 종아리
④ 왼쪽 발목
⑤ 넙다리 뒤편

028 욕창이 발생하는 과정을 단계별로 올바르게 나타낸 것은?
① 1단계 : 피부가 벗겨지고 물집이 생긴다.
② 3단계 : 피부가 손상되어 피부가 분홍색으로 나타난다.
③ 3단계 : 피부를 누르면 색깔이 일시적으로 없어진다.
④ 4단계 : 피부가 검게 변하고 뼈와 근육까지 괴사가 진행된다.
⑤ 2단계 : 피부 전체에 깊은 욕창이 생긴다.

029 치매를 앓고 있는 대상자가 가족을 몰라보고 가족이 아니라 한다. 이때 올바른 대처 방법은?
① 집 주소를 꾸준히 알려 준다.
② 본인 사진을 지속적으로 보여 준다.
③ 가족 별명을 계속 불러 준다.
④ 집 위치를 지도를 보며 알려 준다.
⑤ 가족사진을 보여주며 가족임을 확인시킨다.

030 왼쪽 뇌에 이상이 있는 뇌졸중 대상자에게 나타나는 팔다리 마비 증상은?
① 양쪽 팔다리가 마비된다.
② 얼굴 전체에 마비가 나타난다.
③ 오른쪽 팔다리가 마비된다.
④ 왼쪽이 저려 온다.
⑤ 얼굴 입 주위에 마비가 나타난다.

031 대상자가 비틀거리며 한쪽으로 자꾸 넘어지려 하고, 사물을 잡으려고 할 때 잡지 못하고 빗나가는 증상은?
① 감각장애
② 연하곤란
③ 반신마비
④ 운동실조증
⑤ 뇌졸중

032 노인에게 영양 관련 문제가 일어날 가능성이 높은 이유는?
① 미각과 후각 기능 둔감
② 지방 흡수율 증가
③ 칼슘 배출 감소
④ 위장 운동 증가
⑤ 열량 요구량 증가

033 노인에게 약물중독의 위험이 증가되는 이유는?
① 위, 대장반사 증가
② 신장으로 가는 혈류량의 감소
③ 폐 순환량의 증가
④ 에스트로겐 생산 감소
⑤ 피하 지방의 감소

034 노인의 약물 사용 방법으로 옳은 것은?
① 증상이 악화되면 약의 용량을 늘린다.
② 약이 떨어지면 증상이 비슷한 환자의 약을 먹인다.
③ 술 마신 다음 날은 약을 복용하지 않는다.
④ 증상이 없으면 약 복용을 중단한다.
⑤ 병원에서 진료 시 복용 중인 약을 반드시 알린다.

035 더운 날 폭염 대응 안전 수칙으로 옳은 것은?
① 야외 활동량을 늘린다.
② 물을 평소보다 적게 마신다.
③ 모자챙이 넓은 모자를 쓰고 물을 자주 마신다.
④ 식사는 평소보다 많이 섭취한다.
⑤ 한낮에 밀린 밭일을 한다.

5회 실기 적중 시험문제

001 다음과 같은 상황일 때 휠체어 이동 시 작동법으로 옳은 것은?

> 휠체어 뒤를 발로 조심스럽게 눌러 뒤쪽으로 앞바퀴를 들어 올린다.

① 오르막길을 갈 때
② 내리막길을 갈 때
③ 문턱 내려갈 때
④ 문턱 올라갈 때
⑤ 엘리베이터 타고 내리기

002 대상자의 머리카락이 엉켰을 경우 손질하는 방법으로 옳은 것은?

① 세게 빗질한다.
② 많이 엉킨 부분은 잘라 낸다.
③ 물만 묻힌다.
④ 물을 적신 후에 빗질한다.
⑤ 그냥 놔둔다.

003 시설에 있는 고혈압이 있는 대상자에게 식사를 주려고 할때 옳은 것은??

① 고기 위주 식단을 준비한다.
② 등푸른생선, 두부 등의 반찬을 준비한다.
③ 젓갈류, 찌개류를 준비한다.
④ 체중관리를 위해 식사는 최소로 준다.
⑤ 열량이 높은 음식 위주로 준비한다.

004 대상자가 요양보호사에게 화장실 밖에서 기다려주기를 원할 때 돕는 방법으로 옳은 것은?

① 문을 열어 둔다.
② 문을 닫고 밖에서 기다린다.
③ 대상자 옆에 호출기를 둔다.
④ 화장실 안에서 같이 있어 준다.
⑤ 배설이 끝나면 부르도록 설명한다.

005 대상자의 변의가 감소될 수 있으므로 요양보호사가 주의해야 하는 행동으로 옳은 것은?

① 변기를 따뜻하게 데웠을 경우
② 복부 마사지를 해 줄 경우
③ 침대를 올려 줄 때
④ 차가운 변기를 대 주었을 때
⑤ 커튼이나 스크린으로 가려 준 경우

006 말기환자 대상자가 호스피스 병동에 입원하려고 할 때 해당 가능한 경우로 옳은 것은?

① 치매 대상자
② 뇌졸중 대상자
③ 암질환 대상자
④ 감염질환 대상자
⑤ 정신질환 대상자

007 대상자의 의치를 끼우는 방법을 돕는 순서로 옳은 것은?

> 가. 입술 보호제를 발라 준다.
> 나. 미온수로 입을 충분히 헹군다.
> 다. 윗니를 끼울 때 엄지가 입안으로 들어가게 한다.
> 라. 아랫니는 검지가 입안으로 향하게 하여 아래쪽으로 밀어 넣는다.

① 가 – 나 – 다 – 라
② 가 – 나 – 라 – 다
③ 나 – 가 – 다 – 라
④ 나 – 다 – 라 – 가
⑤ 다 – 라 – 나 – 가

008 대상자의 분비물 처리 방법으로 옳은 것은?
① 배설물을 치울 때 장갑을 끼지 않아도 된다.
② 가정에서 배설물이 묻은 의류는 다른 의류랑 함께 세탁한다.
③ 혈액이 묻었을 경우 찬물로 닦고 더운물로 헹군다.
④ 배설물 처리 후 장갑을 착용했다면 손을 씻지 않아도 된다.
⑤ 오염된 세탁물은 일반 쓰레기통에 버린다.

009 다음 그림에 대한 설명으로 옳은 것은?

① 지팡이 길이는 대상자 키보다 낮아야 한다.
② 팔꿈치에서 20-30° 구부린 자세가 좋다.
③ 지팡이의 길이는 대상자 키보다 높아야 한다.
④ 새끼발가락 바깥쪽 30cm 지점이 좋다.
⑤ 지팡이 바닥 끝 고무는 교체하지 않아도 된다.

010 씹기 장애를 가진 대상자의 식사관리로 옳은 것은?
① 밥을 국에 말아준다.
② 떡류는 먹기 좋게 크게 썰어서 먹는다.
③ 한 번에 많은 양을 먹어야 삼키는 연습이 된다.
④ 작은 숟가락을 사용한다.
⑤ 식사 후 바로 눕게 한다.

011 골다공증 대상자가 주의해야 하는 식품은?
① 무청
② 요구르트
③ 두부구이
④ 뱅어포
⑤ 사이다

012 다음 그림의 설명으로 옳은 것은?

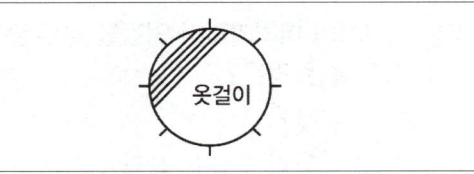

① 햇볕에서 건조
② 그늘에서 건조
③ 뉘어서 건조
④ 뉘어서 옷걸이에 걸어서 건조
⑤ 햇볕에서 옷걸이에 걸어서 건조

013 비언어적 의사소통 기법의 태도가 올바르게 연결된 것은?
① 어조 – 주저하는 어조
② 눈맞춤 – 대상자보다 높은 눈높이
③ 얼굴표정 – 자연스럽고 여유 있는 입 모양
④ 자세 – 팔짱 끼기
⑤ 자세 – 몸을 앞으로 구부린 태도

014 치매 대상자에게 배설을 돕는 방법으로 옳은 것은?
① 외출 전 화장실을 가기 싫어하더라도 꼭 가게 한다.
② 배뇨 곤란이 있을 때는 낮에도 기저귀를 채운다.
③ 뒤처리 후에는 실수하지 않도록 설명한다.
④ 뒤처리 방법을 시범을 보여 행동에 옮기게 한다.
⑤ 배뇨 실수 시에는 단호하게 말해야 한다.

015 치매대상자가 다음과 같은 문제행동을 보일 때 돕는 방법으로 옳은 것은?

> • 계속 같은 종류의 음식만 먹는다.
> • 밥을 먹고도 계속 식사를 요구한다.

① 좋아하는 대체식품을 이용한다.
② 음식을 계속 요구 시 무시한다.
③ 음식을 요구할 때마다 식사를 준다.
④ 식사한 다음 바로 치운 후 식사가 끝났다고 알린다.
⑤ 좋아하는 음식만 준다.

016 치매대상자가 밤만 되면 더욱 혼란해지고 불안정한 모습을 보일 때 돕는 방법으로 옳은 것은?
① 수면을 유도할 수 있게 방안을 어둡게 한다.
② 밖으로 데려가 산책을 한다.
③ 신체적 제한을 한다.
④ 해질녘에 대상자에게 가까이 가지 않는다.
⑤ 돌아다니지 말라고 주의를 준다.

017 치매대상자에게 신체적 언어를 사용할 때 유의사항으로 옳은 것은?
① 대상자보다 높은 위치에서 이야기한다.
② 대상자에게 접근할 때 놀라지 않게 뒤에서 접근한다.
③ 미소를 짓거나 손을 잡고 이야기한다.
④ 팔짱을 끼는 자세로 이야기한다.
⑤ 주먹을 쥐는 자세를 취한다.

018 다음 대화 중 공감적 반응으로 옳은 것은?

> 대상자 : 양치질해라, 속옷 갈아입어라 명령하고 나를 어린애 취급하는 것 같아요.
> 요양보호사 :

① "양치질을 하지 않아서 말씀드린 거예요."
② "그럼 하지 마세요."
③ "다음부턴 그렇게 얘기하지 않을게요."
④ "제가 개인위생에 대해 일일이 간섭하는 듯해서 속상하셨군요."
⑤ "도와드리는 것도 쉬운 일이 아니에요."

019 두 사람 사이의 상호신뢰 관계를 나타내며 의사소통의 기본이 되는 의사소통 방법으로 옳은 것은?
① 라포 형성 ② 경청
③ 공감 ④ 말하기
⑤ 수용하기

020 경관영양 대상자를 돕는 방법으로 옳은 것은?
① 영양 주머니는 하루 한 번 세척한다.
② 영양액은 체온 정도의 온도로 데워서 준다.
③ 비위관이 새는 경우 즉시 빼 버린다.
④ 진한 농도의 영양액을 빠르게 준다.
⑤ 영양 주머니는 위장보다 낮은 위치에 건다.

021 편마비 대상자에게 단추 있는 옷을 입히려고 할 때 순서로 올바르게 연결된 것은?

> 가. 대상자의 마비된 쪽 손을 감싸듯 모아서 잡는다.
> 나. 마비된 쪽의 손을 잡고 한쪽 소매를 어깨 위까지 올린다.
> 다. 상의의 한쪽 소매 끝에서 어깨, 목선까지 모아 쥔다.
> 라. 대상자의 등 뒤로 상의를 돌려 건강한 쪽 어깨에 펼쳐 잡아 준다.

① 가 – 나 – 다 – 라
② 가 – 다 – 나 – 라
③ 다 – 가 – 나 – 라
④ 다 – 나 – 가 – 라
⑤ 나 – 가 – 다 – 라

022 편마비 대상자를 옆에서 부축하는 경우 돕는 방법으로 옳은 것은?

① 대상자의 양발을 무릎보다 앞쪽에 놓는다.
② 요양보호사는 대상자의 건강한 쪽 가까이에 선다.
③ 요양보호사는 한 손으로 어깨를 지지한다.
④ 다른 한 손은 반대쪽 허리를 부축하여 일으킨다.
⑤ 대상자가 무릎을 펴서 일어나면 바로 떨어지도록 한다.

023 의식이 없는 대상자의 입 안을 닦으려고 할 때 방법으로 옳은 것은?

① 똑바로 누운 자세를 취한다.
② 마른 거즈로 닦아 준다.
③ 깨끗이 닦아 내기 위해 혀 안 깊숙이 닦는다.
④ 먼저 윗니와 잇몸을 닦는다.
⑤ 충치가 보여도 급하지 않으므로 나중에 보고한다.

024 누워 있는 대상자에게 칫솔질을 할 때 각도로 옳은 것은?

① 칫솔을 30° 각도로 치아에서 잇몸 쪽으로 닦는다.
② 칫솔을 30° 각도로 잇몸에서 치아 쪽으로 닦는다.
③ 칫솔을 45° 각도로 치아에서 잇몸 쪽으로 닦는다.
④ 칫솔을 45° 각도로 잇몸에서 치아 쪽으로 닦는다.
⑤ 칫솔을 90° 각도로 치아에서 잇몸 쪽으로 닦는다.

025 여성 대상자에게 회음부 청결을 유지하는 것은 중요하다. 그 이유로 옳은 것은?

① 성병
② 생식기 사마귀
③ 방광암
④ 치질
⑤ 방광염

026 대상자의 눈곱이 있을때 닦는 방향으로 옳은 것은?

① 눈곱이 있는 눈부터 안쪽에서 밖으로 닦는다.
② 눈곱이 없는 눈부터 안쪽에서 밖으로 닦는다.
③ 눈곱이 있는 눈부터 밖에서 안쪽으로 닦는다.
④ 눈곱이 없는 눈부터 밖에서 안쪽으로 닦는다.
⑤ 양쪽을 같이 안쪽에서 밖으로 닦는다.

027 통목욕을 한 대상자가 어지러움이나 피곤함이 있을 때 돕는 방법으로 옳은 것은?

① 서 있도록 한다.
② 잠시 걷도록 한다.
③ 따뜻한 우유를 섭취하고 쉬게 한다.
④ 책임자에게 보고한다.
⑤ 괜찮다고 위로한다.

028 대상자의 침상 목욕을 도울 때 유방(가), 배꼽(나)을 닦는 방향으로 옳은 것은?

① 가 – 안쪽에서 밖으로, 나 – 반시계 방향으로
② 가 – 밖에서 안쪽으로, 나 – 반시계 방향으로
③ 가 – 둥글게, 나 – 시계 방향으로
④ 가 – 둥글게, 나 – 반시계 방향으로
⑤ 가 – 둥글게, 나 – 둥글게

029 다음 설명 중 수액이 있는 편마비 대상자의 옷을 벗길 때 순서로 옳은 것은?

가. 수액을 빼서 건강한 쪽 팔(수액을 맞고 있는 팔) 소매의 밖에서 안으로 뺀다.
나. 수액을 건다.
다. 건강한 쪽 팔(수액을 맞고 있는 팔)을 먼저 벗긴다.
라. 마비된 쪽 팔을 벗긴다.

① 가 – 나 – 다 – 라
② 가 – 다 – 나 – 라
③ 다 – 나 – 가 – 라
④ 다 – 가 – 나 – 라
⑤ 나 – 다 – 가 – 라

030 연명의료결정법에 의해 규정된 질환으로 옳은 것은?

① 뇌졸중   ② 만성 간경화
③ 협심증   ④ 천식
⑤ 아토피

031 심폐소생술의 단계 중 기도 유지 방법으로 옳은 것은?

① 턱 아래 연부 조직을 눌러 준다.
② 대상자의 입을 닫아 준다.
③ 대상자의 이마에 손을 올려놓고 머리를 뒤로 젖힌다.
④ 대상자의 이마에 손을 올려놓고 머리를 앞으로 젖힌다.
⑤ 옆으로 눕혀 준다.

032 노인장기 요양보험의 일상생활 지원 대행으로 옳은 것은?

① 모든 가족의 세탁
② 손주의 간식
③ 아들의 생일상
④ 동거인의 방 청소
⑤ 대상자의 방 청소

033 치매대상자의 배회 예방을 위해 돕는 방법으로 옳은 것은?

① 심하게 배회 시에는 억제대로 묶어 둔다.
② 현관문에 벨을 달아 놓는다.
③ 나가지 못하도록 주의를 준다.
④ 방안에 가둬 둔다.
⑤ 수면제를 먹여서 재우도록 한다.

034 다음 설명은 치매대상자의 문제행동으로 돕는 방법으로 옳은 것은?

• 2~3일간 잠을 자지 않고, 2~3일 뒤에 계속 잠을 잔다.
• 밤에 일어나서 돌아다니다가 낮에 잠을 잔다.

① 낮에는 졸리면 잘 수 있도록 도와준다.
② 밤에는 조용한 환경보다 티비를 켜 놓는다.
③ 밤에 안 잘 경우 말을 계속 걸어 준다.
④ 산책을 시켜 준다.
⑤ 커피를 달라고 하면 오후 시간이라도 준다.

035 다음 설명은 치매대상자의 문제행동을 보일 때 대처방법이다. 여기에서 설명하는 문제행동으로 옳은 것은?

- 좋아하는 대체식품을 이용한다.
- 먹고 난 식기를 그대로 두거나 식사 후 달력에 표시하게 한다.

① 반복적 행동
② 수면장애
③ 음식 섭취 문제행동
④ 배회
⑤ 의심

036 휠체어 사용 시 주의사항으로 옳은 것은?
① 사용하지 않을 때 평평한 지면에서는 잠금장치를 하지 않는다.
② 휠체어를 타고 내릴 때 잠금장치를 하지 않는다.
③ 휠체어를 사용하지 않을 때는 반드시 잠가두어야 한다.
④ 딱딱한 쿠션을 이용한다.
⑤ 타이어 공기압은 낮아야 한다.

037 침대에서의 체위 변경 목적이다. 다음 내용 중 해당하는 것을 고르시오.

가. 관절의 변형 방지
나. 허리의 불편감을 준다.
다. 혈액순환을 돕는다.
라. 부종이 생긴다.

① 가, 나
② 가, 다
③ 나, 다
④ 나, 라
⑤ 가, 라

038 왼쪽 편마비 대상자의 이동변기 사용을 돕는 방법으로 옳은 것은?
① 이동변기가 침대 높이보다 낮도록 맞춘다.
② 대상자의 두 발이 바닥에 닿게 한다.
③ 이동변기는 왼쪽으로 90° 붙인다.
④ 변기는 차갑게 해 준다.
⑤ 배설시 하반신은 노출한다.

039 대상자의 침구를 선택할 때 방법으로 옳은 것은?
① 이불은 두꺼운 걸 선택한다.
② 매트리스는 푹신한 걸 선택한다.
③ 베개는 척추와 머리가 수평이 되는 높이가 좋다.
④ 베개는 습기를 흡수하는 것이 좋다.
⑤ 시트는 짙은 색의 면이 좋다.

040 경청을 방해하는 것으로 옳은 것을 고르시오

가. 의견이 다르더라도 일단 수용한다.
나. 대충 미루어 짐작한다.
다. 미리 대답을 준비한다.
라. 말하는 순서를 지킨다.

① 가, 나
② 가, 다
③ 나, 다
④ 나, 라
⑤ 다, 라

041 일상생활지원서비스 중 개인활동지원으로 옳은 것은?
① 관공서 가기
② 식사도움
③ 세면도움
④ 씻기도움
⑤ 말벗하기

042 장기요양 제공기록지 내용으로 옳은 것은?
① 방문요양서비스는 대변실수는 기록하지 않는다.
② 방문목욕서비스는 상태 확인은 목욕 후만 기록한다.
③ 방문목욕서비스는 장기요양요원 2명의 성명을 기재한다.
④ 주야간 보호 서비스는 종료 시간만 기록한다.
⑤ 시설 급여서비스는 수급자의 외출시간을 기록하지 않는다.

043 요양보호사들이 정보와 경험을 서로 공유하고 애로사항을 듣기 위해 개최하는 회의로 옳은 것은?
① 사례 회의
② 업무 회의
③ 월례 회의
④ 기획 회의
⑤ 업무보고

044 치매대상자의 일상생활지원의 목적으로 옳은 것은?
① 집안일을 할 수 있게 한다.
② 본인이 할 수 있는 것은 하게 한다.
③ 경제적인 일을 할 수 있게 한다.
④ 혼자서 생활할 수 있게 한다.
⑤ 시설에서 독립적 생활을 할 수 있게 한다.

045 치매 대상자의 단계별 중 말기의 의사소통의 문제가 있을 때 옳은 것은?
① 일관성이 없어진다.
② 말이 없어진다.
③ 사람의 이름을 부르는 것이 어렵다.
④ 대화의 주제가 자주 바뀐다.
⑤ 과거, 현재, 미래시제를 올바르게 사용하는 것이 어려워진다.

6회 필기 적중 시험문제

001 노인의 심리적인 특성 중 설명하는 것은?

- 흥미와 의욕 상실
- 불면증, 체중 감소
- 기억력, 식욕 저하
- 과거에 친했던 사람에 대한 관심 감소

① 의존성의 증가
② 수동성의 증가
③ 우울증 경향 증가
④ 경직성의 증가
⑤ 조심성의 증가

002 삶의 죽음이라는 현실을 인식할 수 있는 큰 계기가 되는 상황은?

① 배우자의 사별
② 건강의 상실
③ 자녀의 결혼
④ 배우자의 재혼
⑤ 자녀의 이혼

003 심신의 기능 상태 장애로 일상생활에서 상당 부분 다른 사람의 도움이 필요하고 이동 시 휠체어로 보조하며 장기요양인정 점수가 75점인 대상자에게 해당하는 장기요양 등급은?

① 장기요양 1등급
② 장기요양 2등급
③ 장기요양 3등급
④ 장기요양 4등급
⑤ 장기요양 5등급

004 재가 요양보호 서비스 중 신체활동 지원 서비스에 해당하는 것은?

① 세탁
② 취사
③ 몸단장
④ 생활 상담
⑤ 외출 시 동행

005 요양보호사가 근무시간 이외에 대상자가 전화하여 사생활의 푸념을 말할 때 올바른 대처 방법은?

① 대상자와 통화 중이라도 근무시간이 되면 통화를 바로 종료한다.
② 무음으로 해놓고 받지 않는다.
③ 다른 대상자에게 양해를 구하고 끝까지 통화한다.
④ 상관없는 말을 계속한다.
⑤ 근무 시간 이외에는 다른 대상자의 관리로 인하여 통화가 어려움을 설명한다.

006 목욕 서비스를 제공할 때 대상자가 회음부 닦는 것을 싫어할 때 대처 방법은?

① 강제로 닦아 준다.
② 회음부에 물만 끼얹어 준다.
③ 회음부는 닦지 않는다.
④ 스스로 물수건을 이용할 수 있도록 도와준다.
⑤ 동의를 구할 때까지 기다린다.

007 대상자가 가족의 험담을 할 때 요양보호사의 올바른 대처 방법은?

① 이야기를 들어주되 깊이 관여하지 않는다.
② 며느리 편을 조금 들어준다.
③ 아들 흉을 같이 본다.
④ 이야기에 같이 동조해 준다.
⑤ 험담하는 것은 나쁘다고 훈계한다.

008 대상자의 정신적, 신체적 변화를 발견하고 증상을 완화하며 합병증을 예방하는 역할은?

① 동기유발자
② 관찰자
③ 상담자
④ 정보전달자
⑤ 수발자

009 요양보호사의 역할로 옳은 것은?

> 대상자의 신체적 및 심리적인 것에 대한 변화를 가족, 의료진 시설장에게 전달하고 의료진의 지시를 대상자에게 전달해 준다.

① 동기 유발자
② 상담자의 역할
③ 관찰자의 역할
④ 수발자의 역할
⑤ 정보전달자의 역할

010 노인 및 보호자가 시설과 운영에 관한 기본적인 정보를 요구할 때 응해야 하는 시설 생활 노인 윤리강령은?

① 소유 재산의 자율적 관리에 대한 권리
② 존엄한 존재로 대우받을 권리
③ 시설 정보에 관한 접근성을 보장받을 권리
④ 신체적 제한을 받지 않을 권리
⑤ 사생활과 비밀 보장에 대한 권리

011 노인학대 유형 중 바르게 연결된 것은?

① 신체적 학대 : 시설에 맡기고 연락을 두절한다.
② 방임 : 비웃거나 조롱한다.
③ 경제적 학대 : 대상자에게 필요한 기구를 제공하지 않는다.
④ 정서적 학대 : 대화를 하지 않는다.
⑤ 유기 : 침대에 묶어둔다.

012 대상자에게 필요한 옷차림, 생활공간, 음식 등의 생활에 꼭 필요한 것들을 제공하지 않는 행위는 어떤 학대의 유형인가?

① 방임
② 신체적 학대
③ 경제적 학대
④ 성적 학대
⑤ 정서적 학대

013 요양보호사의 직업윤리로 알맞은 것은?

① 대상자의 가족과 업무와 관련하여 경계를 둔다.
② 서비스 제공 시 과격한 언행을 사용한다.
③ 개인 취향에 따라 대상자를 차별하여 서비스를 제공한다.
④ 본인의 자기결정을 존중한다.
⑤ 대상자의 개인 정보를 동료와 공유한다.

014 노인에게 요양 서비스를 제공하는 사람으로 갖추어야 할 윤리적 태도는?

① 같은 학교나 종교를 가진 경우 더 친밀하게 대한다.
② 가정에 방문하였으나 집에 없는 경우 메모나 메시지를 남긴다.
③ 서비스 제공 중 발생한 문제는 독자적으로 판단하여 처리한다.
④ 대상자의 사적인 개인정보를 기관장에게 말한다.
⑤ 가족과의 친밀감을 형성하고자 반말을 사용한다.

015 서비스 제공 시 법적 소송에 휘말리지 않기 위한 올바른 행동은?
① 부정확한 서비스는 요양보호사가 혼자 알아서 판단한다.
② 필요한 복지용품이나 복지 용구의 대여나 구입을 적극 권유한다.
③ 대상자의 비밀은 필요시에만 유지한다.
④ 학대하는 사람을 끝까지 추적하여 찾아준다.
⑤ 대상자의 상태변화를 관찰하여 기록한다.

016 수근관증후군의 증상에 대해 알맞은 것은?
① 손을 털면 통증이 심해진다.
② 새끼손가락의 기능 장애가 심하다.
③ 낮에 통증이 심해지고, 밤에 완화된다.
④ 손목을 심하게 젖히거나 굽힐 때 완화되는 경향이 있다.
⑤ 손등을 맞대고 1분 이상 있을 때 손바닥 저림 현상이 심해진다.

017 대상자가 결핵에 감염되었다. 이때 감염자와 접촉한 경우 올바른 대처 방법은?
① 결핵약을 즉시 복용한다.
② 대상자, 대상자 가족, 요양보호사 모두 즉시 치료받는다.
③ 보건소를 방문하여 감염검사를 받는다.
④ 대상자의 가족과 접촉을 금지한다.
⑤ 2~3일간 요양 서비스를 중단한다.

018 소화된 음식물의 수분을 흡수하여 변을 굳게끔 하는 역할을 돕는 소화기계 기관은?
① 위   ② 대장
③ 식도   ④ 십이지장
⑤ 맹장

019 허기가 생길 때 명치 부위의 통증이 있고, 식사 후 위가 무겁거나 부푼 듯한 느낌이 있을 때 나타나는 질환은?
① 위염   ② 복통
③ 위궤양   ④ 위암
⑤ 맹장염

020 폐조직이 감염되어 기관지가 두껍게 되고 섬유화되어 화농성 가래가 나오는 질환은?
① 폐렴   ② 폐결핵
③ 폐암   ④ 폐기종
⑤ 천식

021 고혈압이 있는 대상자의 올바른 혈압 관리 방법은?
① 과일 섭취를 줄인다.
② 일반식을 섭취할 때 국물 위주의 식사를 한다.
③ 고지방 유제품 및 고열량 식사를 한다.
④ 저염식을 섭취한다.
⑤ 포화지방산이 많은 육식 위주의 식사를 한다.

022 심장의 수축력이 저하되어 저산소증이 나타나는 경우의 증상은?
① 손발 통증
② 흉통
③ 보행장애
④ 언어장애
⑤ 의식혼돈 및 호흡곤란

023 골다공증 환자가 가급적 피해야 할 음식은?
① 두부   ② 따뜻한 커피
③ 우유   ④ 과일
⑤ 미역

024 시간과 장소를 가리지 않고 소변이 나오는 증상은?
① 단백뇨
② 혈뇨
③ 요실금
④ 빈뇨
⑤ 다뇨

025 대상자가 하반신 마비에 변실금이 있을 때 욕창 예방을 위해 주의 깊게 관찰해야 할 신체 부위는?
① 엉덩이
② 등
③ 가슴
④ 어깨
⑤ 발목

026 욕창 초기에 피부에 홍반이 나타날 때 돌보는 방법은?
① 파스를 발라 준다.
② 찬바람과 따뜻한 바람을 쐬어 준다.
③ 욕창 부위에 얼음찜질을 해 준다.
④ 욕창 주위를 가볍게 두드려 주고 마사지를 한다.
⑤ 매일 1~2시간 햇볕을 쬐준다.

027 수두를 일으키는 바이러스에 의해 수포, 통증, 가려움, 작열감을 포함한 발진이 발생하는 질환은?
① 옴
② 대상포진
③ 아토피 피부염
④ 피부암
⑤ 욕창

028 눈의 수정체가 혼탁해져 뿌옇게 보이는 질환은?
① 다래끼
② 아폴로 눈병
③ 결막염
④ 녹내장
⑤ 백내장

029 뇌신경 세포에 손상을 입을 경우 인지장애에 의한 일상 생활이 힘들게 되는 질환은?
① 파킨슨병
② 건망증
③ 치매
④ 뇌졸중
⑤ 뇌출혈

030 파킨슨 질환에 대한 증상으로 올바른 것은?
① 자세반사의 소실
② 반신마비
③ 곧은 자세
④ 웃는 표정
⑤ 운동신경 증가

031 치매 초기 단계의 특징이 올바른 것은?
① 혼자서 생활이 불가능하다.
② 독립된 생활이 어려워 항상 보호자가 필요하다.
③ 지남력 장애, 언어이해 및 표현력 장애가 나타난다.
④ 가족들이 치매를 인지 하고 혼자서 생활이 가능하다.
⑤ 최근 기억이나 먼 과거 기억의 부분적 상실이 나타난다.

032 공복감으로 숙면을 취하지 못하는 대상자에게 해야 할 올바른 행동은?
① 따뜻한 커피를 제공한다.
② 대상자가 좋아하는 피자를 시켜 준다.
③ 수면제를 권장한다.
④ 따뜻한 우유를 제공한다.
⑤ 늦은 시간까지 라디오 청취를 하게 한다.

033 노인의 성 기능을 변화시키는 원인이 아닌 것은?
① 당뇨병
② 이뇨제
③ 전립선 절제술
④ 항염증성 약물
⑤ 관절염

034 흡연에 대한 올바른 설명은?
① 흡연을 오래 하면 금연을 해도 건강 상태가 더 나빠진다.
② 흡연을 오래 했어도 금연하면 건강 상태가 좋아진다.
③ 흡연은 비중독성이어서 금연이 쉽다.
④ 간접흡연은 질병을 유발하지 않는다.
⑤ 천식과 흡연은 상관이 없다.

035 당뇨병 대상자의 발관리에 대한 설명으로 옳은 것은?
① 발은 씻고 물기가 있더라도 빨리 양말을 신겨 준다.
② 발 각질은 자주 제거하는 게 좋다.
③ 양말은 땀이 생길 수 있으므로 착용하지 않은 게 좋다.
④ 신발은 여유롭게 크게 신는다.
⑤ 발톱은 일자로 자른다.

6회 실기 적중 시험문제

001 다음 그림은 어떤 질환이 있는지 알아보는 테스트이다. 해당하는 질환으로 옳은 것은?

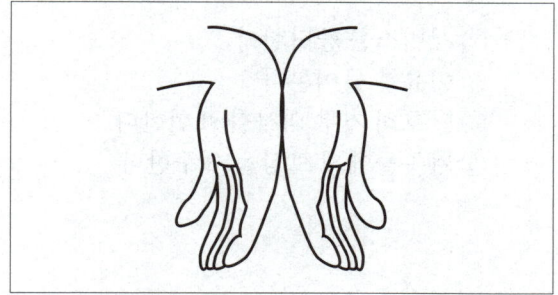

① 손목 마비
② 건초염
③ 수근관 증후근
④ 손목 결절종
⑤ 관절염

002 신체활동 지원 시 대상자와 대면할 때 방법으로 옳은 것은?
① 대상자와 멀리 떨어져서 바라본다.
② 눈을 맞추고 2초 이내에 말을 건넨다.
③ 위에서 대상자를 바라본다.
④ 대상자를 보지 않고 말을 건넨다.
⑤ 대상자가 눈을 피하면 문을 닫고 나간다.

003 신체활동 지원을 위해 요양보호사가 집에 방문했을 때 대상자가 기저귀에 손을 넣고 있는 경우 말하는 방법으로 옳은 것은?
① "기저귀에 손 넣지 마세요."
② "간지러우시면 씻으세요."
③ "왜 이러세요?"
④ "이것 한번 만져 보세요."
⑤ "기관에 보고하겠어요."

004 노인의 영양부족의 위험요인으로 옳은 것을 고르시오.

| 가. 약물사용 | 나. 비만 |
| 다. 연하곤란 | 라. 급성질환 |

① 가, 나, 다
② 가, 나, 라
③ 가, 다, 라
④ 나, 다, 라
⑤ 나, 다

005 편마비 대상자의 식사를 돕는 방법 옳은 것은?
① 건강한 쪽을 밑으로 가게 눕는다.
② 똑바로 누운 자세를 취한다.
③ 마비된 쪽을 밑으로 가게 하여 눕는다.
④ 건강한 쪽을 베개나 쿠션으로 지지한다.
⑤ 식사 전에 물은 주지 않는다.

006 날씨가 더워지면서 입맛이 없는 대상자에게 식욕을 돕기 위한 방법으로 옳은 것은?
① 식욕 촉진제를 먹게 한다.
② 식사 전 간식을 제공한다.
③ 다양한 음식을 준비하고 반찬의 색깔을 보기 좋게 담아낸다.
④ 식사 전 수면을 취하게 한다.
⑤ 먹기 싫어도 억지로라도 먹인다.

007 대상자의 식사를 돕는 방법으로 옳은 것은?

① 시력이 저하된 대상자에게는 음식을 가로로 둔다.
② 머리를 올리기 어려운 대상자는 똑바로 눕힌다.
③ 식사 전에 물을 한 모금 마시게 한다.
④ 음식을 삼키기 전에 다음 음식을 준다.
⑤ 편마비 대상자는 마비된 쪽에서 음식을 넣어 준다.

008 대상자가 자몽을 먹은 후 사레가 걸려서 숨쉬기 어려워할 경우 대처하는 방법으로 옳은 것은?

① 똑바로 눕게 해 준다.
② 기침을 하도록 도와준다.
③ 물을 먹게 한다.
④ 음식 먹던 걸 중단하고 관리책임자에게 보고한다.
⑤ 괜찮은지 계속 말을 걸어 본다.

009 대상자가 목욕을 거부하며 요양보호사를 꼬집거나 고함을 지를 때 대처방안으로 옳은 것은?

① 목욕 서비스가 없다고 단호하게 말한다.
② 대상자가 좋아하는 놀이를 통해 기분을 좋게 하고 목욕의 방법이나 시기를 다르게 시도한다.
③ 목욕 시간을 지키도록 설명한다.
④ 이유를 물어본다.
⑤ 무시한다.

010 다음은 성희롱 사례이다. 대처 방법으로 옳은 것은?

> 남자 노인이 일어나거나 옆으로 돌아누우면서 몸을 지탱하기 위해 허리나 손, 심지어 가슴까지 무차별적으로 잡으려고 한다.

① 감정적으로 화를 낸다.
② 서비스를 중단한다.
③ 이유를 물어본다.
④ 단호히 거부 의사를 표현한다.
⑤ 가족들에게 보상을 요구한다.

011 다음 그림은 대상자의 식사 자세이다. 올바른 방법으로 옳은 것은?

① 식탁과 의자는 떨어진다.
② 의자의 높이는 발바닥이 닿지 않는 것이 좋다.
③ 의자에 앉을 때는 엉덩이는 깊숙이 앉지 않는다.
④ 팔받침 없는 의자가 좋다.
⑤ 식탁의 윗부분이 대상자의 배꼽 높이에 오는 게 좋다.

012 비위관 영양 대상자의 영양액 온도가 차가울 경우 나타날 수 있는 증상은?

① 소변 증가 ② 통증
③ 탈수   ④ 혈변
⑤ 부종

013 비위관을 가진 대상자의 비위관이 빠졌을 경우 요양보호사의 대처 방법으로 옳은 것은?
① 상체를 높여 준다.
② 비위관을 밀어 넣어 준다.
③ 영양액을 잠근 후 책임자에게 보고한다.
④ 비위관을 빼 버린다.
⑤ 대상자에게 왜 빠졌는지 물어본다.

014 대상자가 알약을 복용할 때 돕는 방법으로 옳은 것은?
① 약병에서 바로 손바닥에 약을 옮긴다.
② 알약의 개수가 많은 경우 2~3번 나누어 먹는다.
③ 약병에서 약이 손바닥에 여러 개 나왔을 경우 먹을 양만 먹고 바로 넣는다.
④ 약을 먹을 때 물은 소량만 먹는다.
⑤ 약이 클 경우 임의로 쪼개서 먹는다.

015 변을 보지 못한 대상자가 요양보호사에게 답답하다며 관장을 요구할 때 대처방안으로 옳은 것은?
① 불편해 보이므로 관장을 해준다.
② 변은 스스로 볼 수 있도록 설명한다.
③ 화장실에서 변이 나올 때까지 앉아 있으라고 한다.
④ 배변이 잘 나올 수 있도록 배 마사지를 해준다.
⑤ 돌아다녀 보도록 설명한다.

016 대상자가 화장실을 이용할 때 안전한 환경을 조성하는 방법으로 옳은 것은?
① 화장실은 어둡게 한다.
② 바닥에 미끄럼방지 매트가 있으면 물이 있어도 괜찮다.
③ 변기 옆에 손잡이를 설치한다.
④ 응급상황 시에는 부르도록 설명한다.
⑤ 밤에 화장실을 찾기 어려우므로 항상 보호자랑 같이 다닌다.

017 배설을 도울 때 항문을 앞에서 뒤로 닦아야 하는 이유로 옳은 것은?
① 항문염증 예방을 위해
② 치질 예방을 위해
③ 피부괴사 예방을 위해
④ 요로계 감염 예방을 위해
⑤ 항문을 깨끗이 닦기 위해

018 대상자의 침상 배설을 도울 때 배설물 이상을 시설장에게 보고 하지 않아도 되는 것은?
① 점액이 많은 변
② 혈변
③ 대변이 심하게 묽을 때
④ 검은 변
⑤ 쑥색 변

019 유치도뇨관을 가지고 있는 대상자의 소변주머니를 방광 위치보다 낮게 두는 이유로 옳은 것은?
① 소변 배출이 원활하게 하기 위해
② 불편감을 해소하기 위해
③ 소변의 역류를 막기 위해
④ 소변 줄이 빠지지 않게 하기 위해
⑤ 자유로이 움직이게 하기 위해

020 대상자의 회음부 청결 돕기를 할 때 옳은 것은?
① 스크린 대신 이불을 덮는다.
② 옆으로 눕게 한다.
③ 누워서 다리를 똑바로 내리게 한 후 살짝만 벌리게 한다.
④ 목욕담요를 마름모꼴로 펴서 대상자의 몸과 다리를 덮는다.
⑤ 여성의 회음부를 뒤쪽에서 앞쪽으로 닦는다.

021 대상자의 통목욕 돕기를 할 때 목욕 중 체온이 떨어지지 않기 위한 방법으로 옳은 것은?
① 커튼을 쳐 준다.
② 물을 자주 뿌려 준다.
③ 추워지기 전에 빨리 씻고 나간다.
④ 옷을 덮어 준다.
⑤ 목욕이 끝날 때까지 기다리도록 한다.

022 대상자가 목욕을 싫어하는 이유가 아닌 것은?
① 옷이 없어질까 봐 걱정되어서
② 옷 속에 넣어둔 중요한 물건이 분실될까 봐
③ 배설 실수가 드러날까 봐
④ 부끄러워서
⑤ 몸이 깨끗해질까 봐

023 통목욕 시 대상자가 욕조에 들어가기 전 씻겨주는 순서로 옳은 것은?
① 회음부 → 몸통 → 팔 → 다리
② 회음부 → 팔 → 몸통 → 다리
③ 다리 → 팔 → 몸통 → 회음부
④ 다리 → 몸통 → 팔 → 회음부
⑤ 다리 → 회음부 → 팔 → 몸통

024 왼쪽 편마비 대상자를 바닥에서 휠체어로 옮기는 방법으로 옳은 것은?

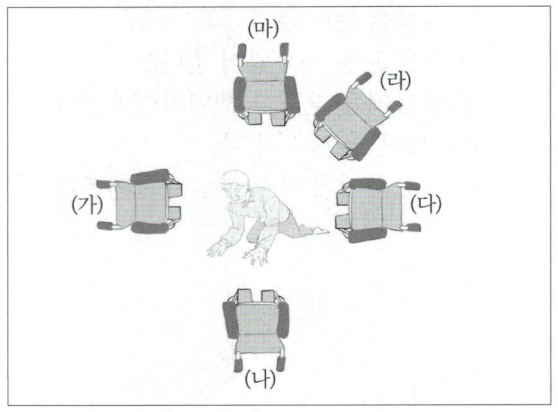

① 가 ② 나
③ 다 ④ 라
⑤ 마

025 대상자 뒤에서 지팡이 보행 돕기를 할 때 요양보호사의 한 손은 (가) 지지하고 다른 한 손은 (나) 부위를 지지하는 방법으로 옳은 것은?
① 가 - 겨드랑이, 나 - 엉덩이
② 가 - 겨드랑이, 나 - 허리
③ 가 - 허리, 나 - 어깨
④ 가 - 허리, 나 - 팔
⑤ 가 - 엉덩이, 나 - 팔

026 복지 용구 사용 중 구입 품목으로 옳은 것은?
① 이동욕조
② 전동침대
③ 수동 휠체어
④ 경사로
⑤ 욕창예방 방석

027 대상자의 휠체어 타이어 공기압이 낮거나 높으면 잘 굴러가지 않으므로 적정 공기압을 유지해야 한다. 적정 공기압으로 옳은 것은?
① 엄지손가락으로 눌렀을 때 1cm 정도 들어가는 상태
② 검지손가락으로 눌렀을 때 1cm 정도 들어가는 상태
③ 엄지손가락으로 눌렀을 때 0.5cm 정도 들어가는 상태
④ 검지손가락으로 눌렀을 때 0.5cm 정도 들어가는 상태
⑤ 검지, 중지 손가락으로 같이 눌렀을 때 1cm 정도 들어가는 상태

028 다음 그림은 복지 용구 중 구입품목이다. 설명으로 옳은 것은?

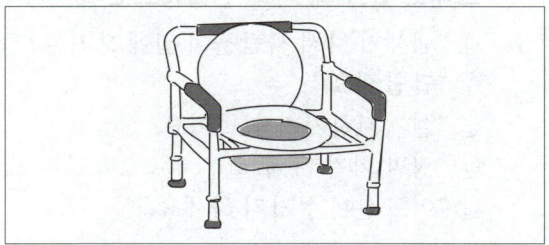

① 의자처럼 사용하면 안 된다.
② 사용한 변기통은 뜨거운 물로 세척하고 건조한다.
③ 변기통은 탈부착이 안 된다.
④ 소독하면 약하기 때문에 소독하지 않는다.
⑤ 화장실을 가기 귀찮을 때 사용하는 용품이다.

029 대상자가 화장실을 이용할 때 낙상을 예방하는 방법으로 옳은 것은?
① 화장실의 조명은 어둡게 한다.
② 대상자가 창피할 수 있으므로 문을 닫아 주고 멀리 있어준다.
③ 밤에는 화장실 표시등을 꺼둔다.
④ 변기 옆에 손잡이를 설치하여 잡을 수 있게 한다.
⑤ 화장실 주변에 개인 물건들을 가져다 둔다.

030 고혈압 대상자의 식사관리로 옳은 것은?

| 가. 현미밥 | 나. 햄 |
| 다. 정어리 | 라. 생선 |

① 가, 나, 다
② 가, 다
③ 가, 라
④ 나, 다
⑤ 가, 나, 다, 라

031 주간 보호시설 화재 발생으로 연기가 가득 찼을 때 대처방법으로 옳은 것은?
① 엘리베이터를 사용하여 이동한다.
② 마른 수건으로 코와 입을 감싼다.
③ 자세를 높여서 대피한다.
④ 방문을 열기 전 손잡이가 뜨거운지 확인한다.
⑤ 방문은 열어 둔다.

032 대상자를 위한 식사 조리 시 고려사항으로 옳은 것은?
① 찌거나 데치거나 삶아서 딱딱하게 조리한다.
② 대상자가 원하는 음식 위주로 식품을 조리한다.
③ 좀 짜더라도 맛있게 한다.
④ 식욕이 없을 경우 자극적인 음식을 해 준다.
⑤ 음식은 부드럽게 조리한다.

033 당뇨병이 있는 대상자에게 제공하는 식사로 옳은 것은?
① 흰밥, 갈비
② 과일주스, 찐감자
③ 물엿이 많은 오뎅, 잡곡밥
④ 양상추 쌈, 현미밥
⑤ 참치 통조림, 우동

034 다음 세탁기호 중 물세탁 방법으로 옳은 것은?

① 95℃ 물로 세탁, 삶을 수 없음
② 40℃ 물로 약하게 세탁, 중성세제 사용
③ 30℃ 물로 약하게 세탁, 중성세제 사용
④ 손세탁 30℃ 물로 세탁기사용, 중성세제 사용
⑤ 물세탁 가능, 세탁기 사용 안됨

035 요양보호사가 대상자에게 비언어적 의사소통기법을 사용할 때 바람직하지 않는 태도로 옳은 것은?

① 따뜻하고 배려하는 표정
② 대상자를 향해 약간 기울인 자세
③ 시선을 한곳에 고정하는 것
④ 크지 않은 목소리
⑤ 눈 맞춤

036 비언어적 의사소통 기법과 태도가 올바르게 연결된 것은?

① 얼굴표정 – 지나친 머리 끄덕임
② 자세 – 몸을 앞으로 구부리는 태도
③ 눈맞춤 – 대상자보다 낮은 눈높이
④ 어조 – 크지 않는 목소리
⑤ 어조 – 들뜬 듯한 목소리

037 다음 내용으로 해당되는 의사소통 기법으로 옳은 것은?

> 상대방이 하는 말을 상대방의 관점에서 이해하고, 감정을 함께 느끼며 자신이 느낀 바를 전달하는 방법이다.

① 공감   ② 경청
③ 라포 형성 ④ 말하기
⑤ 침묵

038 재가 어르신 집에 갔을 때 어제 먹은 설거지가 그대로 있을 때 나 – 전달법으로 옳은 것은?

① "냄새가 나서 사람들이 집에 오기 싫어해요."
② "답답해요."
③ "설거지하기가 힘들어요."
④ "정말 화가 나네요."
⑤ "어르신이 설거지 하세요."

039 다음과 같은 대화가 필요한 의사소통 장애 대상자는?

> • 말을 알아듣기 쉽도록 천천히 차분하게 이야기한다.
> • 입을 크게 벌리며 정확하게 말한다.
> • 몸짓, 얼굴 표정 등으로 의미 전달을 돕는다.

① 판단력 장애 대상자
② 노인성 난청 대상자
③ 언어장애 대상자
④ 주의력 결핍 장애 대상자
⑤ 지남력 장애 대상자

040 치매대상자가 일상 생활에서 사고가 많이 발생하는 이유로 옳은 것은?
① 예전 방식대로 하려고 고집한다.
② 변화에 대처가 가능하다.
③ 가끔씩 잊어버린다.
④ 새로운 일 배우기를 좋아한다.
⑤ 상황에 대해 이해하는 게 어렵지 않다.

041 치매대상자가 바지의 뒷부분을 움켜잡고 있을 때 대처하는 방법으로 옳은 것은?
① 바지가 불편할 수 있으므로 갈아입혀 준다.
② 항문에 피부질환 문제가 있는지 살핀다.
③ 성희롱적인 문제일 수 있으므로 자리를 피한다.
④ 화장실이 가고 싶은 건지 확인한다.
⑤ 무시한다.

042 치매대상자의 옷을 입히려고 할 때 돕는 방법으로 옳은 것은?
① 요양보호사의 주관대로 골라준다.
② 속옷부터 입는 순서대로 옷을 정리해 놓아둔다.
③ 옷 입기를 거부하면 강제로 입힌다.
④ 앞뒤가 구분되는 옷을 입힌다.
⑤ 항상 입혀준다.

043 폐암 말기 대상자로 임종이 얼마 남지 않았을 때 신체적 변화로 옳은 것은?
① 의식이 또렷해진다.
② 맥박이 빨라진다.
③ 혈압이 올라간다.
④ 손발이 차가워진다.
⑤ 항문이 닫힌다.

044 다음 그림은 대상자에게 문제가 있어서 행하는 응급처치 방법이다. 설명으로 옳은 것은?

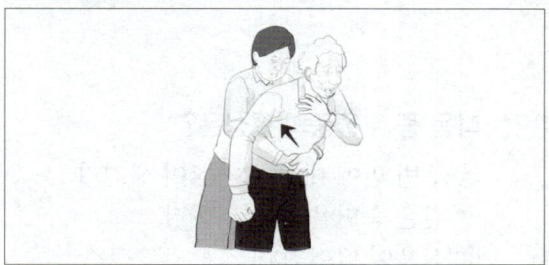

① 대상자 뒤에서 허리를 잡아당긴다.
② 대상자가 계속 괴로워하면 더 세게 허리를 조인다.
③ 양손으로 복부의 윗부분 후상방으로 힘차게 밀어 올린다.
④ 이물질이 빠지지 않으면 손으로 집어넣어서 뺀다.
⑤ 머리를 숙이게 해서 등을 두드려 본다.

045 다음은 심폐소생술의 단계를 설명한 것이다. 옳은 것은?

> 대상자가 반응은 없으나 정상적인 호흡과 효과적인 순환을 보이면 대상자를 옆으로 돌려눕힌다.

① 반응 확인
② 도움 요청
③ 가슴압박
④ 회복자세
⑤ 호흡확인

7회 필기 적중 시험문제

001 다음 중 우울증의 특성은?
① 주변 일에 대한 호기심이 생긴다.
② 깊은 숙면을 자주 취한다.
③ 식욕이 떨어진다.
④ 집안 꾸미기에 관심을 갖는다.
⑤ 이유 없이 체중이 증가한다.

002 요양 시설에 입소한 대상자에게 가족사진이나 집에서 쓰던 물건을 가져오게 하여 정서적 안정감을 유지하도록 하는 것은 노인의 심리적 특성 중 어떤 측면을 고려한 것인가?
① 애착심   ② 집착심
③ 수동성   ④ 의존성
⑤ 경직성

003 요즘 노인부양의 문제가 사회에 발생하고 있다. 이런 문제해결을 하기 위해 올바른 노인의 개인적 대처 방법은?
① 사회활동 참여를 높일 수 있는 재교육 프로그램에 적극 참여한다.
② 장기적 또는 단기적 돌봄 서비스를 제공한다.
③ 개인연금 및 기초연금만 무조건 믿는다.
④ 국가 차원의 공적부양 제도를 중시한다.
⑤ 국민연금의 가입을 미룬다.

004 유엔총회에서 국제연합이 채택한 노인을 위한 유엔원칙에 대한 설명은?
① 세대 간의 지식과 기술을 공유하지 않는다.
② 지위별, 능력별, 세대별 등으로 차별 대우를 받는다.
③ 사회운동 및 단체를 조직할 수 없다.
④ 가정보다는 가능한 시설 입소를 권장한다.
⑤ 시설에 입소하여 생활하여도 개인의 사생활은 존중되어야 한다.

005 장기요양인정 신청 절차 중 판정은 신청서를 제출한 날로부터 며칠 이내에 완료해야 한다. 옳은 것은?
① 15일   ② 30일
③ 45일   ④ 6개월
⑤ 2개월

006 대상자가 장기요양 서비스를 신청하려고 할 때 기관에 제출해야 하는 것은?
① 장기요양 이용계획서
② 모니터링 기록지
③ 국민건강보험증
④ 장기요양인정서
⑤ 장기요양평가서

007 개인적인 활동이 어려운 재가대상자에게 제공할 수 있는 서비스는?
① 제사음식 만들기
② 애완견 산책 및 목욕시키기
③ 가족 생일잔치 준비하기
④ 시장 다녀오기
⑤ 아이 돌봄

008 요양보호사가 재가서비스를 제공할 때 대상자가 매번 목욕 서비스를 요구하고 옷을 벗고 기다리고 있을 때 대응 방법은?

① 매번 간단한 샤워를 제공해 준다.
② 옷을 입고 나올 때까지 밖에서 기다린다.
③ 목욕 서비스의 일정을 알려 주고 옷을 입도록 말한다.
④ 강력한 말투로 화를 낸다.
⑤ 대상자의 교체를 시설장에게 말한다.

009 요양보호 서비스를 요양보호사가 제공할 때 준수해야 할 사항으로 올바른 것은?

① 가족과 의견의 차이가 있을 때 무조건 가족 의견을 따른다.
② 대상자의 경제적 능력에 비례해서 서비스를 제공한다.
③ 대상자의 사적인 정보를 타인과 공유한다.
④ 가족에 의해 발생한 노인학대는 개입하지 않는다.
⑤ 치매 대상자는 인지능력이 떨어지므로 보호자의 동의를 구한다.

010 시설 입소자가 충분한 정보를 제공받을 권리를 설명한 내용은?

> 입소자 : 한 달 시설 이용 비용이 인상된다고 하던데 얼마나 오르는지요?
> 요양보호사 : (   )

① "공지문을 드릴 테니 한번 보세요."
② "요즘 물가가 많이 오르니까 그만큼 오르겠지요."
③ "대략 만원 정도 오를 것 같아요."
④ "글쎄요. 제가 물어봐 드릴까요?"
⑤ "다른 시설하고 비슷해요."

011 요양시설 입소자가 다음과 같은 불평을 하였다. 시설 생활노인의 권리보호 윤리강령 중 요양시설이 위반한 권리는?

> 최씨 할아버지는 "비록 시설에서 생활하지만 내 머리를 자기들 마음대로 잘라 버렸어."라고 요양보호사에게 말하였다.

① 정보 접근과 자기 결정권 행사 권리
② 존엄한 서비스를 받을 권리
③ 질 높은 서비스를 받을 권리
④ 불평의 표현과 해결을 위한 권리
⑤ 신체적 제한을 받지 않을 권리

012 요양 시설에서 시설비용 미납 등의 이유로 대상자에게 특별한 보호조치 없이 퇴소시킬 경우 해당되는 학대 유형은?

① 방임
② 경제적 학대
③ 정서적 학대
④ 유기
⑤ 신체적 학대

013 다음은 요양보호사의 윤리적 태도에 관한 설명이다. 옳은 설명은?

① 대상자의 요구가 있으면 타 기관과 상의한다.
② 서비스의 내용과 방법은 요양보호사가 스스로 결정한다.
③ 대상자에게 필요한 복지용구는 요양보호사가 구매를 알선해 준다.
④ 대상자의 본인 부담금은 요양보호사의 본인 재량으로 할인해 준다.
⑤ 방문 날짜와 시간이 변경될 경우 미리 대상자나 가족에게 양해를 구한다.

014 다음 그림에서 팔꿈치 예방운동 그림으로 옳은 것은?

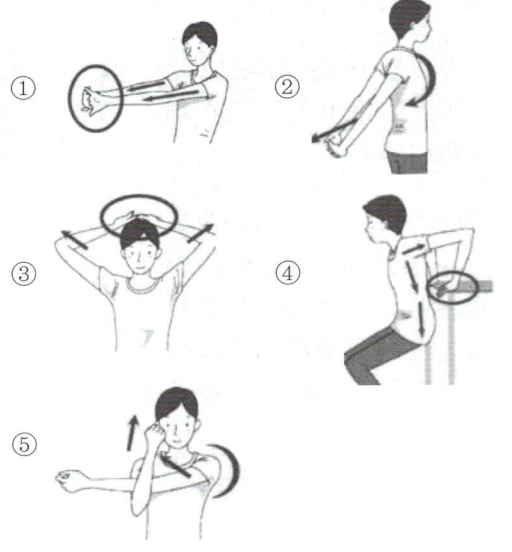

015 요양보호사의 근골격계 질환을 예방하기 위한 방법으로 알맞은 것은?
① 근육을 풀어 주기 위해 스트레칭을 자주 해 준다.
② 물건의 이동 시 큰 근육보다는 작은 근육을 사용한다.
③ 대상자를 침대에서 휠체어로 이동시 신속하게 이동한다.
④ 물건을 머리 위로 들어 올릴 때 허리를 구부린다.
⑤ 물건을 들어 올릴 때 가급적 팔을 멀리 뻗는다.

016 대상자가 감염성 질환을 가지고 있을 때 요양보호사가 감염될 수 있는 증상은?
① 체중 증가
② 잦은 기침
③ 체중 감소
④ 체온 저하
⑤ 혈당 저하

017 근골격계질환에서 외상과 조직의 추가 손상을 예방하기 위한 방법으로 알맞은 것은?
① 환부를 세게 압박한다.
② 차가운 냉찜질을 한다.
③ 환부를 넓게 고정시킨다.
④ 휴식을 취한다.
⑤ 환부를 머리 위로 올린다.

018 변비를 유발하는 식사 유형은?
① 고섬유질의 음식 섭취
② 저섬유질의 음식 섭취
③ 꾸준한 우유 섭취
④ 수분이 충분한 음식
⑤ 유산균이 많은 음식

019 봄철 꽃가루에 의해 발생하는 천식을 예방하기 위한 방법은?
① 저염식 음식을 섭취한다.
② 시원한 음료를 자주 섭취한다.
③ 실내 습도를 높인다.
④ 실내 온도를 높인다.
⑤ 알레르기 유발 물질에 노출을 삼간다.

020 심부전 예방법으로 옳은 것은?
① 고열량 음식을 섭취한다.
② 음주는 상관없다.
③ 담배를 끊는다.
④ 채소보단 육류를 자주 섭취한다.
⑤ 저염식보다 고염식이를 섭취한다.

021 고관절 골절의 주요 발생 원인은?
① 비만
② 골다공증
③ 낙상
④ 시력장애
⑤ 류마티스 관절염

022 소변을 보고 싶다고 느끼자마자 바로 소변이 배출되는 요실금은?
① 절박성 요실금
② 역류성 요실금
③ 반사성 요실금
④ 복압성 요실금
⑤ 혼합성 요실금

023 대상자의 욕창으로 인하여 발적과 수포가 동반되었을 때 올바른 대처 방법은?
① 몸에 붙는 옷을 입힌다.
② 발적 부위를 미지근한 물로 닦아 주고 건조시킨다.
③ 체위 변경을 가급적 삼가한다.
④ 체위 변경은 하루 1~2회만 한다.
⑤ 둔부에 도넛 베개를 대 준다.

024 욕창 발생 시 우선적으로 섭취해야 할 영양소는?
① 칼슘
② 비타민 D
③ 비타민 C
④ 단백질
⑤ 탄수화물

025 건조증이 있는 노인의 경우 목욕을 시키는 방법으로 옳은 것은?
① 목욕 후 물기는 마른 수건으로 문질러서 닦아 준다.
② 뜨거운 물로 깨끗이 씻어준다.
③ 자극성 비누를 사용한다.
④ 헤어드라이어를 사용하여 피부를 말린다.
⑤ 목욕 후에는 무알코올의 피부 보습제를 발라 준다.

026 노화로 인한 신경계 특성으로 옳은 것은?
① 장기기억이 감퇴한다.
② 손끝 감각이 예민해진다.
③ 근육의 긴장과 자극에 대한 반응성이 증가한다.
④ 정서 조절이 불안정해진다.
⑤ 균형 능력은 증가한다.

027 안압의 상승으로 시신경이 손상되어 시력이 서서히 약해지는 안과 질환은?
① 백내장
② 녹내장
③ 결막염
④ 황반변성
⑤ 아폴로 눈병

028 의식의 장애로 인하여 인지장애 및 정서불안정, 지남력 장애의 증세를 보이는 질환은?
① 우울증
② 조울증
③ 정신분열증
④ 치매
⑤ 섬망

029 치매의 초기 증상으로 옳은 것은?
① 물건을 자주 잃어버린다.
② 엉뚱한 대답을 한다.
③ 판단을 잘 못하여 지시를 따르지 못한다.
④ 쓸모없는 물건을 모아 둔다.
⑤ 말수가 줄어든다.

030 치매의 말기 증상으로 옳은 것은?
① 전화통화의 내용을 기억하지 못한다.
② 공휴일 및 납기일 등을 기억하지 못한다.
③ 의사소통이 거의 불가능하다.
④ 주소, 집 전화번호 등을 잊어버린다.
⑤ 외모를 가꾸는 위생 상태를 유지하지 못한다.

031 늦은 시간에 잠을 깊이 자지 못하고 자주 깨는 노인의 수면 관리로 옳은 것은?
① 낮 시간에 충분한 잠을 취하게 한다.
② 수면제를 복용시킨다.
③ 따뜻한 커피를 마시게 한다.
④ 낮 시간의 활동을 권유한다.
⑤ 잠자리 전에 집중할 수 있는 일을 시킨다.

032 노화로 인한 성 기능 감소 가능성이 낮은 대상자는?
① 이뇨제를 복용하는 대상자
② 신경안정제를 복용하는 대상자
③ 강심제를 복용하는 대상자
④ 당뇨병이 있는 대상자
⑤ 전립선 절제술을 받은 대상자

033 노인의 성 기능 문제 중 질환으로 나타나는 증상을 바르게 연결한 것은?
① 관절염 – 성적 욕구 증가
② 당뇨병 – 발기부전
③ 자궁적출술 – 성 기능 감퇴
④ 유방절제술 – 성 기능 감퇴
⑤ 알코올 중독 – 성적 욕구 증가

034 편의점에서 판매하는 비상약으로 올바른 것은?
① 감기약
② 혈압약
③ 수면제
④ 당뇨약
⑤ 항생제

035 65세 이상 노인에게 권장하는 예방접종 종류와 주기가 바르게 연결된 것은?
① 파상풍 – 1년
② 대상포진 – 3년
③ 폐렴구균 – 2년
④ 디프테리아 – 1년
⑤ 인플루엔자 – 1년

7회 실기 적중 시험문제

001 신체활동 지원 중 대상자의 인지를 자극하기 위해서 효과적인 부위로 옳은 것은?
① 어깨
② 팔
③ 손
④ 허리
⑤ 등

002 대상자가 식사 도중 사레에 들리지 않도록 예방하는 방법으로 옳은 것은?
① 누워서 식사를 제공한다.
② 답답하더라도 꽉 끼는 옷을 입는게 좋다.
③ 한 번에 많은 양을 먹는다.
④ 음식을 먹기 전에 물을 먹고 음식을 먹게 한다.
⑤ 음식을 먹고 있는 도중 괜찮은지 계속 물어본다.

003 비위관을 가진 대상자에게 경관영양을 돕는 방법으로 옳은 것은?
① 영양주머니는 일주일에 한 번 씻는다.
② 영양액은 차갑게 준다.
③ 영양액을 주입할 때는 눕게 한다.
④ 영양주머니는 위장보다 낮은 위치에 건다.
⑤ 영양액은 너무 빠르게 주입하면 설사를 유발할 수 있다.

004 주간보호시설에서 회상활동 프로그램 참여 중 지난날을 기억할 때 향상되는 인지기능으로 옳은 것은?
① 억제력
② 지남력
③ 판단력
④ 계산력
⑤ 순발력

005 초기 치매대상자에게 "지금은 0000년 0월0일 0요일 오전 0시일까?" 라는 질문을 할 때 향상되는 인지기능으로 옳은 것은?
① 판단력
② 순발력
③ 지남력
④ 통제력
⑤ 계산력

006 당뇨병을 앓고 있는 대상자가 입맛이 없어 점심을 먹지 않았다. 갑자기 식은땀이 나고 바닥에 주저 앉았을 때 원인으로 옳은 것은?
① 고혈당
② 두통
③ 저혈당
④ 고열
⑤ 고혈압

007 다음 대화를 보고 요양보호사가 대상자에게 추천하는 여가활동의 유형으로 옳은 것은?

> 대상자 : 젊을 때는 일 때문에 가족과 보낼 시간이 없었는데 지금은 가족들이 바빠서 나랑 함께하는 시간이 없어.
> 요양보호사 : 먼저 자녀들에게 전화를 걸어서 외식을 제안해 보시는 것은 어떠세요?

① 자기계발 활동
② 사교운동 활동
③ 소일 활동
④ 가족중심 활동
⑤ 운동 활동

008 상황이 급하거나 사안이 가벼울 때 많이 이용하는 업무 보고 형식으로 옳은 것은?

① 구두보고
② 서면보고
③ 전산망 보고
④ 상태 기록지
⑤ 사고 기록지

009 침상에서 체위 변경을 위해 옆으로 돌려 눕히는 순서를 올바르게 연결한 것은?

가. 엉덩이를 뒤로 이동시키기
나. 엉덩이와 어깨를 지지하여 돌려 눕히기
다. 무릎을 세우고 팔을 가슴 위에 놓기
라. 아래쪽 어깨를 살짝 뒤로 움직이기

① 가 – 나 – 다 – 라
② 가 – 다 – 나 – 라
③ 나 – 가 – 다 – 라
④ 다 – 나 – 가 – 라
⑤ 다 – 가 – 나 – 라

010 다음 그림은 대상자의 지팡이를 결정할 때 (가), (나)에 들어가는 내용으로 옳은 것은?

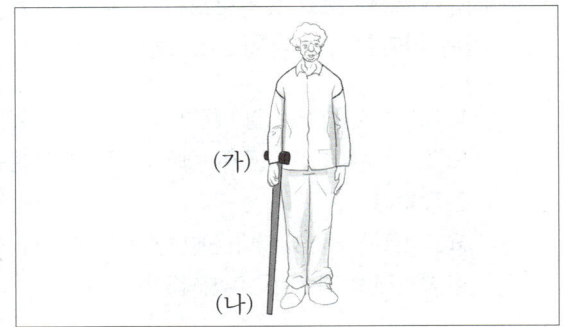

① 가 – 45°, 나 – 15cm
② 가 – 45°, 나 – 30cm
③ 가 – 30°, 나 – 15cm
④ 가 – 30°, 나 – 30cm
⑤ 가 – 45°, 나 – 45cm

011 다음 그림은 휠체어 이동법이다. 휠체어 작동법으로 옳은 것은?

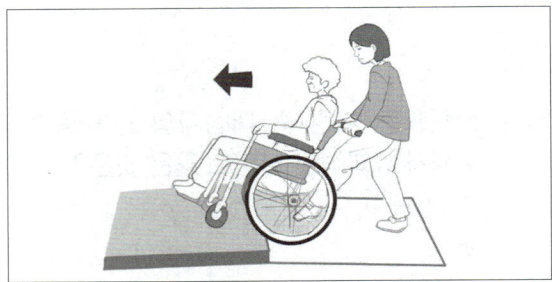

① 뒷바퀴를 내려놓고 앞바퀴를 들어 올린 상태로 뒤로 뺀다.
② 휠체어 뒤를 발로 눌러 뒤쪽으로 기울이면서 앞바퀴를 들어 올린다.
③ 경사도가 큰 경우 지그재그로 밀고 올라간다.
④ 휠체어를 뒤로 돌려 뒷걸음으로 내려간다.
⑤ 휠체어 앞바퀴를 들어 올려 뒤로 젖힌 상태에서 이동한다.

012 대상자가 지갑을 찾는다고 서랍 안의 물건을 꺼내어 헝클어 놓는 것을 반복하고 있을 때 요양보호사의 돕는 방법으로 옳은 것은?

① 어질러 놓은 것은 스스로 정리하게 한다.
② 지갑이 없다고 단호하게 말한다.
③ 콩나물을 다듬을 수 있게 소일거리를 준다.
④ 서랍을 열지 못 하도록 잠궈 놓는다.
⑤ 무시한다.

013 좌측마비 대상자의 화장실 이용을 돕는 방법으로 옳은 것은?

① 왼쪽에 휠체어를 둔다.
② 휠체어를 침대 난간에 45° 비스듬히 붙인다.
③ 휠체어 발 받침대를 내려둔다.
④ 대상자를 침대에 걸터앉힌다.
⑤ 요양보호사는 무릎을 세우고 대상자의 허리를 잡아당긴다.

014 수급자명, 급여제공내용, 유의사항 등이 포함된 내용을 기록하는 것으로 요양보호 기록의 종류로 옳은 것은?
① 장기요양급여 제공 기록지
② 상태 기록지
③ 사고보고서
④ 인수인계서
⑤ 간호일지

015 고혈압 대상자의 식사 관리로 옳은 것은?
① 소금에 절인 생선을 섭취한다.
② 국이나 찌개 종류의 국물을 섭취한다.
③ 커피, 소량의 주류를 섭취한다.
④ 소기름을 이용한 요리를 섭취한다.
⑤ 바나나, 버섯, 호두 등 칼륨을 충분히 섭취한다.

016 식품별 보관 방법으로 옳은 것은?
① 닭고기, 돼지고기는 3~4일 이내 사용할 경우는 냉장 보관 한다.
② 달걀은 둥근 부분이 위로 가게 놓는다.
③ 조개류는 물에 2~3일 담가 둔다.
④ 감자는 냉장 보관 한다.
⑤ 시금치는 눕혀 놓는다.

017 다음 내용 중 실온보관이 좋은 식품으로 옳은 것을 고르시오.

| 가. 양파 | 나. 토마토 | 다. 사과 | 라. 망고 |

① 가, 나, 다
② 가, 나, 라
③ 나, 다, 라
④ 가, 다, 라
⑤ 다, 라

018 감염성 질환의 70%를 예방할 수 있고 경제적이며 효과적인 감염예방 방법으로 옳은 것은?
① 위생 장갑 착용
② 마스크 착용
③ 손 씻기
④ 종합 비타민 먹기
⑤ 운동

019 주방의 위생관리 방법으로 옳은 것은?
① 싱크대 배수구는 뜨거운 물을 부어 놓으면 악취가 사라진다.
② 싱크대에 곰팡이가 있는 경우 행주로 닦는다.
③ 냉장실은 1년에 한 번씩 청소한다.
④ 씻은 식기는 어긋나게 엎어 놓는다.
⑤ 수세미는 스펀지형이 위생적이다.

020 스스로 배설하는 대상자를 지켜보는 방법으로 옳은 것은?
① 처음부터 끝까지 도와준다.
② 배설하는 동안 재촉한다.
③ 배설 도중 쓰러지는 경우도 있으므로 안보이게 옆에서 관찰한다.
④ 배설 중 도움요청이 있어도 혼자 할 수 있도록 내버려 둔다.
⑤ 대상자가 불쾌해하더라도 문을 열어 둔다.

021 수술 후 유치도뇨관을 가지고 있는 대상자의 돕는 방법으로 옳지 않은 것은?
① 소변 주머니를 방광 위치보다 높게 둔다.
② 소변량과 색깔을 2~3시간마다 확인한다.
③ 소변 주머니를 가지고 있어도 자유롭게 움직일 수 있다.
④ 연결관이 꼬여 있는지 살펴본다.
⑤ 소변색이 이상하거나 소변량이 적어지면 간호사에게 보고한다.

022 누워 있는 대상자의 입안 행구기의 목적으로 옳지 않은 것은?
① 구강 건조를 막는다.
② 식욕을 증진한다.
③ 타액이나 위액 분비를 촉진한다.
④ 질식을 예방한다.
⑤ 칫솔질을 하지 않아도 된다.

023 다음 그림은 대상자가 침대 아래쪽으로 미끄러져 내려가 있을 때 이동 돕기로 옳은 것은?

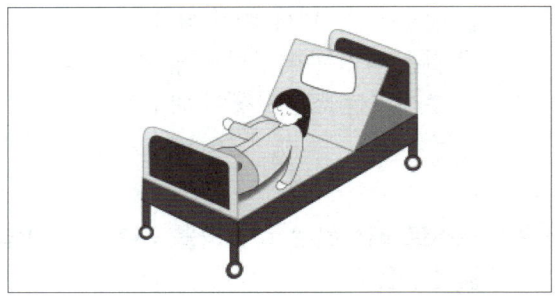

① 침대시트를 끌어당겨서 이동시킨다.
② 요양보호사가 허리를 잡아서 이동시킨다.
③ 대상자가 협조할 수 있는 경우 허리를 들어 위로 올라가게 한다.
④ 두 사람이 허리에 손을 넣고 이동시킨다.
⑤ 대상자가 침대 머리 쪽 난간을 잡게 한다.

024 다약제 복용으로 인한 부작용이 나타났을 때 돕는 방법으로 옳은 것은?
① 증상이 없으면 병원에 가지 않아도 된다.
② 약을 뱉어 내기 위해 구토하게 한다.
③ 의식이 없는 대상자에게 마실 것을 주지 않는다.
④ 대상자의 토사물은 바로 치워 버린다.
⑤ 휴식을 취하게 해서 지켜본다.

025 재가급여전자관리시스템 업무 절차 순서를 바르게 연결한 것은?

가. 태그신청 나. 장기요양 앱 설치
다. 사용자 등록 라. 청구 및 심사
마. 급여내용 전송

① 가-나-다-라-마
② 가-다-나-마-라
③ 나-가-다-라-마
④ 나-다-가-마-라
⑤ 다-가-나-마-라

026 치매대상자의 목욕을 돕는 방법으로 옳은 것은?
① 물에 대한 거부 반응을 보인다면 다음으로 미룬다.
② 대상자가 해야 할 일을 한 가지씩 제시한다.
③ 욕조 안에 물은 처음부터 가득 채운다.
④ 운동실조증이 있는 대상자는 샤워가 안전하다.
⑤ 목욕을 거부해도 혼자서 무리하게 목욕을 시킨다.

027 노인장기요양보험 복지용구 중 구입 가능한 품목으로 옳은 것은?

가. 목욕 의자 나. 욕창 예방 방석
다. 욕창 예방 매트리스 라. 배회감지기
마. 이동 욕조

① 가, 나, 라
② 가, 나, 마
③ 가, 나, 다
④ 나, 다, 라
⑤ 나, 라, 마

028 다음 내용은 치매 대상자의 문제행동을 나타낸 것이다. 옳은 것은?

> 주위에 아무도 없는데 소리를 듣거나 음식이 없는데도 고기를 굽는 냄새를 맡거나 있지도 않은 물체를 잡으려 한다.

① 배회
② 수면장애
③ 석양 증후군
④ 환각
⑤ 파괴적 행동

029 "우리 아들이 결혼할 때까지만 살게 해 주세요." 말하며 삶이 얼마간이라도 연장되기를 바라는 임종의 적응단계로 옳은 것은?

① 부정　② 분노
③ 타협　④ 우울
⑤ 수용

030 다음은 대상자의 면도를 돕는 방법으로 옳게 연결된 것은?

> • 면도날은 얼굴피부와 (가)정도의 각도를 유지하며 면도한다.
> • 아래 방향으로 부드럽게 당겨서 (나)에서 턱 쪽으로, 코 밑에서 입 주위로 진행한다.

① 가 – 30°, 나 – 입
② 가 – 45°, 나 – 입
③ 가 – 30°, 나 – 귀밑
④ 가 – 45°, 나 – 귀밑
⑤ 가 – 45°, 나 – 코밑

031 오른쪽 편마비가 있는 대상자의 옷을 갈아입힐 때 벗을 때(가)와 입을 때(나)의 순서로 옳은 것은?

① 가 – 왼쪽, 나 – 왼쪽
② 가 – 왼쪽, 나 – 오른쪽
③ 가 – 오른쪽, 나 – 오른쪽
④ 가 – 오른쪽, 나 – 왼쪽
⑤ 같이 벗고 같이 입는다.

032 하반신 마비 대상자를 일어나 앉히려고 할 때 돕는 방법으로 옳은 것은?

① 대상자 위치에서 멀리서 선다.
② 대상자의 다리는 꼬아 준다.
③ 대상자가 일어나고자 하는 방향으로 상체를 돌려 어깨를 지지하여 준다.
④ 적당하게 일어났을 때 무릎은 양반다리를 해 준다.
⑤ 앉게 되면 지지하지 않아도 된다.

033 대상자의 등에 상처가 있거나 등 근육을 쉽게 해줄 때 자세로 옳은 것은?

① 앙와위
② 반좌위
③ 복위
④ 좌측위
⑤ 우측위

034 좌측 편마비 대상자를 휠체어에서 이동변기로 옮기기를 할 때 휠체어와 이동변기의 각도로 옳은 것은?
① 왼쪽 15°
② 왼쪽 45°
③ 왼쪽 90°
④ 오른쪽 45°
⑤ 오른쪽 90°

035 대상자의 보행 벨트 사용 돕기로 옳은 것은?
① 누워 있을 때 사용하는 보조기구이다.
② 요양보호사는 대상자의 건강 한쪽에 선다.
③ 대상자의 허리 부분에 맞춰 벨트를 묶는다.
④ 요양보호사는 대상자 건강한 쪽 뒤에서 등을 잡는다.
⑤ 다른 한 손으로는 어깨를 잡는다.

036 대상자가 의지와 상관없이 소변이 밖으로 나오는 증상으로 옳은 것은?
① 하부복통
② 배뇨통
③ 요실금
④ 야뇨증
⑤ 빈뇨

037 어르신의 식생활 관리로 옳은 것은?
① 생선, 달걀, 두부를 매일 섭취한다.
② 국물 위주의 식단을 섭취한다.
③ 세끼 식사를 못할 경우 영양제를 섭취한다.
④ 물을 소량으로 섭취한다.
⑤ 야채 위주의 식단으로 섭취한다.

038 요양보호사가 대상자를 정면으로 직시하면서 대상자에게 관심을 갖고 경청을 하고 있을 때 비언어적 의사소통 기법 중 옳은 것은?
① 얼굴표정
② 자세
③ 눈맞춤
④ 어조
⑤ 외양

039 다음 대화 중 요양보호사의 공감으로 옳은 것은?

> 대상자 : "병원에서 감염 우려 때문에 면회객을 제한해서 자식들이 오지 못 하니까 외로워."
> 요양보호사 :

① "감염될 수도 있으니까 당연히 못 오죠."
② "자주 보던 자녀분들을 못 보시니까 마음이 허전하시군요."
③ "사람은 누구나 외로워요."
④ "지금까지 잘 참으셨는데 조금만 더 참으세요."
⑤ "다른 이야기나 할까요?"

040 외상이나 뇌병변 등으로 말하는 능력이나 듣고 이해하는 능력에 이상이 있는 상태로 의사소통 장애로 옳은 것은?
① 노인성 난청
② 시각장애
③ 언어장애
④ 판단력장애
⑤ 지남력장애

041 요양보호 기록의 목적으로 옳은 것은?
① 요양보호사의 책임성을 높인다.
② 동료를 평가한다.
③ 주관적인 기록을 유지하기 위해서이다.
④ 동료를 감시하기 위해서이다.
⑤ 개인정보를 기관에 보고하기 위해서이다.

042 요양보호 기록의 원칙으로 옳은 것은?
① 요양보호사의 생각이나 의견을 토대로 기록한다.
② 서비스의 결과만 기록한다.
③ 바쁠 때는 미루었다가 기록한다.
④ 기록을 정정할 때는 밑줄을 긋고 빨간 펜으로 정정한 후 서명을 한다.
⑤ 많이, 오래전 같은 표현으로 기록한다.

043 치매 대상자가 배가 아프다고 호소할 때 의사소통으로 옳은 것은?
① 어디 불편한지 물어본다.
② 배를 짚어 보면서 "여기가 아프세요?"라고 물어본다.
③ 병원에 가고 싶은지 물어본다.
④ 자주 아프다고 하니까 무시한다.
⑤ "아파요?"라고 아기 대하듯 한다.

044 응급처치의 목적으로 옳지 않은 것은?
① 인명구조
② 고통 경감
③ 상처나 질병의 악화 방지
④ 심리적 안정 도모
⑤ 회복 기간 지연

045 대상자가 갑자기 거품이 나면서 경련을 일으킬 때 응급처치 방법으로 옳은 것은?
① 발작을 일으키면 꽉 붙잡는다.
② 고개를 옆으로 돌린다.
③ 똑바로 눕혀 놓는다.
④ 입에 손수건을 넣는다.
⑤ 물을 먹여 준다.

8회 필기 적중 시험문제

001 노인의 심리적인 특성은?
① 내향성의 증가
② 조심성의 감소
③ 의존성의 감소
④ 우울증 경향의 감소
⑤ 경직성의 감소

002 가족 간의 관계에서 가족에 대한 문제가 일어날 수 있는 경우는?
① 형제간의 우애
② 손자 손녀와의 공감대 형성
③ 평등한 부부관계
④ 부모 자식 간의 사랑
⑤ 고부간의 갈등

003 장기요양인정 점수가 50점이며 일상생활 수행에 어려움이 있을 경우 해당되는 장기요양 등급은?
① 1등급
② 2등급
③ 3등급
④ 4등급
⑤ 5등급

004 수급자가 장기요양기관이 아니라 노인요양시설에서 장기요양급여를 받을 때 수급자에게 지급되는 특별현금 급여는?
① 요양병원 간병비
② 시설급여
③ 특례요양비
④ 재가급여
⑤ 가족요양비

005 노인장기요양보험에서 표준서비스 중 인지기능 향상의 서비스를 제공하는 것은?
① 방문목욕 서비스
② 응급서비스
③ 기능회복훈련 서비스
④ 인지지원 서비스
⑤ 간호처치 서비스

006 노인장기요양보험 표준서비스 중 기능회복훈련 서비스는?
① 세탁
② 작업치료
③ 물품관리
④ 신체기능의 유지 증진
⑤ 생활 상담

007 대상자의 집 냉장고에서 음식이 상한 것을 발견하였을 때 대처 방법으로 알맞은 것은?
① 냉동실에 넣어서 얼린다.
② 다시 한번 끓인다.
③ 겉 부분만 골라 버린다.
④ 상한 음식을 알리고 버린다.
⑤ 가족에게 나누어 준다.

008 요양보호사가 방문목욕 서비스를 제공할 때 대상자가 집 청소를 요구할 때 대처 방법은?
① 방문목욕 서비스의 원칙을 알리고 정중히 거절한다.
② 방문목욕 서비스 제공 후 집 청소를 해 준다.
③ 대상자에게 방문목욕 서비스와 집 청소 중 하나만 선택하게 하여 제공한다.
④ 집 청소에 대한 추가 비용을 알려 준다.
⑤ 시설장에게 보고한다.

009 가정에서 학대를 당하거나 차별받는 대상자를 위해 편들어 주고 지켜주는 요양보호사의 역할은?
① 옹호자
② 관찰자
③ 상담자
④ 숙련된 조력자
⑤ 정보전달자

010 다음 시설 생활노인 권리보호 중에서 요양원이 위반한 윤리강령은 어느 것인가?

> 탁씨 할머니는 젊을 때부터 기독교 신자이다. 할머니의 유일한 행복은 주말에 교회에 나가 친구들과 함께 지내는 것이다. 하지만 시설 안전상 주말 외출을 못하게 한다. 그래서 혼자 방에서 외롭게 지내신다.

① 차별 및 노인 학대를 받지 않을 권리
② 사생활과 비밀 보장에 대한 권리
③ 외부활동 및 사회적 관계에 참여할 권리
④ 존엄한 존재로 대우받을 권리
⑤ 통신의 자유에 대한 권리

011 다음은 어떤 노인 학대의 유형인가?

> 요양보호사 : 할머님 안녕하세요? 어제 생신이신데 맛있는 음식 많이 드셨어요?
> 대상자 : 생일은 무슨…. 돈이 없어서 그냥 있었어.
> 요양보호사 : 통장에 돈 있으시잖아요?
> 대상자 : 아들이 통장 가져가서 돈이 없어…….

① 정서적 학대
② 방임
③ 유기
④ 신체적 학대
⑤ 경제적 학대

012 다음은 노인 학대 유형 중 어느 것에 해당하는가?

> 며느리 : 내가 어머님 때문에 힘들어 못 살겠어.
> 아들 : 엄마 때문에 내가 아내와 매일 싸워서 이혼하게 생겼어. 엄마 얼굴 보기 싫으니 빨리 방에 들어가.

① 방임
② 정서적 학대
③ 경제적 학대
④ 신체적 학대
⑤ 유기

013 요양보호사의 윤리적 태도로 올바른 것은?
① 서비스 제공 시 문제가 발생하면 독단적으로 처리한다.
② 본인과 같은 종교인은 더욱더 친절하게 행동한다.
③ 서비스 계획 수립 시 대상자의 요구는 배제한다.
④ 자신의 모든 행동이 요양보호사를 대표한다고 생각하고 성실히 행동한다.
⑤ 노인의 권리보다는 시설 운영방침을 먼저 중요하게 생각한다.

014 요양보호사가 대상자에게 요양서비스를 제공할 때 직업성 감염질환으로 볼 수 없는 것은?
① 위궤양 ② 폐결핵
③ 머릿니 ④ 옴
⑤ 노로바이러스

015 노로바이러스 장염의 설명으로 알맞은 것은?
① 정기 소독한 식수를 바로 섭취할 때 발생한다.
② 오염된 식수나 음식물을 잘못 섭취할 때 발생한다.
③ 증상이 회복되면 바로 조리업무를 할수 있다.
④ 감염 증상이 심하지 않으면 요양보호 업무를 제공해도 무관하다.
⑤ 감염 증상은 기침을 동반한 가래 등의 호흡기 증상이 나타난다.

016 대상자에게 머릿니가 발견 되었을 때 올바른 대처 방법은?
① 대상자의 머리카락을 짧게 자른다.
② 대상자를 햇볕에 쪼이게 한다.
③ 대상자의 베개커버, 모자 등을 삶아 건조시킨다.
④ 치료제를 바르고 1주일 동안 그대로 방치한다.
⑤ 샴푸 대신 빨랫비누로 머리를 감긴다.

017 직업성 근골격계질환의 치료 방법으로 올바른 것은?
① 환부를 고정하였다면 움직임은 상관없다.
② 초기 치료는 한달 이내 병원을 방문한다.
③ 환부는 가슴보다 낮은 위치에 둔다.
④ 초기 치료에는 냉찜질 보다는 온찜질을 해야 한다.
⑤ 환부의 부종을 완화하기 위해 압박을 한다.

018 노인성 질환으로 옳은 것은?
① 약물에 대한 부작용이 많지만 치료가 빠르다.
② 보통 단독으로 발생한다.
③ 다른 질병을 동반하지 않는다.
④ 대부분 급성보다는 만성 퇴행성 질환이다.
⑤ 노화와 질환의 증세가 뚜렷하게 구별된다.

019 다음 중 대장암 환자의 식이요법으로 알맞은 것은?
① 하루에 생수 6~8잔 마시기
② 정제된 곡물을 주로 먹는다.
③ 간단한 가공식품은 상관없다.
④ 음주는 피해야 하며 금연은 대장암과 상관 없다.
⑤ 동물성과 식물성 지방은 모두 피한다.

020 겨울철 독감예방으로 옳은 것은?
① 날씨와 관계없이 아침 운동을 꾸준히 한다.
② 독감 예방주사 접종 시기를 놓치지 않는다.
③ 외출 시 방한용구 보다는 생활하기 편리한 가벼운 옷차림을 권유한다.
④ 겨울철 고지방식을 하여 신체에 지방을 축척한다.
⑤ 과일 또는 채소보다는 영양소가 풍부한 가공식품을 섭취한다.

021 천식이 있는 대상자가 꽃 박람회에 갔다. 이때 가슴이 답답하고 호흡곤란을 호소한다면 도와주는 방법으로 알맞은 것은?
① 호흡을 빠르게 한다.
② 그 자리에 눕혀 인공호흡을 실시한다.
③ 꽃이 없는 실내 또는 실외로 이동시킨다.
④ 간단한 체조를 하여 호흡을 도와준다.
⑤ 뜨거운 물을 준비하여 마시게 한다.

022 노화로 인한 퇴행성관절염을 예방하기 위한 방법으로 옳은 것은?
① 등산을 꾸준히 한다.
② 승강기보다는 계단을 이용한다.
③ 차량 이용을 줄이고 장거리는 도보로 이동한다.
④ 매일 꾸준히 아침 조깅을 한다.
⑤ 몸무게를 줄인다.

023 노화로 인하여 피부가 변화하는 설명 중 옳은 것은?
① 각질이 줄어든다.
② 손톱이 얇아지고 자주 깨진다.
③ 머리카락이 두꺼워지며 많이 빠진다.
④ 표피가 얇아진다.
⑤ 피부의 탄력성은 상관없다.

024 욕창을 예방하는데 천골부위에 도넛모양의 베개를 사용하지 않는 이유는?
① 배설물 처리가 어렵다.
② 옷 갈아입히기가 어렵다.
③ 천골 부위에 도넛베개를 사용하면 혈액순환이 저하된다.
④ 체위변경이 쉬워져 안전사고가 우려된다.
⑤ 도넛베개를 사용하면 허리에 무리가 주어진다.

025 다음 증상은 어떤 바이러스성 질병에 대한 설명인가?

- 가려움
- 피부 저림이나 작열감을 포함한 발진
- 감각신경말단 부위의 수포

① 대상포진   ② 피부암
③ 자반증   ④ 피부 건조증
⑤ 아토피 피부염

026 당뇨병의 초기 증상을 설명한 것은?
① 질 분비물이 감소한다.
② 소변량이 많아진다.
③ 성 기능이 향상된다.
④ 환각이 보인다.
⑤ 체중이 증가한다.

027 대상자에게 치매가 있을 때 늦은 밤에 성격이 평소와는 완전히 다르게 바뀌거나 환각이 보이는 경우 올바른 대처 방법은?
① 신나는 음악을 틀어 준다.
② 커피를 마시게 한다.
③ 방을 환하게 하고 따뜻하게 해 준다.
④ 격렬한 운동을 시킨다.
⑤ 따뜻한 와인을 마시게 한다.

028 섬망을 앓고 있는 대상자에게 자아 정체성을 유지하기 위한 비약물적 치료 방법은?
① 항상 강한 어조로 말한다.
② 야간에 주위를 어둡게 해 준다.
③ 개인의 사물, 달력, 시계 등을 가까이 둔다.
④ 대상자가 할 수 있는 일은 스스로 하도록 한다.
⑤ 가족들이 자주 방문하도록 격려한다.

029 섬망을 앓고 있는 대상자에게 지남력을 유지하기 위한 비약물적 치료 방법은?
① 크고 부드러운 목소리로 말한다.
② 밤낮으로 커튼을 쳐 준다.
③ 혼자 있는 시간을 지켜준다.
④ 가족사진, 달력을 보여 준다.
⑤ 가족들이 자주 방문하도록 격려한다.

030 섬망 대상자가 초조해할 때 안정할 수 있게 도와주는 올바른 방법은?
① 현실을 확인할 수 있는 환경을 만들어 준다.
② 항상 단호하고 부드러운 목소리로 말한다.
③ 밤에는 창문을 닫고 커튼을 치고 불을 켜 둔다.
④ 대상자의 말을 경청한다.
⑤ 가족들이 자주 방문하도록 격려한다.

031 치매 증상 중 정신행동으로 볼 수 있는 것은?
① 우울증
② 언어능력 저하
③ 실행기능 저하
④ 지남력 저하
⑤ 시공간 파악 능력 저하

032 뇌졸중의 전구 증상으로 옳은 것은?
① 무표정
② 가려움
③ 말을 잘 못함
④ 굽은 자세
⑤ 원인 불명의 통증

033 노인들의 야외 활동을 방해하는 요인은?
① 폐활량의 증가
② 균형감각의 증가
③ 관절 운동 범위의 증가
④ 심장근육의 수축력 증가
⑤ 낙상에 대한 두려움

034 파킨슨질환의 운동증상으로 옳은 것은?
① 변비
② 우울
③ 떨림
④ 수면이상
⑤ 기억력 저하

035 노인의 폭염 대응 방법으로 옳은 것은?
① 물을 충분히 마시고 그늘에서 휴식한다.
② 야외 활동을 늘린다.
③ 수분 섭취를 제한한다.
④ 외출 시 따뜻한 옷을 챙겨 입는다.
⑤ 실내 온도를 올린다.

8회 실기 적중 시험문제

001 현대사회에서 노인의 가족관계에 대한 설명으로 옳은 것은?
① 시어머니가 경제관리권을 가지며 시어머니의 역할이 증가하고 있다.
② 기혼자녀가 노인을 부양하는 세대가 늘고 있다.
③ 부부의 관계가 수직적 지배관계로 변화하고 있다.
④ 부모의 생활비를 자녀가 부담하는 경우가 늘어나고 있다.
⑤ 핵가족으로 인하여 가족 구성원이 혼자 이거나 부부끼리 사는 경우가 많다.

002 노년기의 가족관계 변화의 특징으로 옳은 것은?
① 핵가족화로 인하여 손자녀와의 관계가 친밀해지고 있다.
② 남녀 역할이 뚜렷해졌다.
③ 노년기의 부부관계가 중요해지고 있다.
④ 빈 둥지 기간이 점점 짧아지고 있다.
⑤ 고부간의 갈등은 참는 것이 미덕이다.

003 노인장기요양보험금을 계약조건에 따라 지급하는 기관은?
① 국민건강보험공단
② 근로복지공단
③ 관할 구청 및 시청
④ 국민연금공단
⑤ 각 소재지 주민센터

004 좌측 편마비 대상자가 지팡이를 이용해 계단을 내려가는 순서로 옳은 것은?
① 지팡이 → 왼쪽 다리 → 오른쪽 다리
② 지팡이 → 오른쪽 다리 → 왼쪽 다리
③ 왼쪽 다리 → 지팡이 → 오른쪽 다리
④ 오른쪽 다리 → 지팡이 → 왼쪽 다리
⑤ 지팡이와 함께 내려온다.

005 노인장기요양보험 서비스 중 신체활동 서비스에 해당하는 것은?
① 작업치료
② 기본동작 훈련
③ 행동변화 대처
④ 구강관리
⑤ 외출 시 동행

006 요양보호사에게 물품 구입을 요청할 때 알맞은 대처 방법은?
① 요양보호사 생각대로 구입한다.
② 고가의 고급물품 위주로 구입한다.
③ 스스로 구입하도록 권유한다.
④ 혹시 모를 일에 대비하여 여러 물품을 구입한다.
⑤ 필요한 물품을 정확히 파악하여 구입한다.

007 요양보호사가 요양보호서비스를 제공할 때 지켜야 할 기본원칙은?
① 대상자와 가족에게 서비스를 제공한다.
② 대상자와의 의견이 상충하면 즉시 서비스를 중단한다.
③ 대상자의 성격, 습관, 건강상태는 무시한다.
④ 응급상황 발생 시 응급처치를 신속히 한다.
⑤ 중요한 서비스는 요양보호사의 주관적인 생각에 따른다.

008 대상자가 변비 때문에 관장을 요구할 때 요양보호사의 행동으로 옳은 것은?
① 모르는 척 다른 업무에 집중한다.
② 관장을 직접 해 준다.
③ 관장은 요양보호사가 할 수 없음을 설명한다.
④ 의사가 아니므로 요구를 무시한다.
⑤ 민간요법으로 치료를 한다.

009 요양보호사가 준수해야 할 기본원칙으로 맞는 것은?
① 요양보호사의 경험은 전문의의 지식보다 앞선다.
② 서비스 제공 시 요양보호사의 주관적인 생각이 중요하다.
③ 혈압 측정, 흡인, 관장, 도뇨 등의 의료행위를 하지 않는다.
④ 상황에 따라 의료행위를 할 수 있다.
⑤ 요양보호사의 서비스 제공 범위는 대상자를 포함한 그의 모든 가족도 포함한다.

010 요양보호사가 갖추어야 할 윤리적 태도는?
① 대화할 때 항상 상대에게 존댓말을 사용한다.
② 같은 고향, 종교, 학교인은 더욱더 신경쓴다.
③ 업무 중 발생한 문제는 혼자 판단하고 해결한다.
④ 서비스를 중단할 때는 조용히 그만둔다.
⑤ 대상자의 가족에게 모금활동을 권유한다.

011 요양보호사가 법적, 윤리적 책임을 다하기 위해 준수해야 할 행동으로 올바른 것은?
① 의료진에게 보고한 내용은 기록하지 않는다.
② 대상자의 가족과 금전적 거래를 하지 않는다.
③ 대상자의 건강은 좋은 내용만 기록한다.
④ 요양보호 서비스는 본인의 생각에 따라 제공한다.
⑤ 서비스의 내용이 불확실할 때는 즉시 서비스를 하지 않는다.

012 대상자의 식사자세와 내용으로 연결이 바른 것은?
① 앉은 자세 – 식탁의 윗부분이 대상자의 배꼽 높이 보다 위에 오는 것이 좋다.
② 침대에 걸터앉은 자세 – 발이 바닥에 닿지 않도록 한다.
③ 침대 머리를 올린 자세 – 머리를 약간 숙이고 턱을 당기면 음식을 삼키기 쉽다.
④ 편마비 대상자 식사자세 – 마비가 있는 쪽으로 누운 자세를 취한다.
⑤ 편마비 대상자 식사자세 – 건강한 쪽에 베개나 쿠션을 지지한다.

013 근골격계 질환이 발생할 수 있는 위험적 요인은?
① 적은 힘을 쓰는 경우
② 가벼운 물품을 들어 올리는 경우
③ 편하게 행동하는 경우
④ 무리하지 않는 일을 하는 경우
⑤ 꾸준한 반복 동작

014 어깨 통증 예방을 위해 하는 스트레칭으로 올바른 것은?
① 손바닥이 몸 쪽으로 향하게 하고 손등을 잡고 몸 쪽으로 당긴다.
② 깍지를 끼고 손바닥이 밖으로 향하게 하고 팔꿈치를 편다.
③ 앉은 자세에서 팔을 앞으로 펴고 허리를 굽힌다.
④ 팔을 반대편 어깨 쪽으로 곧게 펴고 반대편 팔로 팔꿈치를 눌러 준다.
⑤ 손을 앞으로 하고 팔을 전방으로 곧게 편 다음 잡아 당긴다.

015 다음 동작을 했을 때 손바닥과 손가락에 저린 증상이 발생하는 근골격계 증상은?

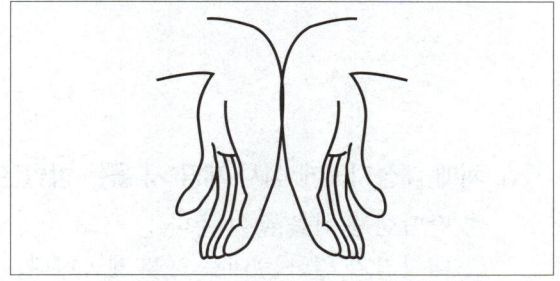

① 팔꿈치 내측상과염
② 팔꿈치 외측상과염
③ 수근관증후군
④ 근육통
⑤ 힘줄염

016 직업성 감염질환 중 결핵에 대한 설명은?
① 결핵균은 상한 음식으로 감염된다.
② 2주 이상의 기침과 흉통이 나타난다.
③ 체중증가가 나타난다.
④ 결핵은 유전병이다.
⑤ 결핵 대상자와 접촉하면 최소 6개월 이상 격리 치료를 한다.

017 직업성 감염질환 중 노로바이러스에 대한 설명은?
① 주로 오염된 음식이나 식수에서 나타난다.
② 호흡기 질환이다.
③ 마스크 착용으로 예방이 가능하다.
④ 감염 증상이 미비하면 업무에 큰 지장이 없다.
⑤ 감염 후 회복되면 조리 업무는 즉시 시작해도 된다.

018 대장암 환자에게 좋은 음식은?
① 햄버거
② 삼겹살
③ 현미밥
④ 통조림
⑤ 와인

019 기도에 음식물이 다른 기관으로 넘어갈 경우 나타날 수 있는 질환은?
① 딸꾹질
② 식도염
③ 천식
④ 만성기관지염
⑤ 폐렴

020 동맥 혈관의 안쪽 벽에 지방이 쌓여 혈관 내부가 좁아지고 막혀서 혈액의 흐름이 원활하지 않을 때 나타나는 질환은?
① 고혈압
② 심부전
③ 신부전
④ 동맥경화증
⑤ 뇌출혈

021 다음 중 세탁표시와 내용으로 바르게 연결이 옳은 것은?

① 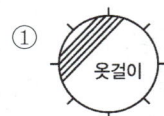 햇볕에 건조
옷걸이에 걸어서 건조

② 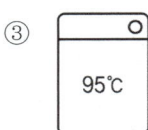 30℃ 물로 세탁
세탁기 사용 불가

③  95℃ 물로 세탁
세탁기 가능
삶을 수 있음

④  짜면 안됨

⑤ 180~210℃로 다림질

022 낙상으로 인하여 서혜부와 대퇴부에 통증이 있고 움직임에 제한이 생기는 질환은?
① 류마티스 관절염
② 고관절 골절
③ 퇴행성관절염
④ 골다공증
⑤ 하지정맥류

023 가벼운 기침만 해도 속옷이 젖는 증상을 완화시키는 방법은?
① 골반근육강화 운동을 한다.
② 유치도뇨를 삽입한다.
③ 방사선요법을 시행한다.
④ 성인 기저귀를 사용한다.
⑤ 수분 섭취를 제한한다.

024 욕창 발생이 적은 상태의 대상자는?
① 요실금이 있는 대상자
② 근육이 위축된 대상자
③ 피부가 벗겨진 대상자
④ 피하지방이 많은 대상자
⑤ 체위 변형이 어려운 대상자

025 왼쪽 편마비 대상자가 우측으로만 누워 있을 때 욕창이 생기는 부위는?
① 왼쪽 어깨
② 왼쪽 무릎
③ 우측 어깨
④ 우측 무릎
⑤ 엉덩이 전체

026 치매 대상자에게 식사 제공 시 옳은 방법은?
① 딱딱한 음식을 끓여 준다.
② 대상자가 원하는 대로 양껏 제공한다.
③ 스스로 음식의 간을 맞추게 하고 제공한다.
④ 끓인 음식을 바로 제공한다.
⑤ 음식이 뜨거운지 미리 확인하고 제공한다.

027 치매 대상자의 식사를 돕는 방법으로 알맞은 것은?
① 식사도구를 인지하도록 약간 무게감이 있는 식사도구를 준비한다.
② 색깔이 없는 깨끗한 투명그릇을 사용한다.
③ 스스로 간을 맞출 수 있게 식탁에 소금을 준비한다.
④ 식사 중 졸더라도 끝까지 기다려 준다.
⑤ 잘 씹을 수 있게 큰 덩어리로 조리한다.

028 치매 대상자가 집안을 돌아다니는 경우 올바른 대처 방법은?
① 방안에 가둬 둔다.
② 집안의 조명을 모두 끈다.
③ 신나는 음악을 틀어 준다.
④ 좋아하는 것으로 관심을 돌린다.
⑤ 정신적 욕구를 풀어 준다.

029 치매 대상자가 문을 두드리며 집으로 갈려고 할 때 올바른 대처방법은?
① "집에 같이 가요."라고 하면서 방으로 데려간다.
② "화투 좋아하시죠? 같이 하실래요?"라고 관심을 돌린다.
③ "이러면 다쳐요."라고 말하며 훈육한다.
④ "말 안들으면 가둘 거예요."라고 단호하게 말한다.
⑤ "조금 있으면 딸이 데리러 와요."라고 반복적으로 말한다.

030 치매 대상자가 다른 사람이 자신의 물건을 훔쳤다고 화를 낼 때 대처 방법은?
① 그런 일 없다고 단호하게 말한다.
② 다른 물건을 건네준다.
③ 다시 사준다고 말해 준다.
④ 훔쳐갔다고 한 사람을 혼내 준다.
⑤ 설득하지 않고 같이 찾는다.

031 치매 대상자가 욕설과 난폭한 행동을 할 때 올바른 대처방법은?
① 힘으로 제압한다.
② 격한 목소리로 그만하라고 소리친다.
③ 자극을 피하고 조용한 장소에서 휴식을 취하게 한다.
④ 힘든 일거리를 준다.
⑤ 왜 그런지 물어보고 멈추게 한다.

032 석양증후군이 있는 치매 대상자의 문제 행동에 대처하는 방법은?

> 이씨 할아버지는 낮 시간 동안은 온순한 성격을 나타내지만 저녁 8시만 되면 갑자기 밖으로 나가거나 방을 배회하면서 불안해 한다.

① 대상자가 관심이 있는 놀이를 한다.
② 조용한 방에 가둔다.
③ 불을 꺼주고 조용하게 해 준다.
④ 혼자 있게 내버려 둔다.
⑤ 낮잠을 충분히 자게 한다.

033 치매 대상자가 요양보호사에게 갑자기 바지를 벗고 껴안으려고 한다. 이 때 올바른 대처방법은?
① 화를 내며 소리친다.
② 즉시 서비스를 중단한다.
③ 그냥 내버려 둔다.
④ 단호하게 그만두라고 한다.
⑤ 낮잠을 충분히 자게 한다.

034 치매 대상자와 대화할 때 올바른 의사소통 방법은?
① 어디가 불편하세요?
② 국수 드실래요? 아니면 밥 드실래요?
③ 날씨가 참 좋지요?
④ 잠시 후에 외출할까요?
⑤ 그냥 밖에 나갈까요?

035 치매 대상자와 대화 시 올바른 대화 요령은?

> □ 치매 대상자 : "아이고, 배 아파 죽겠네."
> □ 요양보호사 : "(   )"

① "언제부터 아프셨어요?"
② "오늘 뭘 드셨어요?"
③ "소화가 안 되세요? 약 드릴까요?"
④ "지금 병원에 같이 가요."
⑤ "(배를 눌러 보며) 여기가 아프세요?"

036 다음 대화 중 요양보호사가 치매 대상자에게 지키지 못한 의사소통의 기본 원칙은?

> 요양보호사가 80세 최씨 할머니에게 웃으며 "할머니 지금 8시니까 병원 가게 먼저 씻으시고, 옷 갈아입으신 다음 거실 의자에 앉아 계세요."라고 말했다.

① 얼굴 보며 대화하기
② 존댓말 사용하기
③ 한 번에 하나씩 설명하기
④ 현재 상황 설명하기
⑤ 쉬운 언어 사용하기

037 죽음이 임박한 대상자의 신체적 변화에 따른 올바른 대처방법은?
① 불안정 : 손을 움직이지 못하게 잡아 준다.
② 가래 축적 : 머리를 낮추어 준다.
③ 체온 감소 : 이불을 덮어 준다.
④ 실금 : 화장실에 데려다준다.
⑤ 식사량 감소 : 식사를 거르지 않는다.

038 임종이 임박한 대상자의 가슴에서 가래 끓는 소리가 들릴 때 대처방법은?
① 고개를 옆으로 돌려 준다.
② 몸을 흔들어 준다.
③ 몸을 일으켜 세운다.
④ 담요를 덮어 준다.
⑤ 물을 제공한다.

039 죽음을 앞둔 대상자의 심리적 변화에 대한 요양보호사의 대처방법은?
① 임의의 종교에 따라 임종을 맞이한다.
② 보고 싶어 하는 가족을 만나게 해 준다.
③ 더 살수 있는 희망을 심어 준다.
④ 본인 장례식에 대해 알려 준다.
⑤ 심리적 변화에 같이 대응하지 않는다.

040 임종 후 사후관리로 옳은 것은?
① 생명연장 장치를 신속히 제거한다.
② 조명을 더 밝게 한다.
③ 대상자가 사용했던 물품을 나눠준다.
④ 사후자세는 임종 후 자세 그대로 한다.
⑤ 어깨와 머리를 약간 높여서 얼굴색 변화를 방지한다.

041 임종을 맞이한 가족이 슬퍼할 때 돕는 방법은?
① 가족과의 대화를 삼가한다.
② 혼자 있게 한다.
③ 장례식에 같이 참석한다.
④ 가족이 슬픔을 충분히 표현하게 돕는다.
⑤ 신체적 접촉을 금한다.

042 식사를 급하게 하던 대상자가 이물질이 걸려 갑작스럽게 호흡곤란을 보이는 경우 대처 방법은?
① 뒤에서 배꼽과 명치 중간에 주먹을 쥔 손을 잡고 후상방으로 밀어 올린다.
② 대상자를 엎드리게 하고 등을 쳐 준다.
③ 찬물을 먹인다.
④ 머리를 앞으로 숙이게 한다.
⑤ 손으로 이물질을 꺼내 준다.

043 침을 흘리며 경련을 일으킬 때 대처 방법은?
① 담요를 덮어 체온을 유지시킨다.
② 대상자를 꽉 잡고 조용히 기다린다.
③ 주변에 있는 위험한 물건을 치운다.
④ 대상자의 가슴을 흔들어 준다.
⑤ 얼굴에 차가운 수건을 댄다.

044 화상을 입었을 때 올바른 대처 방법은?
① 물집은 바로 터트려 준다.
② 화상 부위에 된장과 소주를 부어 준다.
③ 수돗물에 화상 부위를 직접 댄다.
④ 장신구를 만지지 않는다.
⑤ 옷이 안 벗겨지면 가위로 자른다.

045 쓰려져 있는 대상자를 발견했을 때 가장 먼저 하는 것은?
① 도움 요청
② 반응 확인
③ 가슴압박
④ 호흡확인
⑤ 회복자세

9회 필기 적중 시험문제

001 사회보장제도 중 생활이 어려운 사람에게 필요한 급여를 제공하여 이들의 최저생활을 보장하고 자활을 돕는 것을 목적으로 하는 것은?
① 사회보험
② 공적부조
③ 국민연금보험
④ 고용보험
⑤ 산업재해보상보험

002 다음 중 노인보호전문기관의 설치 목적으로 옳지 않은 것은?
① 학대받는 노인의 상담
② 학대받은 노인을 노인복지시설에 입소 의뢰
③ 노인학대행위자에 대한 교육
④ 노인학대의 방지를 위한 홍보
⑤ 독거노인 복지서비스 연계

003 치매, 중풍 등 노인성 질환을 갖고 있는 요양대상자 10명 이상이 입소하여 급식, 요양과 그 밖에 일상생활에 필요한 서비스를 제공하는 노인의료복지시설로 옳은 것은?
① 노인요양공동생활가정
② 노인복지관
③ 경로당
④ 재가방문요양센터
⑤ 노인요양시설

004 다음 중 65세 미만이나 앓고 있는 질병 중 장기요양급여 대상자가 되는 질환으로 옳은 것은?
① 고혈압
② 디스크
③ 파킨슨병
④ 당뇨병
⑤ 심부전

005 다음 중 장기요양인정 점수가 48점 미만인 대상자의 장기요양 등급으로 옳은 것은?
① 장기요양 1등급
② 장기요양 2등급
③ 장기요양 3등급
④ 장기요양 4등급
⑤ 장기요양 5등급

006 노인장기요양보험제도에 관한 설명으로 옳은 것은?
① 공적부조에 해당되는 제도이다.
② 고령이나 노인성 질병을 앓고 있는 요양대상자에게 신체활동 또는 가사활동 지원 등의 서비스를 제공한다.
③ 보험자는 민간 의료보험이다.
④ 장기요양등급 판정에 따라 3등급, 인지지원등급으로 분류한다.
⑤ 재원은 보험료, 국가지원으로 구성된다.

007 하루 중 일정한 시간 동안 장기요양기관에 보호하여 신체활동 지원 및 교육, 훈련 등을 제공하는 장기요양급여로 옳은 것은?
① 방문간호
② 주·야간보호
③ 단기보호
④ 재가급여
⑤ 방문요양

008 장기요양기관이 없는 도서벽지에서 가족으로부터 방문요양에 상당한 장기요양급여를 받은 경우 지급되는 현금급여로 옳은 것은?
① 특례요양비
② 요양간병비
③ 요양병원 간병비
④ 가족요양비
⑤ 재가급여

009 장기요양요원에 대한 설명으로 옳지 않은 것은?
① 방문요양과 방문목욕의 장기요양요원은 사회복지사이다.
② 방문간호의 장기요양원으로 간호사로서 2년 이상의 간호 업무 경력이 있어야 한다.
③ 치위생사는 장기요양요원으로 방문간호 업무 수행이 가능하다.
④ 방문간호의 장기요양원으로 간호조무사 중 3년 이상의 업무 경력이 있어야 한다.
⑤ 방문요양에 관한 업무를 수행하는 장기요양원은 요양보호사 또는 사회복지사이다.

010 장기급여의 본인일부부담금에 대한 설명으로 옳지 않은 것은?
① 국민기초생활수급권자는 본인부담금이 없다.
② 급여 대상자가 시설급여를 이용하면 20%를 본인이 부담한다.
③ 저소득층, 의료급여수급권자 등은 법정 본인부담금의 40~60%를 경감해 준다.
④ 급여 대상자가 재가급여를 이용하면 30%를 본인이 부담한다.
⑤ 급여종류별로 본인일부부담금 비율이 다르다.

011 노인장기요양보험 표준서비스에서 제시하는 요양보호사의 업무에 대한 설명으로 옳지 않은 것은?
① 외출 시 동행, 일상 업무 대행은 개인활동지원서비스에 해당된다.
② 구강관리, 몸단장 등은 신체활동지원서비스에 해당된다.
③ 응급상황 대처는 응급서비스에 해당된다.
④ 물리치료, 기본동작 훈련 등은 기능회복훈련서비스에 해당된다.
⑤ 환경관리, 물품관리 등은 시설환경관리서비스에 해당된다.

012 노인장기요양보험 표준서비스 중 환경관리, 세탁물 관리, 물품관리 등이 해당되는 것으로 옳은 것은?
① 기능회복훈련 서비스
② 시설환경관리 서비스
③ 인지지원 서비스
④ 일상생활 지원 서비스
⑤ 정서 지원 서비스

013 다음 중 노인장기요양보험 표준서비스 중 인지행동변화 대처에 해당되는 서비스로 옳은 것은?
① 간호 처치 서비스
② 응급서비스
③ 인지지원 서비스
④ 기능회복훈련 서비스
⑤ 정서 지원 서비스

014 대상자에게 요양보호서비스를 제공하는 경우 요양보호사가 따라야 하는 원칙으로 옳지 않은 것은?
① 요양보호사의 모든 서비스는 대상자와 가족들에게 균형적으로 제공한다.
② 대상자 중심의 서비스를 제공해야 한다.
③ 대상자가 스스로 할 수 있는 능력을 최대한 활용하면서 서비스를 제공한다.
④ 서비스를 제공하기 전에 충분한 설명을 해야 한다.
⑤ 대상자의 사생활을 보호하고 자유로운 의사 표현을 보장해야 한다.

015 치매가 있는 대상자를 홀로 거주하게 하고 필요한 틀니, 보청기 등의 보장구를 제공하지 않는 노인학대의 유형으로 옳은 것은?
① 유기
② 언어·정서적 학대
③ 신체적 학대
④ 자기방임
⑤ 방임

016 아들은 치매를 앓고 있는 노모를 노인요양시설에 입소시킨 후 연락과 왕래를 두절했다. 이와 같은 노인 학대 유형으로 옳은 것은?
① 유기
② 언어·정서적 학대
③ 신체적 학대
④ 자기방임
⑤ 방임

017 요양보호사가 어깨 통증을 예방하기 위해 스트레칭을 할 때의 방법으로 옳은 것은?
① 같은 동작은 5회 이상 반복하지 않는다.
② 빠른 속도로 반복해야 효과적이다.
③ 통증이 느껴지도록 해야 한다.
④ 동작을 유지할 때 숨을 참도록 한다.
⑤ 스트레칭 동작은 10~15초간 유지한다.

018 요양보호사에게 흔한 감염증으로 감염력이 매우 강한 질환으로 옳은 것은?
① 콜레라
② 옴
③ 신우신염
④ 관절염
⑤ 결핵

019 2020년 8월에 2등급 판정을 받은 대상자가 2021년 8월에 다시 2등급을 받은 경우 수급자가 받아야 하는 등급 판정 기간으로 옳은 것은?
① 2022년 8월
② 2023년 8월
③ 2024년 8월
④ 2024년 7월
⑤ 2025년 8월

020 요양보호 대상자가 성희롱을 하는 경우 대처 방안으로 옳은 것은?
① 감정적으로 화를 내도록 하여 거절 의사를 밝힌다.
② 반복적이지 않은 경우 조금 더 지켜본 후 결정한다.
③ 시설장에게는 되도록 천천히 알리도록 한다.
④ 대상자를 이해하도록 노력한다.
⑤ 단호히 거부한다.

021 요양보호사가 대장암 대상자의 식사를 준비하는 방법으로 옳은 것은?
① 잦은 간식을 주도록 한다.
② 뜨거운 음식 보다 찬 음식을 주는 것이 좋다.
③ 식품을 소량씩 주는 것 보다 규칙적으로 많이 섭취하도록 한다.
④ 자극이 되지 않도록 운동은 피한다.
⑤ 통곡식, 생채소, 생과일을 많이 섭취하도록 한다.

022 대상자가 변비로 변을 볼 때마다 불편함을 호소하는 경우 요양보호사가 대상자를 돕는 방법으로 옳은 것은?
① 변기에는 오래 앉아 있도록 한다.
② 우유는 섭취하지 않도록 한다.
③ 관장을 하여 대상자를 돕는다.
④ 식이섬유, 유산균이 포함된 음식을 섭취하도록 한다.
⑤ 하제를 섭취하여 배변을 돕도록 한다.

023 천식 대상자에게 과민반응을 일으키는 원인으로 옳은 것은?
① 차고 건조한 공기에 노출
② 기관지확장제 투여
③ 금연
④ 적당한 수면
⑤ 침구류를 뜨거운 물로 세탁

024 폐결핵에 대한 설명으로 옳은 것은?
① 흉부방사선 X-ray와 객담검사를 통해 진단할 수 있다.
② 혈액 검사를 통하여 발견한다.
③ 무기력감과 함께 체중이 증가한다.
④ 기침, 가래 증상이 호전되는 즉시 약을 중단해야 한다.
⑤ 약은 최소 일주일 이상 복용하도록 한다.

025 요양보호사가 고혈압 질환을 앓고 있는 대상자를 돕는 방법으로 옳은 것은?
① 염분 섭취를 줄이도록 한다.
② 금연은 필수지만 스트레스를 줄이는 방법으로 술은 권장하도록 한다.
③ 짠 음식을 피하는 것보다 식사량을 줄이는 것이 더 중요하다.
④ 심혈관 건강을 위해서는 운동을 피하는 것이 좋다.
⑤ 고단백을 섭취하고 불포화지방산이 많은 음식을 섭취하도록 한다.

026 빈혈이 있는 대상자에게 철분제를 복용할 때 함께 복용하면 좋은 것으로 옳은 것은?
① 비타민 A
② 비타민 B
③ 비타민 C
④ 비타민 D
⑤ 비타민 E

027 퇴행성관절염에 대한 설명으로 옳은 것은?
① 아침에 일어나면 관절이 강직되고 움직일수록 심해진다.
② 계단 오르내리기, 자전거 타기 등의 운동을 하는 것이 좋다.
③ 관절을 싸고 있는 조직의 퇴화, 연골의 탄력성 저하 등의 노화 현상으로 발생한다.
④ 관절을 사용할수록 통증이 덜하므로 운동을 자주 하는 것이 좋다.
⑤ 개인마다 통증의 정도가 다르지 않다.

028 대상자가 오랜 침상 생활로 욕창이 심한 경우 요양보호사가 대상자를 돕기 위한 방법으로 옳은 것은?
① 질 좋은 단백질을 섭취하도록 한다.
② 생각날 때마다 자세 변경을 취해 주도록 한다.
③ 욕창 부위는 알코올을 이용해 소독하도록 한다.
④ 압력이 집중되는 천골 부위에 도넛 베개를 사용한다.
⑤ 파우더를 사용하는 것이 도움이 된다.

029 천골 부위의 욕창을 예방하기 위하여 도넛 베개 사용을 피해야 하는 이유로 옳은 것은?

① 압박받는 부위의 혈액 순환을 저해할 수 있으므로
② 대상자에게 통증을 유발할 수 있으므로
③ 골반 부위에 변형을 유발할 수 있으므로
④ 미관상 보기에 좋지 않으므로
⑤ 심장으로 정맥 귀환을 증가시키므로

030 수두를 일으키는 바이러스에 의하여 피부와 신경계에 염증을 일으키는 질환으로 옳은 것은?

① 옴
② 류마티스 관절염
③ 대상포진
④ 알츠하이머
⑤ 농가진

031 다음 중 대상자가 옴에 감염된 경우 요양보호사가 대상자를 돕는 방법으로 옳은 것은?

① 대상자가 사용하였던 물품과 침구류는 모두 소각한다.
② 대상자는 물론 가족이나 요양보호사도 치료를 받도록 한다.
③ 옴을 유발할 수 있는 미세먼지를 제거하도록 한다.
④ 항바이러스제를 복용하도록 한다.
⑤ 대상자가 입었던 옷을 버린다.

032 다음 중 안압이 상승되어 시야가 좁아지고 눈에 이물감 등 시력이 약해지는 질환으로 옳은 것은?

① 녹내장
② 백내장
③ 황반변성
④ 익상편
⑤ 안구진탕

033 노인성 난청을 갖고 있는 대상자를 돕는 방법으로 옳은 것은?

① 잘 들을 수 있도록 고음으로 얘기하도록 한다.
② 감소된 청력은 조기에 치료하는 것이 좋다.
③ 보청기는 난청을 더욱 악화시킨다.
④ 난청을 악화시키는 약물은 없다.
⑤ 저음으로 차분하게 대화하는 것이 효과적이다.

034 췌장에서 분비되는 것으로 혈당을 감소시키는 것으로 옳은 것은?

① 인슐린
② 글루카곤
③ 아밀라제
④ 리파제
⑤ 펩신

035 다음 중 노화에 따른 내분비계의 특성으로 옳은 것은?

① 기초대사율이 증가되어 체중감소가 일어난다.
② 갑상선 호르몬 분비량이 증가한다.
③ 췌장에서 인슐린의 분비가 느리고 분비량이 감소한다.
④ 인슐린에 대한 민감성이 증가한다.
⑤ 공복 시 혈당이 감소한다.

9회 실기 적중 시험문제

001 사례에 걸리기 쉬운 대상자의 식사를 도울 때 피해야 하는 음식으로 옳은 것은?
① 바나나 ② 레몬
③ 배 ④ 사과
⑤ 토마토

002 빈혈이 있는 대상자가 갑자기 어지럽다고 하는 경우 요양보호사의 대처 방법으로 올바른 것은?
① 바닥에 앉지 않도록 부축해 준다.
② 곧바로 바닥에 주저앉도록 한다.
③ 철분제를 즉시 섭취하도록 한다.
④ 의식상태를 확인한다.
⑤ 보호자에게 연락한다.

003 대상자가 어린 자녀의 물품을 사 오라며 부탁하는 경우 요양보호사의 행동으로 옳은 것은?
① 대상자 거동이 불편한 상황이므로 부탁을 들어준다.
② 시설장에게 보고한 후 부탁을 들어준다.
③ 부탁을 들어준 후 대상자에게 다음에는 힘들 것 같다고 설명한다.
④ 업무 외의 일이므로 보호자에게 일정 비용을 받도록 한다.
⑤ 요양보호사 제공 원칙을 설명하고 부탁을 거절한다.

004 대상자의 위생 상태를 돕는 방법으로 옳은 것은?
① 손톱과 발톱은 둥글게 자르도록 한다.
② 피부는 알코올로 깨끗하게 닦아 주도록 한다.
③ 목욕은 자주 하도록 하여 청결을 유지하도록 한다.
④ 청결을 위해 대상자의 의지와 상관없이 요양보호사가 하도록 한다.
⑤ 회음부는 요도, 질, 항문 순서로 앞에서 뒤쪽으로 닦아 준다.

005 대상자의 의치를 관리하는 방법으로 옳은 것은?
① 의치는 감염 예방을 위하여 잘 말려서 보관하도록 한다.
② 분실 위험을 막기 위하여 수면 시 의치를 빼지 않도록 한다.
③ 뜨거운 물에 의치를 닦도록 한다.
④ 의치세척제가 없다면 감염 예방을 위하여 주방세제를 대신 사용하도록 한다.
⑤ 의치는 삶거나 표백제 사용은 하지 않도록 한다.

006 결핵이 의심 되는 요양보호사의 관리법으로 옳은 것은?
① 증상이 없으면 검사 받지 않아도 된다.
② 환기를 잘 시키면 마스크는 쓰지 않아도 된다.
③ 접촉했던 대상자는 검사를 받지 않아도 된다.
④ 기침, 발열이 있는 경우 의료기관에서 검사를 받는다.
⑤ 같은 물건을 쓰면 안된다.

007 대상자의 목욕 돕기 방법으로 옳은 것은?
① 눈은 안쪽에서 바깥쪽으로 닦는다.
② 순환을 위하여 몸의 중심부에서 바깥쪽으로 닦아 준다.
③ 목, 귀, 이마, 입, 뺨, 코, 눈의 순서로 닦는다.
④ 목욕 시간은 최대한 길게 하여 이완할 수 있도록 한다.
⑤ 욕조 안에 매트를 깔지 않도록 한다.

008 오른쪽 편마비 대상자의 옷 갈아입히는 방법으로 옳은 것은?
① 요양보호사가 입히기 편한 쪽부터 입히도록 한다.
② 요양보호사가 서있는 방향에 따라 결정된다.
③ 옷을 입을 때 왼쪽부터 입도록 한다.
④ 옷을 벗길 때 왼쪽부터 벗도록 한다.
⑤ 옷을 벗길 때 오른쪽부터 벗도록 한다.

009 오른쪽 다리가 불편한 대상자가 지팡이로 계단을 내려갈 때 방법으로 옳은 것은?
① 지팡이 → 오른쪽 다리 → 왼쪽 다리
② 지팡이 → 왼쪽 다리 → 오른쪽 다리
③ 왼쪽 다리 → 오른쪽 다리 → 지팡이
④ 오른쪽 다리 → 지팡이 → 왼쪽 다리
⑤ 오른쪽 다리 → 왼쪽 다리 → 지팡이

010 제세동기 사용 시 전극패드 부착 부위로 옳은 것은?

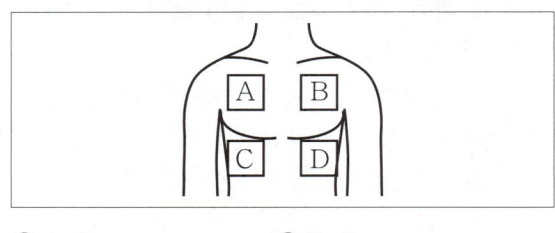

① A, B
② B, C
③ C, D
④ A, D
⑤ B, D

011 뇌졸중으로 한쪽이 불편한 편마비 대상자에게 옷을 입히려고 할 때 가장 적합한 방법은?
① 상의는 건강한 쪽을 먼저 벗도록 한다.
② 상의는 불편한 쪽을 먼저 벗도록 한다.
③ 하의는 건강한 쪽 먼저 입도록 한다.
④ 하의는 불편한 쪽 먼저 벗도록 한다.
⑤ 요양보호사와 가까운 쪽 먼저 벗도록 한다.

012 경관영양을 돕는 방법으로 옳은 것은?
① 영양액을 따뜻하게 준비한다.
② 비위관이 빠져 있으면 임의적으로 밀어 넣는다.
③ 왼쪽으로 눕힌 후 경관영양을 주입한다.
④ 영양액을 다 주고 난 후 휴식을 위해 바로 눕혀준다.
⑤ 영양액은 위장과 같은 위치에 걸어야 천천히 흘러 들어갈 수 있다.

013 대상자의 손발톱 깎기 모양으로 옳은 것은?
① 손톱 – 일자로, 발톱 – 일자로
② 손톱 – 둥글게, 발톱 – 둥글게
③ 손톱 – 일자로, 발톱 – 둥글게
④ 손톱 – 둥글게, 발톱 – 일자로
⑤ 손톱 – 오목하게, 발톱 – 둥글게

014 허리를 들 수 없거나 협조가 어려운 대상자일 경우 기저귀를 교환하는 방법으로 옳은 것은?
① 똑바로 누운 상태에서 기저귀를 교환한다.
② 허리를 들게 하여 기저귀를 교환한다.
③ 대상자를 옆으로 돌려 눕혀 기저귀를 교환한다.
④ 무릎을 세우고 기저귀를 밑으로 깔아 둔다.
⑤ 도와줄 수 있는 사람이 올 때까지 기저귀 교환은 미룬다.

015 편마비 대상자를 침대 위에서 일어나 앉히는 방법으로 옳은 것은?
① 대상자의 양쪽 무릎을 굽혀 어깨와 엉덩이를 지지하여 돌려 눕힌다.
② 대상자의 마비된 양손은 바닥에 내려 둔다.
③ 대상자가 두 손으로 짚고 일어나 앉을 수 있도록 한다.
④ 요양보호사는 대상자의 마비된 쪽에 선다.
⑤ 일어나는 방법을 설명하고 혼자 할 수 있도록 지지한다.

016 대상자의 쾌적한 실내 환경 조성을 위해 옳은 것은?
① 환기는 하루 1번 10~30분 정도 열어서 환기한다.
② 실내 온도는 여름에 18~22도, 겨울은 22~25도가 쾌적한 온도이다.
③ 실내 습도는 60~70%가 적합하다.
④ 배설물을 치울 때는 직접조명이 배설물 확인이 쉽다.
⑤ 야간에는 모든 조명을 끄든다.

017 심폐소생술 순서로 옳은 것은?

가. 도움요청 나. 가슴압박
다. 호흡확인 라. 회복자세
마. 반응확인

① 가, 나, 다, 라, 마
② 가, 나, 다, 마, 라
③ 마, 가, 다, 나, 라
④ 가, 마, 다, 나, 라
⑤ 마, 가, 나, 다, 라

018 지팡이 선정 시 고려 사항으로 옳은 것은?
① 지팡이는 신체길이보다 짧은 게 좋다.
② 등이 굽어 있는 대상자의 자세에 문제가 있다면 요양보호사가 정확한 사용법을 다시 설명한다.
③ 지팡이 사용하는 쪽 새끼발가락으로부터 15cm 지점
④ 바닥을 짚은 상태에서 팔꿈치를 45도 구부린 높이
⑤ 지팡이 길이는 길수록 좋다.

019 다음 내용 중 화상의 증상으로 옳은 것은?

- 표피가 파괴되었다.
- 통증이 심하다.
- 피부는 빨개지고 물집이 많다.

① 욕창 ② 괴사
③ 1도 화상 ④ 2도 화상
⑤ 3도 화상

020 재가대상자에게 원하는 물건을 사다 주었더니 마음에 들지 않는다고 불평할 때 대처 방법은?
① 이제부터 물건 구매 대행은 어렵다고 말한다.
② 똑같은 물건이라며 그냥 쓰도록 권유한다.
③ 물건을 직접 구매하게 한다.
④ 가족과 의논하여 처리한다.
⑤ 구매한 물건을 대상자와 함께 교환하러 간다.

021 대상자가 식사 도중 사레에 들리지 않도록 예방하는 방법으로 옳은 것은?
① 수분이 적은 음식이 삼키기 쉽다.
② 음식을 먹을 때 삼키기 쉽게 밥을 먹은 후 국을 먹도록 한다.
③ 많은 양을 한꺼번에 넣어 준다.
④ 편안함을 주기 위해 식사 중간에도 많은 대화를 유도한다.
⑤ 앉아서 상체를 앞으로 숙여서 식사한다.

022 음식을 삼키는데 어려움이 있는 뇌졸중 대상자에게 식사관리로 옳은 것은?
① 식사 후 바로 눕혀준다.
② 한번에 먹기 위해 국에 밥을 말아준다.
③ 작은 숟가락을 이용하여 천천히 먹는다.
④ 유제품은 마시는 것이 좋다.
⑤ 과일류는 크게 잘라준다.

023 화재 시 소화기 사용법의 순서로 옳은 것은?

> 가. 분말을 고르게 쏜다.
> 나. 노즐을 잡고 불쪽을 향하도록 한다.
> 다. 안전핀을 뽑는다.
> 라. 손잡이를 움켜쥔다.

① 가, 나, 다, 라
② 가, 다, 나, 라
③ 다, 나, 가, 라
④ 다, 가, 나, 라
⑤ 다, 나, 라, 가

024 복지 용구 중 구입 품목에 해당되는 것으로 묶여 있는 것으로 옳은 것은?

① 수동휠체어, 이동변기, 성인용 보행기
② 전동침대, 자세변환 용구
③ 욕창예방 매트리스, 이동 욕조, 수동침대
④ 전동침대, 수동휠체어, 전동휠체어
⑤ 지팡이, 요실금팬티

025 장기요양 등급자는 복지 용구를 구입하거나 대여하여 사용할 수 있으며 구입 (   ) 품목, 대여(   ) 품목이다. 다음 중 괄호 안에 들어가기 알맞은 것은?

① 10, 8
② 8, 10
③ 12, 6
④ 6, 10
⑤ 10, 6

026 대상자의 임종과정 동안 신체, 정신적 변화가 나타날 때 요양보호사의 돕는 방법으로 옳은 것은?

① 대상자의 몸이 싸늘해지면 보온을 위해 전기장판을 틀어 준다.
② 호흡이 불규칙할 때 상체와 머리를 높여주고 손을 잡아 준다.
③ 잠자는 시간이 길어지면 큰소리로 대상자를 깨운다.
④ 정신 혼돈이 있을 때는 대상자가 누군지 질문을 한다.
⑤ 가래가 끓을 경우 스스로 뱉어 내게 한다.

027 화상을 입었을 때 돕는 방법으로 옳은 것은?

① 화상부위 물집은 바로 터트린다.
② 장신구는 잊어버릴 수 있으므로 그대로 둔다.
③ 화상부위는 흐르는 수돗물에 직접 대 준다.
④ 벗기기 힘든 의복은 잘라 낸다.
⑤ 화상부위에 치약을 바른다.

028 대상자가 먹던 고혈압 약제를 바꾸고 나서 약물 부작용이 나타났다. 대처 방법으로 옳은 것은?

① 증상이 경미한 경우 지켜본다.
② 구토를 한 경우 주변 환경을 치워 준다.
③ 약물을 구토하게 한다.
④ 먹고 남은 물질과 용기를 들고 병원에 간다.
⑤ 구토 후 의식이 없어질 경우 마실 것을 준다.

029 식품의 보관 방법으로 바르지 못한 것은?

① 조개류는 바로 사용하지 않을 때는 신문지에 싸서 냉장 보관한다.
② 시금치는 세워서 보관한다.
③ 감자는 냉장고에 보관한다.
④ 고구마는 서늘하고 어두운 곳에 보관한다.
⑤ 달걀은 둥근 부분이 위로, 뾰족한 부분이 아래로 향하게 놓는다.

030 여성 노인 대상자의 회음부 청결을 위해 닦아주려고 한다. 순서로 옳은 것은?
① 요도 → 항문 → 질
② 항문 → 질 → 요도
③ 질 → 요도 → 항문
④ 항문 → 요도 → 질
⑤ 요도 → 질 → 항문

031 의치를 가지고 있는 대상자가 자기 전에 의치를 빼서 보관하는 이유로 옳은 것은?
① 잇몸에 압박자극을 해소하기 위해
② 의치의 변형을 막기 위해
③ 잇몸에 상처를 막기 위해
④ 가격이 비싼 물건이므로
⑤ 충치 예방을 위해

032 대상자에게 목욕을 돕는 방법으로 옳은 것은?
① 물 온도는 50℃로 맞춘다.
② 식사 직후에 목욕하는 것이 좋다.
③ 목욕을 거부하더라도 강제로 목욕을 할 수 있게 한다.
④ 대상자가 할 수 있는 부분은 스스로 할 수 있게 한다.
⑤ 목욕은 몸통 → 팔 → 다리 순서로 한다.

033 쾌적한 실내 환경 조성을 위한 방법으로 옳은 것은?
① 전체난방보다는 국소난방이 바람직하다.
② 조명은 어느 한곳만 밝게 한다.
③ 자연채광은 어둡고 습도가 낮은 게 좋다.
④ 배설물 확인을 위해 직접조명이 좋다.
⑤ 환기 시 바람을 직접 닿도록 하여 답답함을 없애 주도록 한다.

034 식품의 위생관리를 위해 식품별 보관방법으로 옳은 것은?
① 한 번 녹인 생선은 다시 얼려서 먹어도 괜찮다.
② 파인애플은 냉장실에 보관한다.
③ 두부는 찬물에만 보관해도 괜찮다.
④ 고구마는 냉장 보관한다.
⑤ 감자는 서늘한 곳에 보관한다.

035 전립선 비대증이 있는 대상자가 스스로 배뇨 조절이 힘들 때 돕는 방법으로 옳은 것은?
① 항상 기저귀를 채워 둔다.
② 물의 섭취를 제한한다.
③ 낮에는 기저귀 사용을 자제하고 스스로 볼 수 있도록 훈련한다.
④ 잦은 기저귀 교환은 피부가 자극될 수 있으므로 자주 교환하지 않는다.
⑤ 혼자서 방에 있을 때는 바지를 벗겨 놓는다.

036 욕창 초기 단계에 해당하는 것은?
① 발적   ② 국소적 빈혈
③ 궤양   ④ 조직의 괴사
⑤ 근육의 손상

037 섬망이 있는 대상자가 환각을 보일 때 대처하는 방법으로 옳은 것은?
① 위협적인 언어로 얘기한다.
② 감정 없는 눈빛으로 마주 보도록 한다.
③ 현실을 확인할 수 있는 환경을 만들어 준다.
④ 커튼을 항상 치고 불안하지 않게 한다.
⑤ 혼자 독방에 격리하도록 한다.

038 대상자의 변의를 감소시킬 수 있는 주의해야 하는 행동으로 옳은 것은?
① 물 흐르는 소리를 들려준다.
② 복부 마사지를 해줄 경우
③ 이완할 수 있는 음악을 들려준다.
④ 침상을 커튼이나 스크린으로 가려 준다.
⑤ 차가운 변기를 대주었을 때

039 치매 대상자는 일상생활에서 사고가 많이 일어날 수 있다. 발생하는 이유로 옳은 것은?
① 새로운 것을 배우는데 흥미를 느낀다.
② 상황을 분석하는데 어려움이 있다.
③ 빨리 적응한다.
④ 과거는 잊어버리지만 방금 전의 일은 잘 기억한다.
⑤ 주변에 호기심이 많다.

040 심폐소생술의 단계 중 가슴압박 방법으로 옳은 것은?
① 가슴압박은 성인은 분당 100-120회의 속도로 시행한다.
② 환자는 바닥이 푹신한 곳에 눕힌다.
③ 가슴뼈 위쪽에 깍지낀 손바닥을 댄다.
④ 압박된 가슴은 수축되도록 한다.
⑤ 119가 올때까지 기다린다.

041 노인장기요양보험의 일상생활지원 대행으로 옳은 것은?
① 가족의 저녁식사
② 자녀의 심부름
③ 자녀의 아침식사
④ 배우자의 옷 세탁
⑤ 대상자의 방 청소

042 휠체어 사용 시 주의사항으로 옳은 것은?
① 움직이지 않을 때는 항상 잠금장치를 잠가 두어야 한다.
② 휠체어를 빠르게 활용할 수 있도록 잠금장치는 되도록 하지 않는다.
③ 딱딱한 쿠션을 이용한다.
④ 타이어 공기압은 낮게 유지해야 한다.
⑤ 접지 않은 상태에서 보관한다.

043 욕창이 있는 대상자에게 체위변경을 해주는 목적으로 옳은 것은?
① 폐확장 촉진
② 관절 변형 촉진
③ 하지 부종 증진
④ 통증 감소
⑤ 상처 분비물 증진

044 대상자의 침구를 선택할 때 방법으로 옳은 것은?
① 이불은 두꺼운 걸 선택한다.
② 매트리스는 푹신한 걸 선택한다.
③ 시트는 흡수성이 낮을수록 좋다.
④ 베개는 습기를 흡수하는 것이 좋다.
⑤ 베개는 척추와 머리가 수평이 되는 높이가 좋다.

045 치매대상자의 일상생활지원의 목적으로 옳은 것은?
① 집안일을 할 수 있게 한다.
② 사회로 다시 돌아가 경제활동을 할 수 있도록 돕는 것이다.
③ 본인이 할 수 있는 것은 스스로 하도록 한다.
④ 혼자서 생활할 수 있게 한다.
⑤ 시설에서 독립적 생활을 할 수 있게 한다.

10회 필기 적중 시험문제

001 노인학대의 예방 및 방지를 위한 홍보, 학대받는 노인의 발견, 상담, 보호 등 노인학대행위자에 대한 상담 및 교육을 담당하는 기관으로 옳은 것은?
① 노인보호 전문기관
② 노인보호 사업
③ 노인복지관
④ 노인돌봄종합 서비스
⑤ 학대노인전용 쉼터

002 다음 중 장기요양급여 서비스를 받을 수 있는 대상자로 옳은 것은?
① 뇌출혈로 편마비가 있어 일상생활이 불가능한 49세 여성
② 일상생활이 가능하지만 혼자 사는 79세 여성
③ 결핵으로 신체 활동이 어려운 59세 남성
④ 당뇨로 매일 당뇨약을 투약하는 80세 여성
⑤ 뇌경색으로 병원에 입원하여 치료 중인 80세 남성

003 다음 중 장기요양인정 점수가 74점 미만인 대상자의 장기요양 등급으로 옳은 것은?
① 장기요양 1등급
② 장기요양 2등급
③ 장기요양 3등급
④ 장기요양 4등급
⑤ 장기요양 5등급

004 고령이나 노인성 질병 등의 사유로 다른 사람의 도움을 받지 않고서는 생활하기 어려운 노인들에게 신체활동 또는 가사지원 등의 장기요양급여를 사회적 연대원리에 의해 제공하는 사회보험 제도로 옳은 것은?
① 노인장기요양보험제도
② 공적부조
③ 국민건강보험제도
④ 사회서비스
⑤ 기초생활보장

005 퇴행성관절염 대상자에게 적합한 운동으로 옳은 것은?
① 일주일에 2~3회 수영
② 등산
③ 계단 오르기
④ 자전거
⑤ 줄넘기

006 수급자를 일정 기간 동안 장기요양기관에서 보호하여 신체활동 지원 등을 제공하는 장기요양급여로 옳은 것은?
① 방문간호
② 주·야간보호
③ 단기보호
④ 재가급여
⑤ 방문요양

007 다음 중 노인장기요양보험 표준서비스에서 서비스별 내용으로 옳지 않은 것은?
① 정서지원서비스 - 말벗, 격려, 위로, 언어치료 등
② 시설환경관리서비스 - 세탁물관리, 물품관리 등
③ 개인활동지원서비스 - 일상 업무 대행 등
④ 일상생활지원서비스 - 취사, 청소 및 주변정리 등
⑤ 간호처치서비스 - 배설간호, 영양간호, 통증간호 등

008 요양보호 업무가 대상자에게 도움이 되기 위해서는 인간 욕구에 대한 이해가 필요하다. 매슬로우 5단계 욕구 중 대상자의 생존에 필수적인 물, 공기, 수면 등이 해당되는 단계로 옳은 것은?
① 1단계 – 생리적 욕구
② 2단계 – 안전의 욕구
③ 3단계 – 사랑과 소속의 욕구
④ 4단계 – 존경의 욕구
⑤ 5단계 – 자아실현의 욕구

009 다음 중 요양보호사가 대상자가 학대당하고 있다고 판단되는 경우 신고하는 곳으로 옳은 것은?
① 노인보호전문기관
② 보건진료소
③ 주민자치센터
④ 노인요양시설
⑤ 노인복지관

010 요양보호사의 감염 예방법 중에 가장 경제적이고 효과적인 예방법으로 옳은 것은?
① 손 씻기
② 마스크 착용
③ 가운 착용
④ 장갑 착용
⑤ 소독

011 다음 중 변비의 원인으로 옳은 것은?
① 과도한 하제 남용
② 식사량 증가
③ 고잔여식이 섭취
④ 수분 섭취 증가
⑤ 근육 긴장도 증가

012 만성기관지염을 앓고 있는 대상자를 돕는 방법으로 옳은 것은?
① 기관지 확장제는 필요에 따라 사용할 수 있다.
② 흡연은 되도록 줄이도록 한다.
③ 수분 섭취를 줄이도록 한다.
④ 심호흡과 기침을 삼가도록 한다.
⑤ 뜨거운 차를 자주 주는 것이 호흡 안정에 도움을 준다.

013 노화에 따른 심혈관계 변화로 옳은 것은?
① 위치 변화에 따라 즉각 적응이 가능하다.
② 심박출량과 심박동 수가 증가하여 심장 부담이 증가된다.
③ 말초혈관으로부터 심장으로의 혈액 순환이 증가된다.
④ 체위 변화에 따라 기립성 저혈압이 발생한다.
⑤ 심장은 나이가 들면서 근육이 얇아진다.

014 대상자가 가슴이 답답하고 통증이 있다면 의심할 수 있는 질환은 무엇인가?
① 동맥경화증
② 알츠하이머
③ 뇌졸중
④ 부정맥
⑤ 협심증

015 골다공증 대상에게 도움을 줄 수 있는 방법으로 옳은 것은?
① 햇볕을 피하도록 한다.
② 카페인 음료를 섭취하도록 한다.
③ 실내에서 주로 활동하도록 한다.
④ 비타민 D를 복용하도록 한다.
⑤ 절대 안정하도록 한다.

016 노인 대상자의 피부가 건조하지 않도록 하기 위한 방법으로 옳은 것은?
① 방에 가습기를 틀어 주도록 한다.
② 알코올을 사용하여 피부마사지를 해주도록 한다.
③ 자주 샤워하여 청결을 유지하도록 한다.
④ 목욕 후 물기는 문질러서 닦도록 한다.
⑤ 실내 습도를 정상보다 낮게 유지하도록 한다.

017 비타민 D는 음식을 통해서도 섭취가 가능하지만 대부분 햇빛을 통해 얻어진다. 비타민 D가 결핍되어 발생할 수 있는 질환으로 옳은 것은?
① 괴혈병
② 골다공증
③ 야맹증
④ 악성빈혈
⑤ 당뇨

018 노인의료복지시설에 해당하는 시설 유형은?
① 노인복지주택
② 노인복지관
③ 노인요양시설
④ 경로당
⑤ 양로시설

019 장기요양인정 절차 중 (   )안에 들어갈 것은?

신청 → 방문 조사 → 장기요양인정 점수산정 → (   ) → 등급판정위원회 개최 → 등급 판정

① 목표 설정
② 서비스 제공 계획 수립
③ 의사 소견서 제출
④ 건강 상태 평가
⑤ 주민등록등본

020 당뇨병을 앓고 있는 대상자의 식이요법으로 옳은 것은?
① 균형 있는 식사를 하도록 한다.
② 혈당이 조절되지 않는 경우 식사를 거르는 것이 도움이 된다.
③ 오렌지주스를 식사 중간에 섭취하도록 한다.
④ 염분이 있는 식사를 하도록 한다.
⑤ 저녁 식사는 아침보다 조금 주도록 한다.

021 요양보호사의 신체 손상을 줄이기 위한 방법으로 옳은 것은?
① 기저면을 넓게 해야 안정감 있게 일할 수 있다.
② 기저면을 넓게 하기 위해 양다리를 좁힌다.
③ 물건을 들 때 허리를 구부린다.
④ 몸의 중심이 기저면과 멀어질수록 안정적이다.
⑤ 대상자와 멀리 떨어져서 보조하도록 한다.

022 유치도뇨관을 삽입하고 있는 대상자의 소변주머니 관리 돕기 방법으로 옳은 것은?
① 금기가 아니라면 수분섭취를 권장한다.
② 보행을 할 경우 유치도뇨관이 빠질 수 있으므로 침대에서 안정시킨다.
③ 소변량과 색깔은 소변주머니를 비울 때만 확인한다.
④ 소변주머니를 방광 위치보다 상승시켜야 한다.
⑤ 대상자의 아랫배가 불편감이 있을 수 있다고 알려 준다.

023 다음 중 장기요양 유효기간을 갱신할 때 갱신 직전 등급과 같은 등급을 받은 경우 원칙으로 옳은 것은?
① 1등급의 경우 : 5년
② 2등급 ~ 4등급 : 3년
③ 2등급 : 2년
④ 3등급 : 1년
⑤ 5등급, 인지지원등급 : 3년

024 다음 설명에 해당하는 업무를 담당하는 기관은?

- 노인 학대 사례 접수
- 학대 사례에 대한 사례 관리 절차 지원

① 주민자치센터
② 보건소
③ 노인보호전문기관
④ 보건복지부
⑤ 노인복지관

025 노인성 질환의 일반적 특성으로 옳은 것은?
① 대부분 만성질환이 아니다.
② 회복이 느리고 합병증이 발생한다.
③ 원인이 명확하여 노화와 구별이 용이하다.
④ 급성 퇴행성 질병이다.
⑤ 약물 부작용이 적어 약물 치료가 용이하다.

026 노인의 건강증진을 위한 식단으로 옳은 것은?
① 동물성 지방 섭취를 권장한다.
② 섬유질 섭취를 제한한다.
③ 고열량 식품을 권장한다.
④ 저염식이를 한다.
⑤ 유제품 섭취를 제한한다.

027 65세 이상의 성인에게 필요한 예방접종 감염병은?
① 자궁경부암
② 폐렴구균
③ 폐결핵
④ 뇌염
⑤ 장티푸스

028 고령의 대상자에게 신체활동 및 가사활동 등을 지원하여 대상자의 건강증진과 생활 안정을 도모하고 가족의 부담을 덜어 주기 위해 만들어진 제도는?
① 국민건강보험
② 국민연금
③ 기초노령연금
④ 노인장기요양보험
⑤ 기초생활수급제도

029 노인장기요양보험제도에 대한 설명으로 옳은 것은?
① 요양원 입소 대상자의 본인 부담금은 25%이다.
② 기초수급생활자의 미용은 무료이다.
③ 보험자는 시, 군, 구이다.
④ 장기요양 신청은 본인만 가능하다.
⑤ 보험의 재원은 장기요양보험료, 국가지원, 본인 일부 부담금으로 조달된다.

030 대상자의 신체활동에 필요한 복지용구를 제공하는 장기요양급여는?
① 시설급여
② 방문목욕
③ 방문간호
④ 기타 재가급여
⑤ 가족 요양급여

031 다음 중 욕창이 생기는 원인은?
① 요금실 및 변금실
② 변비가 있는 대상자
③ 스스로 체위변경을 자주 할 때
④ 피하지방이 많은 대상자
⑤ 단기간 절대 안정해야 하는 대상자

032 장기간 누워 있는 대상자의 욕창 관리 방법으로 올바른 것은?
① 체위변경은 최소 하루에 두 번 해주도록 한다.
② 몸에 꽉 끼는 옷을 입힌다.
③ 주름진 침대시트를 펴 준다.
④ 도넛 모양의 베개 사용을 권장한다.
⑤ 뜨거운 찜질팩을 대어 준다.

033 대상자의 안구에 수정체가 혼탁해져 뿌옇게 보일 때 나타나는 증상은?
① 실명
② 불빛에서의 눈부심
③ 안구 통증
④ 색 구별능력 증가
⑤ 눈에 이물감

034 기관지의 만성적 염증으로 기도가 좁아져 숨쉬기가 힘든 질환은?
① 만성 기관지염
② 폐렴
③ 독감
④ 폐기종
⑤ 천식

035 폐결핵에 대한 설명으로 옳은 것은?
① 체중이 증가한다.
② 혈액 검사를 통하여 발견한다.
③ 흉부방사선 X-ray와 객담검사를 통해 진단할 수 있다.
④ 폐조직이 부드러워지는 질환이다.
⑤ 약은 최소 일주일 이상 복용하도록 한다.

10회 실기 적중 시험문제

001 당뇨병이 있는 대상자가 어지러움, 식은땀 등의 증상을 보이는 경우 요양보호사가 대상자를 돕는 가장 올바른 방법은?
① 혈당강하제를 복용하도록 한다.
② 의식이 있는 경우 오렌지 주스를 먹인다.
③ 즉시 보호자에게 연락하도록 한다.
④ 인슐린을 투여하도록 한다.
⑤ 전신 마사지를 하여 혈액순환을 돕도록 한다.

002 대상자의 구강 청결을 돕는 경우 요양보호사가 알고 있어야 할 원칙으로 옳은 것은?
① 대상자가 불편하지 않도록 똑바로 누운 상태에서 구강 청결을 돕도록 한다.
② 모든 대상자에게 치실을 사용하도록 한다.
③ 대상자가 앉은 자세를 할 수 없는 경우 건강한쪽이 위로 향하고 옆으로 누운 자세에서 칫솔질을 하도록 한다.
④ 입안에 염증이 있는지 확인하고 세심히 관찰하도록 한다.
⑤ 대상자들이 불편하지 않도록 식사와 상관없이 자기 전에 칫솔질을 하도록 한다.

003 오른쪽 편마비 대상자의 올바른 식사 자세로 옳은 것은?
① 왼쪽을 밑으로 하고 약간 옆으로 누운 자세를 취하도록 한다.
② 오른쪽을 밑으로 하고 약간 옆으로 누운 자세를 취하도록 한다.
③ 바른 자세로 눕혀서 식사를 하도록 돕는다.
④ 가능한 머리를 최대한 낮추고 식사하도록 한다.
⑤ 왼쪽 밑을 쿠션으로 지지하여 편안한 자세를 취하도록 한다.

004 치매 대상자가 아무때나 밥을 달라고 할때 대처 방법으로 옳은 것은?
① 방금 먹었다고 단호하게 말한다.
② 음식은 달라는 대로 준다.
③ 음식을 숨겨둔다.
④ 싫어하는 음식을 준다.
⑤ 방금 식사한 식기는 알 수 있도록 그대로 둔다.

005 서랍 안의 물건을 꺼내어 헝클어 놓는 것을 반복하는 치매 대상자를 돕는 방법으로 옳은 것은?
① 서랍을 열지 말라고 화를 낸다.
② 서랍 문을 잠가둔다.
③ 왜 자꾸 문을 여는지 물어본다.
④ 빨래를 함께 널자고 제안한다.
⑤ 행동을 고쳐야 한다고 알려준다.

006 대상자를 위한 식사 조리 시 고려사항으로 옳은 것은?
① 찌거나 데치거나 삶아서 딱딱하게 조리한다.
② 대상자가 원하는 음식 위주로 식품을 조리한다.
③ 좀 짜더라도 맛있게 한다.
④ 식욕이 없을 경우 자극적인 음식을 해 준다.
⑤ 음식은 부드럽게 조리한다.

007 복지 용구 중 구입품목으로 옳은 것은?
① 자세변환용구
② 수동침대
③ 수동휠체어
④ 목욕리프트
⑤ 이동욕조

008 비위관을 가진 대상자에게 경관영양을 돕는 방법으로 옳은 것은?
① 영양주머니는 일주일에 한 번 씻는다.
② 영양액은 차갑게 준다.
③ 영양액을 주입할 때는 눕게 한다.
④ 영양주머니는 위장보다 낮은 위치에 건다.
⑤ 영양액은 너무 빠르게 주입하면 설사를 유발할 수 있다.

009 노인 대상 예방접종과 관련된 설명으로 옳은 것은?
① 인플루엔자는 모든 성인이 매년 1회 접종한다.
② 65세 이상 노인은 반드시 B형 간염, A형 간염 권장하고 있다.
③ 50세 이상 노인은 대상포진 1회 접종한다.
④ 50세 이상 노인은 파상풍 디프테리아를 5년마다 추가 접종한다.
⑤ 파상풍은 65세 이상 접종한다.

010 임종에 대한 심리적 적응 단계를 잘 배열한 것은?
① 부정 → 분노 → 협상 → 우울 → 수용
② 부정 → 협상 → 우울 → 수용 → 분노
③ 부정 → 우울 → 수용 → 분노 → 협상
④ 협상 → 부정 → 분노 → 우울 → 수용
⑤ 수용 → 부정 → 분노 → 협상 → 우울

011 대상자의 휠체어 선정 시 고려해야 할 사항으로 옳은 것은?
① 신체선열 유지를 위하여 딱딱한 쿠션이 적합하다.
② 표면이 거칠어도 경제적이라면 선택한다.
③ 휠체어 표면의 날카로운 부분이 있을 수 있다.
④ 대상자에게 안전성과 편안함 보다 중요한 것이 경제적 요소이다.
⑤ 쿠션은 부드러워야 대상자에게 편안함을 준다.

012 대상자가 오랜 시간 누워 지내면서 피부가 벗겨지고 물집이 보이기 시작했다. 욕창의 단계 중 옳은 것은?
① 발적
② 1단계
③ 2단계
④ 3단계
⑤ 4단계

013 복지 용구 중 대여 물품으로 구성된 것으로 옳은 것은?
① 수동휠체어, 이동변기, 성인용보행기
② 전동침대, 자세 변환용구
③ 욕창예방 매트리스, 이동욕조, 수동침대
④ 전동침대, 수동휠체어, 전동휠체어
⑤ 지팡이, 요실금팬티

014 대상자의 눈을 닦아 주는 경우 방향으로 옳은 것은?
① 안 → 바깥으로
② 바깥 → 안으로
③ 위 → 아래로
④ 아래 → 위
⑤ 요양보호사가 서 있는 위치에 따라 다르다.

015 뇌졸중으로 한쪽이 불편한 편마비 대상자에게 옷을 입히려고 할 때 가장 적합한 방법은?
① 요양보호사와 가까운 쪽 먼저 벗도록 한다.
② 상의는 불편한 쪽을 먼저 벗도록 한다.
③ 하의는 건강한 쪽 먼저 입도록 한다.
④ 하의는 불편한 쪽 먼저 벗도록 한다.
⑤ 상의는 건강한 쪽을 먼저 벗도록 한다.

016 대상자가 복수가 있어 숨이 찬 경우 적합한 자세는?
① 반좌위
② 똑바로 누운 자세
③ 옆으로 누운자세 (좌 측위)
④ 엎드린 자세
⑤ 옆으로 누운자세 (우 측위)

017 편마비 대상자를 침대위에서 일어나 앉는 방법으로 옳은 것은?
① 대상자의 양쪽 무릎을 굽혀 어깨와 엉덩이를 지지하여 돌려 눕힌다.
② 독립성을 기를 수 있도록 도와주지 않도록 한다.
③ 요양보호사는 대상자의 마비된 쪽에 선다.
④ 대상자의 마비된 양손은 바닥에 내려 둔다.
⑤ 대상자가 두 손으로 짚고 일어나 앉을 수 있도록 한다.

018 대상자가 유치도뇨관을 강제로 빼려고 하는 경우 요양보호사가 대상자에게 할 수 있는 설명으로 적합한 것은?
① 도뇨관으로 인해 손이 오염되므로
② 쉽게 빠지므로
③ 주변 사람들이 싫어하기 때문에
④ 감염될 수 있으므로
⑤ 요도 점막의 손상 때문에

019 식중독 예방방법으로 옳은 것은?
① 육류와 야채 등의 도마는 하나로 사용하되 자주 소독해 준다.
② 신선한 육회는 섭취가 가능하다.
③ 오염된 조리기구는 세척만 해도 충분하다.
④ 고기, 생선류는 충분히 가열한다.
⑤ 조리된 음식은 실온에 보관해도 괜찮다.

020 출혈이 있는 대상자를 돕는 방법으로 옳은 것은?
① 출혈부위에 통증을 줄이기 위해 따뜻한 물주머니를 대 준다.
② 출혈 부위를 심장보다 높게 한다.
③ 급한 상황이므로 맨손으로 직접 압박한다.
④ 멸균 거즈를 덮어만 둔다.
⑤ 생리 식염수로 출혈 부위를 뿌려 주고 거즈로 압박한다.

021 노인장기요양보험법에서 노인성 질병의 종류로 옳은 것은?
① 당뇨
② 고혈압
③ 결핵
④ 폐렴
⑤ 파킨슨병

022 요양보호사가 법적, 윤리적 책임을 다하기 위해 준수해야 할 행동으로 올바른 것은?
① 의료진에게 보고한 내용은 기록하지 않는다.
② 대상자의 가족과 금전적 거래를 하지 않는다.
③ 대상자의 건강은 좋은 내용만 기록한다.
④ 요양보호 서비스는 본인의 생각에 따라 제공한다.
⑤ 서비스의 내용이 불확실할 때는 즉시 서비스를 하지 않는다.

023 근골격계 질환이 발생할 수 있는 위험적 요인은?
① 적은 힘을 쓰는 경우
② 가벼운 물품을 들어 올리는 경우
③ 편하게 행동하는 경우
④ 무리하지 않는 일을 하는 경우
⑤ 꾸준한 반복 동작

024 화상을 입었을 때 올바른 대처 방법은?
① 물집은 바로 터트려 준다.
② 화상 부위에 된장과 소주를 부어 준다.
③ 수돗물에 화상 부위를 직접 댄다.
④ 장신구를 만지지 않는다.
⑤ 옷이 안 벗겨지면 가위로 자른다.

025 기도에 음식물이 다른 기관으로 넘어갈 경우 나타날 수 있는 질환은?
① 딸꾹질
② 식도염
③ 천식
④ 만성기관지염
⑤ 폐렴

026 자동심장충격기 사용 방법으로 옳은 것은?
① 분석 중이라는 음성 메시지가 나오면 심폐소생술을 시행한다.
② 오른쪽 패드는 오른쪽 빗장뼈 밑, 왼쪽 패드는 왼쪽 중간 겨드랑이 선에 붙인다.
③ 자동심장충격기는 5분 간격으로 심장 리듬 분석을 자동 반복한다.
④ 다른 사람들이 주변에 있도록 하고 버튼을 누른다.
⑤ 일반적 4단계는 전원 켜기 → 패드 부착 → 제세동 시행 → 심장 리듬 분석 순서이다.

027 대상자가 갑자기 거품이 나면서 경련을 일으킬 때 응급처치 방법으로 옳은 것은?
① 발작을 일으키면 꽉 붙잡는다.
② 고개를 옆으로 돌린다.
③ 똑바로 눕혀 놓는다.
④ 입에 손수건을 넣는다.
⑤ 물을 먹여 준다.

028 스스로 배설하는 대상자를 지켜보는 방법으로 옳은 것은?
① 처음부터 끝까지 도와준다.
② 배설하는 동안 재촉한다.
③ 배설 도중 쓰러지는 경우도 있으므로 안 보이게 옆에서 관찰한다.
④ 배설 중 도움요청이 있어도 혼자 할 수 있도록 내버려 둔다.
⑤ 대상자가 불쾌해하더라도 문을 열어 둔다.

029 약을 삼키기 힘든 대상자에게 대처하는 방법으로 옳은 것은?
① 가루로 빻아서 먹게 한다.
② 삼키기 쉬운 약으로 처방을 변경해 달라고 요청한다.
③ 약은 최대한 쪼개서 먹는다.
④ 물을 최대한 많이 먹인다.
⑤ 우유나 주스와 같이 먹는다.

030 폐암 말기 대상자로 임종이 얼마 남지 않았을 때 신체적 변화로 옳은 것은?
① 의식이 또렷해진다.
② 말이 많아진다.
③ 혈압이 올라간다.
④ 손발이 차가워진다.
⑤ 항문이 닫힌다.

031 대상자 뒤에서 보행 돕기를 할 때 요양보호사의 한손은 (가)를 지지하고 다른 한손은 (나)부위를 지지하는 방법으로 옳은 것은?
① 가 - 겨드랑이, 나 - 엉덩이
② 가 - 겨드랑이, 나 - 허리
③ 가 - 허리, 나 - 어깨
④ 가 - 허리, 나 - 팔
⑤ 가 - 엉덩이, 나 - 팔

032 비위관을 가진 대상자의 비위관이 빠졌을 경우 요양보호사의 대처방법으로 옳은 것은?
① 상체를 높여 준다.
② 비위관을 밀어 넣어 준다.
③ 영양액을 잠근 후 책임자에게 보고한다.
④ 비위관을 빼 버린다.
⑤ 대상자에게 왜 빠졌는지 물어본다.

033 치매 대상자의 단계별 중 말기의 의사소통의 문제가 있을 때 옳은 것은?
① 일관성이 없어진다.
② 앵무새처럼 상대방의 말을 그대로 따라 한다.
③ 사람의 이름을 부르는 것이 어렵다.
④ 대화의 주제가 자주 바뀐다.
⑤ 과거, 현재, 미래시제를 올바르게 사용하는 것이 어려워진다.

034 왼쪽 편마비 대상자의 이동변기 사용을 돕는 방법으로 옳은 것은?
① 침대높이보다 이동변기의 높이를 낮게 한다.
② 대상자의 두 발이 바닥에 닿게 한다.
③ 이동변기는 왼쪽으로 90°붙인다.
④ 변기는 차갑게 해 준다.
⑤ 배설시 하반신은 노출한다.

035 치매 대상자의 배회 예방을 위해 돕는 방법으로 옳은 것은?
① 심하게 배회 시에는 억제대로 묶어 둔다.
② 현관문에 벨을 달아 놓는다.
③ 나가지 못하도록 주의를 준다.
④ 방안에 가둬 둔다.
⑤ 집안을 어둡게 한다.

036 관절염 약을 먹고 노인에게 일어날 수 있는 약물 부작용으로 옳은 것은?
① 자가면역질환
② 섬망
③ 낙상
④ 저혈당
⑤ 위염

037 대상자의 의치를 관리하는 방법으로 옳은 것은?
① 의치는 감염 예방을 위하여 잘 말려서 보관하도록 한다.
② 분실 위험을 막기 위하여 수면 시 의치를 빼지 않도록 한다.
③ 뜨거운 물에 의치를 닦도록 한다.
④ 의치세척제가 없다면 감염 예방을 위하여 주방 세제를 대신 사용하도록 한다.
⑤ 뚜껑이 있는 물이 담긴 용기에 넣어 보관한다.

038 상대방의 관점에서 이해하고 감정을 함께 느끼며 자신이 느낀 바를 전달하는 의사소통 방법으로 옳은 것은?
① 경청
② 라포형성
③ 말벗하기
④ 말하기
⑤ 공감

039 다음 그림의 설명으로 옳은 것은?

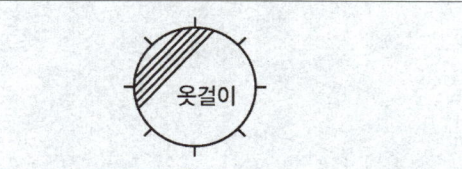

① 햇볕에서 건조
② 그늘에서 건조
③ 뉘어서 건조
④ 뉘어서 옷걸이에 걸어서 건조
⑤ 햇볕에서 옷걸이에 걸어서 건조

040 치매노인 환경지원지침 중 대상자의 시간, 장소, 사람에 대한 인지기능 저하를 보완하는 것으로 옳은 것은?

① 사생활 확보을 위한 지원
② 안전,안심을 위한 지원
③ 자기 선택을 위한 지원
④ 기능적인 능력 지원
⑤ 지남력 지원

041 대상자가 요양보호사에게 화장실 밖에서 기다려 주기를 원할 때 돕는 방법으로 옳은 것은?

① 문을 열어 둔다.
② 문을 닫고 밖에서 기다린다.
③ 대상자 옆에 호출기를 둔다.
④ 화장실 안에서 같이 있어 준다.
⑤ 배설이 끝나면 부르도록 설명한다.

042 연하곤란이 있는 대상자가 음식물을 섭취할 때 주의 깊게 관찰해야 하는 증상은?

① 경련   ② 피로
③ 사레   ④ 탈수
⑤ 부종

043 치매를 앓고 있는 어른신이 "우리 아들 어디 갔어?"라고 반복적으로 질문할 때 돕는 방법으로 옳은 것은?

① "집에 있어요."라고 말한 뒤 다른 일을 한다.
② 좋아하는 노래를 같이 부른다.
③ 피곤한 것 같으니 잘 수 있도록 도와준다.
④ 여러 번 말하는 건 좋지 않다고 설명한다.
⑤ 질문할 때마다 답변을 해 준다.

044 뇌전증이 있는 어르신이 갑자기 경련을 일으켰다. 요양보호사가 돕는 방법으로 옳은 것은?

① 급한 상황이므로 딱딱한 바닥에 눕게 한다.
② 똑바로 눕히고 거품이 일어나면 닦아 준다.
③ 혀를 깨물 수 있으므로 손수건이나 누를 수 있는 막대를 넣어 준다.
④ 몸에 꽉 끼는 옷의 단추를 풀고 편하게 호흡하게 한다.
⑤ 경련이 심해질 경우 다상자를 꽉 붙잡아서 발작을 멈추게 한다.

045 당뇨를 앓고 있는 대상자가 어지러움을 호소하는 경우 요양보호사의 대처 방법으로 옳은 것은?

① 직사광선을 피해서 앉아서 쉬도록 한다.
② 저체온증 때문일 수 있으므로 옷으로 덮어 준다.
③ 꽉 끼는 옷으로 증상이 있을 수 있으므로 단추를 풀어 준다.
④ 의식상태를 확인하고 의식이 있다면 설탕, 주스 등을 먹인 다음 쉬게 한다.
⑤ 심호흡을 깊게 할 수 있도록 한다.

요양보호사 실전모의고사

적중 문제 정답 및 해설

제 1 회 실전모의고사
제 2 회 실전모의고사
제 3 회 실전모의고사
제 4 회 실전모의고사
제 5 회 실전모의고사
제 6 회 실전모의고사
제 7 회 실전모의고사
제 8 회 실전모의고사
제 9 회 실전모의고사
제 10 회 실전모의고사

1회 필기 적중 문제 정답 및 해설

해설에 기재된 페이지 번호는 『요양보호사 양성 표준교재』 페이지입니다.

001	002	003	004	005	006	007	008	009	010
③	⑤	③	①	①	③	④	⑤	③	④
011	012	013	014	015	016	017	018	019	020
②	①	⑤	②	④	⑤	④	③	③	③
021	022	023	024	025	026	027	028	029	030
①	③	②	③	②	③	①	③	④	③
031	032	033	034	035
⑤	③	②	④	①

001 ③ p.120-122
장기요양기관장의 대처
- 요양보호사들에게 성희롱 예방교육을 1년에 1번 이상 해야 한다.
- 성희롱으로 인한 피해가 있을 때 그 피해자에게 원하지 않는 업무배치 등의 불이익한 조치를 해서는 안 된다.
- 직원들 사이에 성희롱이 발생하였을 경우에는 행위자를 징계해야 한다. 성희롱을 한 서비스 이용자에게 재발 방지 약속이나 서비스 중단 등의 적절한 조치를 취해야 한다.
- 성희롱 처리지침을 문서화하여 기관 내에 두어야 한다.
- 성희롱 시 가해자가 받을 수 있는 불이익과 향후 대처 계획을 명확히 설명한다.
- 대상자 가족에게 사정을 말하고 시정해 줄 것을 요구한다.
- 시정 요구에도 상습적으로 계속할 경우 녹취하거나 일지를 작성해 둔다.

요양보호사의 대처
- 감정적인 대응은 삼가고, 단호히 거부의사를 표현한다.
- 모든 피해사실에 대하여 기관의 담당자에게 보고하여 기관에서 적절한 조치를 취하게 한다.
- 심리적 치유상담 및 법적 대응이 필요하다고 판단될 경우 외부의 전문기관(성폭력상담소, 여성노동상담소 등)에 상담하여 도움을 받는다.
- 평소 성폭력에 대한 충분한 예비지식과 대처방법을 숙지한다.

002 ⑤ p.53
장기요양 5등급은 치매환자로서 장기요양 인정점수가 45점 이상 51점 미만이다.

003 ③ p.199
① 탄력성이 감소한다.
② 상처회복이 지연된다.
④ 머리카락이 가늘어진다.
⑤ 각질이 증가한다.

004 ① p.200-202
②, ③, ④, ⑤ 욕창 발생 위험 요소가 적다.

005 ① p.38-39
독립의 원칙
- 노인 본인의 소득은 물론, 가족과 지역사회의 지원을 통하여 식량, 물, 주택, 의복, 건강서비스를 이용할 수 있어야 한다.
- 일할 수 있는 기회를 갖거나, 다른 소득을 얻을 수 있어야 한다.
- 언제, 어떻게 직장을 그만둘 것인지에 대한 결정에 참여할 수 있어야 한다.
- 적절한 교육과 훈련 프로그램에 접근할 수 있어야 한다.
- 개인 선호와 변화하는 능력에 맞추어 안전하게 적응할 수 있는 환경에서 살 수 있어야 한다.
- 가능한 한 오랫동안 가정에서 살 수 있어야 한다.

006 ③ p.109
경제적 학대 – 노인의 자산을 당사자의 동의 없이 사용하거나 부당하게 착취하여 이용하는 행위 및 노동에 대해 합당한 보상을 하지 않는 행위를 말한다.

007 ④ p.25

008 ⑤ p.20
우울증 경향의 증가
- 우울증에 빠진 노인은 불면증, 식욕부진, 체중감소 등과 같은 신체적인 증상을 호소하고, 기억력이 저하되고, 흥미와 의욕을 상실하는 등의 심리적 증상을 겪게 된다.
- 주변 사람들에게 적대적으로 대하거나 타인을 비난하는

등의 행동을 보이기도 한다.

009 ③ p.46
- 방문간호는 노인장기요양보험법의 장기요양 서비스이다.

010 ④ p.180

011 ② p.67

012 ① p.93

013 ⑤ p.182-183
① 혈압약은 꾸준히 복용하여 혈압을 정상으로 유지하므로 합병증을 예방해야 한다.
② 심장에 무리가 가지 않도록 약간 숨이 차는 정도의 운동을 규칙적으로 한다.
③ 혈압약은 의사에게 처방받고 의사와 상의해야 한다.
④ 저지방식이, 저염식이를 한다.

014 ② p.196-198
전립선 비대증 : 비대된 전립선이 요도를 눌러 소변줄기가 가늘어지고 소변을 보고 나서도 시원하지 않는다. 소변이 바로 나오지 않고 힘을 주어야 나온다.

015 ④ p.252-253
① 균형 잡힌 영양소 섭취를 위해 하루 세끼와 적절한 칼로리 섭취를 해야 한다.
② 전체 에너지 섭취량 중 탄수화물의 비중이 높다.
③ 금기가 아닐시 물은 충분히 마신다.
⑤ 미각이 저하되어 있으므로 음식을 덜 짜게 먹어야 한다.

016 ⑤ p.224
①, ②, ③, ④는 치매 관련한 설명이다.

017 ④ p.263-264
① 증상이 비슷하더라도 다른 사람에게 처방된 약을 나눠 먹거나 주면 안 된다.
② 진료 후 이전 처방약을 이어서 복용하지 않으며 반드시 가장 최근의 처방약을 복용해야 한다.
③ 다른 것과 함께 복용할 경우 흡수의 방해가 된다.
⑤ 약 복용을 잊어버렸어도 2배로 복용해서는 안 되며 생각난 즉시 복용한다.

018 ③ p.270-271
노인대상 예방접종 종류와 주기
- 인플루엔자 : 50세 이상 매년 1회
- 파상풍, 디프테리아, 백일해 : 50세 이상 1회 기본접종 후 10년마다 파상풍과 디프테리아를 추가 접종한다.
- 폐렴구균 : 50-64세 (위험군에 대해 1-2회 접종), 65세 이상(1회)
- 65세 이상 노인은 인플루엔자, 폐렴구균, 대상포진, 파상풍, 디프테리아 예방접종을 권고하도록 하고 있다.

019 ③ p.274
겨울철 예방수칙 : 실외보다는 실내 운동을 하는 것이 좋으며 새벽 시간 보다는 낮 시간대에 운동하는 것이 좋다. 따뜻한 곳에서 갑자기 차가운 곳으로 이동하지 않도록 하며 외출 시 목도리, 모자, 방한복 등 최대한 따뜻한 복장을 하고 나간다.

020 ③ p.176-177
위급 시, 운동 30분 전에 처방받은 약물을 투여하는 것이 도움이 된다.

021 ① p.64-66
② 일상생활지원서비스
③ 신체활동지원서비스
④ 정서지원서비스
⑤ 일상생활지원서비스

022 ③ p.644-645
임종 적응 단계 : 부정 → 분노 → 타협 → 우울 → 수용

023 ② p.506
배액이 잘 되도록 고개를 옆으로 돌려 주고 분비물 배출을 위해 옆에 가습기를 켜둔다.

024 ③ p.124-126
① 유아어, 명령어, 반말 등을 사용하지 않는다.
② 대상자가 집에 없을 경우 들어가지 말고 방문일을 적어 메모를 남겨 둔다.
④ 대상자 앞에서 피로하거나 나태한 모습을 보이지 않는다.
⑤ 요양보호사의 판단으로 서비스를 제공하지 말고 대상자에게 의견을 물은 후 실행한다.

025 ② p.471
①, ③, ④, ⑤ 구입품목에 속한다.

026 ③ p.436
① 무릎을 굽히고 중심을 낮게 한다.
② 대상자와 몸 가까이에서 보조한다.
④ 무릎을 구부린다.
⑤ 척추는 곧게 한다.

027 ① p.358
건강한 쪽을 밑으로 하여 약간 옆으로 누운 자세를 취하고 마비된 쪽을 베개나 쿠션으로 지지하여 안정된 자세를 취하게 한다.

028 ③ p.204-205
① 신체접촉이 있었던 대상자는 증상 유무 없이 동시에 치료를 해야 한다.
② 가장 활동적인 밤에 약을 바르고 다음날 아침에 씻어낸다.
④ 내복과 침구는 뜨거운 물로 10-20분간 세탁 후 3일 이상 사용하지 않는다.
⑤ 치료용 연고는 전신에 바르고 마비가 있더라도 빠뜨리지 말고 발라야 한다.

029 ④ p.173
• 폐포의 탄력성 저하, 폐순환량 감소, 호흡근육의 위축과 근력 약화 기침반사와 섬모운동 저하, 기관지 내 분비물 증가로 호흡기계 감염이 쉽다.

030 ③ p.245-246
운동 실조증 - 소뇌에 발생하였을 때 술 취한 사람처럼 비틀거리고 한쪽으로 자꾸 쓰러지려 하고 물건을 정확하게 잡지 못하는 증상이다.

031 ⑤
①, ②, ③, ④ 수분을 제한해야 하는 질환이다.

032 ③ p.529-530
①, ②, ④, ⑤ 혈당지수가 높은 식품이다.

033 ② p.293
① 천천히 차분하게 말한다.
③ 눈을 보며 정면에서 이야기 한다.
④ 입을 크게 벌리며 정확하게 말한다.
⑤ 시각장애 대상자의 의사소통

034 ④ p.387-388
① 금기 사항이 없는 한 수분섭취를 권장한다.
② 자유로이 움직일 수 있다.
③ 소변량과 색깔을 2-3시간마다 확인한다.
⑤ 아랫배의 팽만감과 불편감은 관이 막히거나 꼬여서 제대로 배출이 되지 않을 수 있으므로 확인해야 한다.

035 ① p.213-214
안압의 상승으로 시신경이 손상되어 시력이 점차 약해지는 질환이며 주요 증상으로는 좁은 시야, 눈 이물감, 안구통증, 두통이 있으며 적정안압은 15-20mmHg이다.

1회 실기 적중 문제 정답 및 해설

해설에 기재된 페이지 번호는 『요양보호사 양성 표준교재』페이지입니다.

정답

001	002	003	004	005	006	007	008	009	010
①	②	③	①	④	②	③	⑤	②	①
011	012	013	014	015	016	017	018	019	020
④	③	②	④	②	③	③	①	④	②
021	022	023	024	025	026	027	028	029	030
③	⑤	②	②	③	⑤	③	②	④	③
031	032	033	034	035	036	037	038	039	040
④	④	①	②	④	⑤	④	④	②	③
041	042	043	044	045					
③	④	⑤	②	④					

해설

001 ① p.365-366
② 비위관이 빠졌을 경우 밀어 넣거나 빼면 안 된다.
③ 위의 모양이 왼쪽으로 기울어져 있어서 오른쪽으로 누우면 영양액이 잘 흘러내려 간다.
④ 영양액 주입 후 상체를 높이고 30분 정도 앉아 있도록 한다.
⑤ 중력에 의해 흘러 들어가도록 위장보다 높은 위치에 건다.

002 ② p.572-576
치매가족이 느끼는 부담의 종류는 정서적 부담, 신체적 부담, 가족관계의 부정적 변화, 시간적 제약과 사회활동의 제한, 경제적 부담 등이다.

003 ③ p.396
윗니와 잇몸을 닦고 거즈를 바꾸어 아래쪽 잇몸과 이를 닦는다. 다음으로 입천장, 혀, 볼 안쪽을 닦아 낸다.

004 ① p.410
눈은 안쪽에서 바깥쪽으로 닦는다.

005 ④ p.407

006 ② p.456
이동변기는 건강한 쪽으로 휠체어에 빈틈없이 붙이거나, 30-45도 비스듬히 붙인다.

007 ③ p.385-386

008 ⑤ p.400-401
① 변형을 막기 위해 찬물에 보관한다.
② 의치는 뜨거운 물에 삶거나 표백제에 담그면 안 된다.
③ 의치 제거 시 위쪽 의치를 먼저 뺀다.
④ 구강점막에 상처나 염증이 있는지 확인 후 의치를 끼워야 한다.

009 ② p.442-443

010 ① p.466
계단을 오를 때
지팡이 → 건강한 다리 → 마비된 다리 순서로 이동한다.

011 ④ p.600
석양증후군에 대한 설명이다.
①, ②, ③ 대상자를 밖으로 데려가 산책을 한다. 맑은 공기는 정신을 맑게 하고 치매 대상자의 들뜬 마음을 가라앉힌다.
⑤ 단순한 활동을 제시하는 게 좋다.

012 ③ p.308

013 ② p.316-318
① 사실을 있는 그대로 기록한다.
③ 간단명료하게 기록한다.
④ 구체적으로 기록한다.
⑤ 기록 정정 시 밑줄을 긋고 빨간 펜으로 정정한 후 서명해야 한다.

014 ④ p.582-583
① 사발을 사용하여야 덜 흘릴 수 있다.
② 양념 통은 식탁 위에 두지 않는다.
③ 씹는 행위를 잊어버리기 때문에 고기, 통조림 등은 갈아서 제공한다.
⑤ 졸려하거나 초조해하는 경우 식사를 제공하지 않는다.

015 ② p.593
치매대상자의 반복적인 질문이나 행동을 할 경우 주의를 환기시키거나, 좋아하는 음식을 주거나 단순하게 할 수 있는 일거리를 준다. 무리하게 중단시키려고 하지 말고 반복적인 질문에 답을 주기보다 안심을 시켜 주는 것이 중요하다.

016 ③ p.375
배설욕구의 비언어적 표현이다.

017 ③ p.377
대상자의 소변이 탁하거나, 거품이 많이 나고, 피가 나거나 푸른빛을 띨 때, 대변에 피가 섞여 나오거나, 점액질이 섞여 나올 경우 보고해야 한다.

018 ① p.425
옷을 벗을 때는 건강한 쪽부터 벗고 옷을 입을 때는 불편한 쪽부터 입힌다.

019 ④ p.439

020 ② p.527
① 센 불로 가열하다가 약한 불로 오래 가열한다.
③ 생선은 오래 삶으면 질기고 딱딱해진다.
④ 오래 구우면 수분이 모두 빠져나가 딱딱해진다.
⑤ 채소는 살짝 데쳐서 볶아야 색깔이 선명하게 유지된다.

021 ③ p.669-672

022 ⑤ p.387-388
유치도뇨관을 강제로 빼면 요도점막이 손상되므로 빠지지 않게 주의한다.

023 ② p.404-405
① 창문을 닫고 실내온도를 따뜻하게 한다.
③ 방수포를 어깨까지 깐다.
④ 손가락 끝으로 마사지한다.
⑤ 장신구를 제거한 후 씻긴다.

024 ② p.552
합성섬유 의류, 색상, 무늬가 있는 의류 : 햇볕에 말리면 변색될 수 있으므로 그늘에서 말린다.

025 ③ p.562-563
① 환기는 하루에 2-3시간 간격으로 3번 10-30분 환기한다.
② 실내온도는 겨울에 18-22℃, 여름은 22-25℃가 쾌적하다.
④ 배설물을 치울 때는 직접조명이 확인이 쉽다.
⑤ 야간에 화장실, 계단, 복도 등 위험장소에는 조명을 켜둔다.

026 ⑤ p.673-674
질식했을 때, 의식이 있는 경우 기침을 하게 한 후 대상자 뒤에서 주먹 쥔 손을 감싼 다음 양손으로 복부의 윗부분 후상방으로 힘차게 밀어 올린다. 의식이 없는 경우는 119에 신고하고 심폐소생술을 실시한다.

027 ② p.682
오른쪽 패드는 오른쪽 빗장뼈 밑, 왼쪽 패드는 왼쪽 중간 겨드랑이 선에 붙인다.

028 ③ p.679-681
반응확인 → 도움요청 → 호흡확인 → 가슴압박 → 회복자세

029 ④ p.484
지팡이는 적절하게 맞춰야 하며 자세의 문제시 사용법을 상담하는 게 좋다.
지팡이를 사용하는 쪽 새끼발가락 바깥쪽 15cm, 지팡이로 바닥을 짚은 상태에서 20-30도 정도 구부린 높이가 좋다.

030 ③ p.666-668
① 비누로 깨끗하게 손씻기를 한다.
② 깨끗한 마른 수건으로 손의 물기를 제거한다.
④ 손톱 밑까지 깨끗하게 닦는다.

031 ④
저혈당 증상이므로 과일, 주스, 설탕이나 초콜릿을 섭취하게 한다.

032 ④ p.536-538
① 조리기구는 구분 사용하여 2차 오염을 방지한다.
② 육류의 생식을 자제하고 충분히 가열한다.
③ 오염된 조리기구는 10분간 세척, 소독한다.
⑤ 조리된 음식은 장시간 실온에 방치하지 않는다.

033 ① p.288
상황에 대해 내가 느끼는 바를 솔직하게 말한다.
나의 생각이나 감정을 전달할 때 나를 주어로 말한다.

034 ② p.171-172
① 하제를 빈번하게 사용할 경우 변비를 악화시킬 수 있다.
③ 식사량을 줄이면 변비가 심해질 수 있으므로 식사량과 다량의 물을 섭취한다.
④ 변의를 느낄 때마다 화장실을 가도록 한다.

⑤ 걷기, 체조 등으로 대장의 운동력을 높이고 복부 마사지로 배변을 돕는다.

035 ③ p.187-188
팔다리 지방은 감소하고 엉덩이와 허리의 피하지방은 증가한다.

036 ⑤ p.188-189
관절에 부담되지 않는 규칙적인 운동(수영, 가볍게 걷기, 체조)을 한다.

037 ④ p.675-676
① 머리 아래에 부드러운 것을 대주고 위험한 물건을 치운다.
② 얼굴을 옆으로 돌려서 눕혀 기도를 유지한다.
③ 이물질을 넣어서는 안 된다.
⑤ 억지로 발작을 멈추게 하려고 하지 말고 조용히 기다린다.

038 ③ p.677
1도 화상의 내용이다.

039 ② p.675
출혈 시, 장갑을 착용하고 멸균거즈를 이용하여 직접 압박한다. 너무 조이지 않게 압박하면서 쇼크가 의심된다면 다리를 높이는 자세로 눕힌다.

040 ③ p.674
급성 저혈압에 대한 응급처치이다.

041 ③ p.682-683

042 ④ p.525

043 ⑤ p.186
빈혈 예방에 좋은 음식 : 굴, 달걀노른자, 붉은 살코기, 콩류, 시금치

044 ② p.648
청각은 마지막까지 남아 있다.

045 ④
① ⑤ 의치제거는 가족에게 확인하고 소유물은 모아두고 목록을 만든다.
② 조명은 차분하게 조절한다.
③ 시트가 얼굴을 덮지 않도록 한다.

2회 필기 적중 문제 정답 및 해설

해설에 기재된 페이지 번호는 『요양보호사 양성 표준교재』페이지입니다.

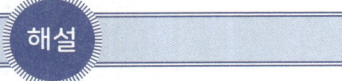

001	002	003	004	005	006	007	008	009	010
②	①	⑤	③	②	②	①	⑤	①	④
011	012	013	014	015	016	017	018	019	020
④	③	②	①	⑤	②	④	③	①	⑤
021	022	023	024	025	026	027	028	029	030
③	②	④	①	③	⑤	②	⑤	②	⑤
031	032	033	034	035					
①	⑤	①	③	②					

해설

001 ② p.20

002 ① p.38-39
② 독립의 원칙 – 가능한 한 오랫동안 가정에서 살 수 있어야 한다.
③ 존엄의 원칙 – 지위에 상관없이 공정하게 대우받아야 한다.
④, ⑤ 참여의 원칙 – 지식과 기술을 젊은 세대와 공유하여야 한다, 노인들을 위한 사회운동을 하고 단체를 조직할 수 있어야 한다.

003 ⑤ p.55

004 ③ p.53

005 ② p.55

006 ②

007 ① p.91

008 ⑤ p.93

009 ① p.111
노인 스스로가 의식주 제공 및 의료처치 등의 최소한의 자기 보호관련 행위를 의도적으로 포기하여 심신이 위험한 상황 또는 사망에 이르게 되는 경우이다.

010 ④ p.113

011 ④ p.123
② 학대를 발견하면 반드시 신고해야 한다.
③ 서비스에 대한 물질적 보상을 받지 않는다.
⑤ 의료적 행위는 직접 하지 않고 의사, 간호사에게 적극적으로 협조한다.

012 ③ p.120-121
감정적 대응은 삼가고, 단호히 거부의사를 표현한다.

013 ② p.162-163
①, ④ 원인이 불명확한 만성 퇴행성 질환이다.
③ 정상적인 노화과정과 구분하기 어렵다.
⑤ 젊은 사람보다 약물에 더욱 민감하고 약물성분이 신체 내에 오래 남아 중독상태에 빠질 수 있다.

014 ① p.164
④ 심혈관계에 따른 특성이다.

015 ⑤ p.169-170
찬 음식을 피하고 상온음식을 주며, 매운 음식이나 카페인이 든 커피를 피하고 장운동을 증가시키는 섬유소, 지방음식을 피하며, 반드시 의사의 지시에 따라 지사제를 복용시킨다.

016 ② p.171-172
수분섭취를 하도록 하고, 신체활동을 늘려 대장활동을 활발하게 한다.
빈번한 하제 사용을 억제하고, 우유를 적극적으로 섭취한다.

017 ④ p.176

018 ③ p.181-183
혈압이 정상이어도 계속 복용하고 약의 용량을 임의대로 늘리거나 줄여서는 안 된다. 또한 두통 등의 증상이 없어도 꾸준히 복용한다.

019 ① p.185
심부전은 심장의 수축력이 저하되어 신체조직에 필요한 만큼의 충분한 혈액을 내보내지 못하는 상태이다.

020 ⑤ p.188

021 ③ p.238
지남력 저하는 시간개념이 떨어져 날짜, 요일, 시간을 자주 착각하여 실수한다.

022 ② p.244
뇌졸중 증상은 마비, 언어장애, 연하곤란, 의식장애, 어지럼증 등이다

023 ④ p.351-354
노인의 영양관리 식단은 동물성 지방과 고열량 식품은 자제하고, 섬유질 섭취와 유제품 섭취는 권장한다.

024 ① p.254-255

025 ③ p.256-257
낮잠은 가급적 삼가고 취침 전 지나치게 집중하는 일을 하지 않는다.
저녁에 과식을 하게 되면 숙면에 방해가 되고, 커피 등의 카페인 음료를 줄인다.

026 ⑤ p.263-264
① 약을 술과 함께 먹으면 효과가 떨어지거나 부작용이 있을 수 있다.
② 임의로 용량을 조절하면 안된다.
③, ④ 증상이 비슷하다고 해서 다른 사람에게 처방된 약을 먹거나 약을 남에게 주면 안 된다.

027 ② p.270
폐렴구균 예방접종은 65세 이상에서 필요하다.

028 ③ p.20

029 ② p.74

030 ⑤ p.110
방임이다.

031 ① p.162
노인은 신장의 소변 농축 능력과 배설능력이 떨어져서 중독상태에 빠질 수 있다.

032 ⑤ p.169
자극을 주는 찬 음식물을 피하고, 음식을 싱겁게 먹는다.
통곡식, 생채소, 생과일을 많이 섭취한다. 동물성 식품의 섭취를 줄이고, 가공식품, 인스턴트식품을 피한다.

033 ① p.188-189
관절에 부담을 주지 않는 수영, 걷기, 체조 등을 규칙적으로 실시한다.

034 ③ p.244
뇌졸중은 뇌혈관이 막히거나 터져서 뇌손상이 발생하여 신체장애가 나타나는 질환이다.

035 ② p.270
독감은 인플루엔자 백신으로 매년 1회 접종한다.

2회 실기 적중 문제 정답 및 해설

해설에 기재된 페이지 번호는 『요양보호사 양성 표준교재』 페이지입니다.

정답

001	002	003	004	005	006	007	008	009	010
④	②	④	①	③	③	④	③	①	⑤
011	012	013	014	015	016	017	018	019	020
①	③	④	③	④	③	⑤	④	③	③
021	022	023	024	025	026	027	028	029	030
④	②	⑤	②	①	⑤	①	④	①	②
031	032	033	034	035	036	037	038	039	040
④	④	②	③	③	②	⑤	①	③	③
041	042	043	044	045					
①	④	②	⑤	④					

해설

001 ④ p.359
① 수분이 적은 음식은 삼키기 어렵다.
② 국이나 물로 목을 축인 후 음식을 먹게 한다.
③ 삼킬 수 있을 정도의 양을 준다.
⑤ 음식을 먹고 있는 중간에 질문을 하지 않는다.

002 ② p.365
경관영양을 하는 경우 – 대상자가 의식이 없거나 혼수에 빠진 경우, 얼굴, 목 머리부위에 음식을 먹기 힘들 정도로 부상, 마비가 있을 때, 삼키기 힘들 때

003 ④ p.265

004 ① p.265
시금치는 부정맥 등이 있을 때 복용하는 와파린과 함께 먹으면 약의 효과를 줄일 수 있어 과량 섭취하지 않는 것이 좋다.

005 ③ p.489-490
목욕의자는 앉는 면이 높지 않고, 등받이가 높고, 팔걸이가 있으며, 기대어 앉아도 넘어지지 않는 안정적인 것이 좋다. 의자부분에 홈이 파여 있어 물이 흐를 수 있어야 한다.

006 ③ p.380-381

007 ④ p.382-384
① 침대 높이와 이동변기의 높이가 같도록 맞춘다.
② 변기를 따뜻한 물로 데워 둔다.
③ 편마비의 경우 이동변기는 건강한 쪽으로 붙인다.
⑤ 대상자의 다리가 불안정하지 않게 두발이 바닥에 닿게 한다.

008 ③ p.394
입안헹구기는 구강 건조를 막고, 타액이나 위액 분비를 촉진하여 식욕을 증진한다.

009 ① p.580
아리셉트는 알츠하이머의 치매 치료약으로 인지 기능 개선제이다.

010 ⑤ p.585-586
① 비난하거나 화를 내지 않는다.
② 가능한 빨리 옷을 갈아입힌다.
③ 젖은 신체 부위는 씻기고 말려 피부를 깨끗이 유지한다.
④ 기저귀는 수치심을 유발하고 실금사실을 알리지 않을 수 있으므로 가능하면 착용하지 않는다.

011 ① p.442-443
반좌위 : 숨차거나 얼굴을 씻을 때, 식사 시나 위관영양을 할 때 자세

012 ③ p.658-659

013 ④ p.659-660
미리 점검을 하고 태풍예보 시에는 나가지 않는다.

014 ③ p.466
계단을 오를 때 : 지팡이 → 건강한 쪽 다리 → 마비된 쪽 다리

015 ④ p.471
이동욕조는 대여 품목이다.

016 ③ p.57

017 ⑤ p.31
대상자와 대면할 때 상대방과 가까운 거리의 정면에서 같은 눈높이로 한참 바라보고 서비스를 시작하기 전 의향을 묻는다. 대상자가 시선을 피하면 눈을 맞추며 "제 눈을 봐 주세요."라고 요청한다.

018 ④ p.449
잠금장치를 잠근다 → 발 받침대를 올린다 → 시트를 들어 올린다 → 팔걸이를 접는다

019 ③ p.450
문턱을 내려갈 때 방법이다.

020 ③ p.441-442
체위변경은 허리와 다리의 통증 등 고정된 자세로 인한 불편감을 줄인다. 혈액순환을 도와 욕창을 예방하고 피부괴사를 방지한다. 체위변경은 부종과 혈전을 예방한다.

021 ④ p.443-444

022 ② p.285-286
①, ③, ④, ⑤는 경청의 방법이다.

023 ⑤ p.300

024 ② p.306-307

025 ① p.587-588
② 양치를 거부할 경우, 물치약이나 생리식염수로 적신 거즈를 감은 설압자로 입안을 닦아 준다.
③ 차가운 물에 담가 둔다.
④ 부드러운 칫솔을 사용해야 잇몸 출혈을 방지한다.
⑤ 억지로 하기보다 입안에 칫솔이나 숟가락을 넣고 말을 건네어 뱉게 한다.

026 ⑤ p.590-592

027 ① p.594-595
치매대상자는 사레가 잘 걸릴 수 있으므로 음식을 잘게 썰어 주거나 걸쭉하게 갈아서 만들어 주고 금방 식사한 것을 알리기 위해 식기를 그대로 두거나 식사 후 표시하게 한다.

028 ④ p.647
임종 징후 : 혼수상태에 빠지고, 맥박이 약해지고 혈압이 떨어진다. 손발이 차가워지고 피부색이 파랗게 변한다.

029 ① p.644-645
임종 적응 단계 중 부정단계이다.

030 ② p.648-650
① 이불을 덮어 주고 전기기구를 사용하지 않는다.
③ 큰소리로 말하지 말고 부드럽고 자연스럽게 이야기한다.
④ 질문보다는 내가 누구라고 밝혀 주는 것이 좋다.
⑤ 고개를 옆으로 돌려 주어 배액이 잘 되도록 해주고 젖은 헝겊으로 입안을 닦아 준다.

031 ④ p.677
① 만지거나 물집을 터트리면 안 된다.
② 장신구는 최대한 빨리 뺀다.
③ 압력으로 피부손상을 입을 수 있다.
⑤ 세균감염의 위험이 있으므로 절대 바르면 안 된다.

032 ④ p.263
편의점에서 구입 가능한 비상약은 해열진통, 감기약, 소화제, 파스이다.

033 ② p.682-683
① 심정지 대상자에게 사용한다.
③ 비율은 30:2
④ 2분 간격으로 자동 반복한다.
⑤ 주변 사람을 모두 물러나게 하고 쇼크 버튼을 누른다.

034 ③ p.539
③ 감자는 냉장고에 보관하면 색이 검게 변하거나 전분이 변질되어 맛이 떨어진다.

035 ④ p.539-541
① 조리된 식품은 3-5일 이내
② 실온에서 해동하지 않는다.
③ 조리한 식품은 실온에 2시간 이상 방치하지 않는다.
⑤ 생선, 떡, 만두, 육류의 냉동보관은 6개월 이내

036 ② p.549-550
① 커피는 식초와 주방세제를 1:1로 섞어 제거한다.
③ 얼룩이 생긴 즉시 처리하는 것이 좋다.
④ 립스틱은 클렌징 폼으로 살살 문질러 따뜻한 물로 헹군다.
⑤ 땀은 두 장의 수건 사이에 끼우고 두드려 세탁한다.

037 ⑤ p.551
세탁기, 손세탁 가능, 삶을 수 있음, 세제 종류 제한 없음

038 ① p.299
②, ④, ⑤ 소일 활동, ③ 운동 활동

039 ③ p.599
① 불필요한 신체적 구속은 피한다.
② 진정된 후에도 이상행동에 대해 상기시키지 않는다.
④ 한 번에 한 가지씩 제시한다.
⑤ 이해하지 못한 말은 같은 말로 반복한다.

040 ③ p.290-291
말벗 하기는 먼저 공감을 표시한다.

041 ① p.294
② 얼굴과 눈을 응시하며 천천히 말한다.
③ 알아듣고 이해가 된 경우에는 짧게 답변한다.
④ 답변이 끝나기 전에 질문을 하지 않는다.
⑤ 비언어적으로 표현해 준다.

042 ④ p.406-407

043 ② p.408-409

044 ⑤ p.411-412
① 면도 전, 건조함을 막기 위해 따뜻한 물수건으로 덮어 준다.
② 전기면도기를 사용하는 것이 안전하다.
③ 피부가 주름져 있다면 아래로 당겨서 면도한다.
④ 귀밑에서 턱 쪽, 코밑에서 입 주위 순서로 진행한다.

045 ④ p.673
기침을 하여 이물질을 뱉어 내게 한다.

3회 필기 적중 문제 정답 및 해설

해설에 기자된 페이지 번호는 『요양보호사 양성 표준교재』 페이지입니다.

정답

001	002	003	004	005	006	007	008	009	010
⑤	③	④	①	②	③	②	⑤	①	④
011	012	013	014	015	016	017	018	019	020
③	②	⑤	③	①	④	①	⑤	②	③
021	022	023	024	025	026	027	028	029	030
③	⑤	④	②	①	③	④	⑤	①	②
031	032	033	034	035
③	③	⑤	④	②

해설

001 ⑤ p.20

002 ③ p.26
부모와 자녀와의 동거가 힘들어지면서 부모가 가까운 거리에서 자녀의 부양을 받는 수정확대 가족이 나타났다.

003 ④ p.37
고령의 노인이나 노인성 질병 등으로 일상생활을 혼자 할 수 없는 대상자에게 신체활동 및 가사지원 등의 장기요양급여를 제공하여 가족의 부담을 덜어 주고 삶의 질을 향상하기 위해 만들어진 사회보험제도이다.

004 ① p.52
65세 이상 노인이나 65세 미만에 노인성질병을 가진 자로서 거동이 현저히 불편하거나 치매 등으로 인지가 저하 되어 장기요양이 필요한 자이다.

005 ② p.52
노인성 질환은 치매, 뇌출혈, 파킨슨병, 중풍 등이 있다.

006 ③ p.57
① 요양원 입소 대상자는 본인이 20% 부담한다.
② 기초수급생활자는 무료이다.
④ 보험자는 국민보험공단이다.
⑤ 장기요양 신청은 대상자나 가족이 신청할 수 있다.

007 ② p.55

008 ⑤ p.59
개인별 장기 요양 이용 계획서는 등급에 따라 이용할 수 있는 한도액과 본인부담률이 포함되어 있으며 급여의 종류와 횟수, 이에 따른 비용이 기재되어 있다.

009 ① p.65
일상생활지원서비스의 종류에는 식사준비, 청소, 세탁, 주변정리 등이 있다.

010 ④ p.91

011 ③ p.98

012 ② p.110

013 ⑤ p.112-113
노인 학대를 발견하면 노인보호전문기관 및 수사기관에 신고한다.

014 ③ p.112-113

015 ① p.123

016 ④ p.129
무해성의 원칙에 어긋난 행동임을 알려 주고 새로운 기저귀로 사용한다.

017 ① p.126

018 ⑤ p.162-163
노인성 질환은 만성질환이다. 따라서 회복이 느리고, 치료도 느리며 젊은 사람보다 약물에 민감하다.

019 ② p.171

020 ③ p.176
천식은 온도나 습도의 차이가 급격하게 일어나는 경우 악화될 수 있다.

021 ③ p.182

022 ⑤ p.191
비타민 D는 칼슘 흡수를 도와 골다공증에 도움을 주며, 자외선에 의해 피부에서 합성된다. 따라서 햇볕을 쪼이며 걷기 운동이나 카페인이 많은 음료나 커피는 피한다.

023 ④ p.192
골다공증은 뼈의 골밀도가 감소하여 골절을 유발한다. 또한 골다공증을 기반으로 한 낙상에 의해 발생한다.

024 ② p.196

025 ① p.200
욕창이 생기는 원인은 장기간 와상상태, 체위변경 어려움, 체중압박 부위, 부적절한 영양, 요실금 및 변금실, 부적절한 체위변경이다.

026 ③ p.201
2시간마다 체위를 변경해 주고 몸에 끼는 옷은 삼간다. 그리고 화상을 입을 수 있는 뜨겁거나 너무 차가운 주머니는 피한다. 미지근한 주머니를 사용하고 도넛 모양의 베개는 삼간다.

027 ④ p.205
옴벌레는 작은 진드기가 피부에 기생하며 사람에서 사람으로 직접 접촉 감염된다.

028 ⑤ p.218
저혈당이 발생할 경우 땀이 많이 나거나 두통, 배고픔, 시야가 몽롱해진다.

029 ① p.244
뇌졸중의 전구증상으로 주의깊게 관찰해야 한다.

030 ② p.245
손상된 뇌의 반대쪽 팔다리, 안면하부에 마비가 온다.

031 ③ p.248

032 ③ p.258
밤에 잠이 오지 않을 때에는 따뜻한 우유를 마신다.

033 ⑤ p.270-271

034 ④ p.274

035 ② p.274
겨울철 따뜻한 곳에서 추운 곳으로 나가면 급격한 혈압상승의 위험성이 있다.

3회 실기 적중 문제 정답 및 해설

해설에 기재된 페이지 번호는 『요양보호사 양성 표준교재』페이지입니다.

정답

001	002	003	004	005	006	007	008	009	010
③	④	②	④	④	③	⑤	②	③	①
011	012	013	014	015	016	017	018	019	020
④	③	②	①	③	②	④	③	④	⑤
021	022	023	024	025	026	027	028	029	030
②	④	②	②	②	④	④	④	③	②
031	032	033	034	035	036	037	038	039	040
④	①	④	②	③	④	②	②	②	②
041	042	043	044	045
④	①	③	③	②

해설

001 ③ p.191

002 ④ p.196

003 ② p.357-358
① 의자에 깊숙이 앉고 식탁에 팔꿈치를 올릴 수 있도록 의자를 충분히 당겨준다.
③ 발이 바닥에 완전히 닿아야 안전하다.
④ 침대를 약 30-60° 올린다.
⑤ 건강한 쪽을 밑으로 자세를 취해야 한다.

004 ④ p.365-366
① 의식이 없더라도 청각은 들을 수 있기 때문에 식사시작과 끝을 알린다.
② 1분에 50cc 이상 주입하지 않도록 한다.
③ 매번 씻는다.
⑤ 비위관이 새는 경우 간호사에게 보고한다.

005 ④ p.434
앉은 자세 욕창 발생부위 : 넓다리 뒷면, 척추뼈가시돌기, 궁둥뼈결절

006 ③ p.599
파괴적 행동에 대한 설명이다.
이상행동 반응을 보이면 질문하거나 일을 시키는 등의 자극을 주지 말고 조용한 장소에서 쉬게 한다. 온화하게 이야기하고, 치매 대상자가 당황하고 흥분되어 있음을 이해한다는 표현을 한다. 갑자기 움직여 대상자가 놀라게 하지 말고 천천히 안정된 태도로 움직인다.

007 ⑤ p.380

008 ② p.384-386
① 누워 있더라도 부득이한 경우에만 기저귀를 사용해야 한다.
③ 신속히 갈아 주어야 피부에 문제가 생기지 않는다.
④ 불필요한 노출은 피한다.
⑤ 되도록 화장실이나 간이변기에서 배설할 수 있도록 돕는다.

009 ③ p.394

010 ① p.401

011 ④ p.414-415
① 뜨겁지 않게 40℃ 로 맞춘다.
② 식사 직전, 직후에는 피한다.
③ 강제로 시키지 말고 부드러운 말로 유도한다.
⑤ 다리 → 팔 → 몸통 → 회음부 순서로 목욕한다.

012 ③ p.437
① 체위를 안락하게 유지하기 위해
② 침대커버나 옷이 구겨져 있으면 펴야 한다.
④ 대상자의 무릎을 세워 발바닥이 침대에 닿게 한다.
⑤ 침상양편에 한 사람씩 마주서서 한쪽 팔은 머리 밑으로 넣어 어깨와 등 밑을 다른 팔은 둔부와 대퇴를 지지하여 동시에 이동시킨다.

013 ② p.429

014 ① p.438
② 대상자가 이동하는 쪽에 선다.
③ 두 팔을 가슴 위에 포갠다.
④ 상반신은 목과 허리 아래를 넣어서 이동시킨다.
⑤ 하반신은 허리와 엉덩이 아래를 넣어서 이동시킨다.

015 ③ p.450

016 ② p.457
① 대상자의 마비 측 무릎을 지지한다.
③ 자동차와 휠체어는 평행하게 놓거나 비스듬히 놓는다.
④ 대상자의 양쪽 발이 바닥을 지지할 수 있도록 내려놓는다.
⑤ 발판을 접은 후 이동시킨다.

017 ④ p.464
평지를 이동하거나 계단을 내려갈 때 : 지팡이 → 마비된 다리 → 건강한 다리

018 ③ p.438

019 ④ p.664
① 손은 행위 시마다 닦는다.
② 손톱은 짧게 깎는다.
③ 일회용 보호 장구는 재사용하지 말고 버린다.
⑤ 장갑을 착용하였더라도 손을 씻는다.

020 ⑤ p.486
지팡이 바닥끝 고무가 닳았을 경우 미끄러져 넘어질 수 있다.

021 ② p.471
①, ③, ④, ⑤는 구입 품목이다.

022 ④ p.492
① 사용 중 쉽게 풀리지 말아야 한다.
② 인체에 접촉하는 면은 매끄럽고 사용상 결점이 없어야 한다.
③ 한번에 한 사람만 사용한다.
⑤ 팽창한 상태에서 변형이나 흠이 없어야 한다.

023 ② p.487

024 ③ p.658-659
① 계단을 이용해야 한다.
② 젖은 수건으로 코와 입을 감싼다.
④ 바람이 불어오는 쪽에서 구조를 기다린다.
⑤ 적신 옷이나 이불로 막는다.

025 ② p.510

026 ② p.543
기름기가 적고 음식물이 덜 묻은 그릇부터 설거지한다.

027 ④ p.554

028 ④ p.562-563
① 전체난방이 바람직하다.
② 환기 시 바람은 대상자에게 직접 닿지 않도록 주의한다.
③ 자연채광은 밝아야 한다.
⑤ 한곳만 밝을 경우, 눈부심 현상으로 낙상할 수 있다.

029 ③ p.281
비언어적 의사소통기법 중 얼굴표정이다.

030 ② p.286

031 ④ p.662
미생물은 질병을 일으키는 세균, 미생물, 곰팡이, 기생충 등을 뜻한다.

032 ① p.307
기록을 어려워하는 이유 : 글을 쓰는 것 자체에 대한 부담, 업무 부담, 기록할 시간의 부족, 기록하는 방법에 대한 부족

033 ④ p.337-338

034 ② p.582
식사 거부 시, 확인할 사항 : 입안에 상처가 있는지, 틀니가 맞지 않는지, 식욕이 떨어진 건지, 시력에 문제가 있어 음식의 혼란을 느끼는지 확인한다.

035 ③ p.583
① 색깔이 있는 플라스틱 제품을 사용한다.
② 무거운 제품을 사용한다.
④ 흘릴 수 있으므로 빨대와 플라스틱 덮개가 있는 컵을 사용한다.
⑤ 식탁용 매트를 깔아 준다.

036 ④ p.593
반복적 질문이나 행동 시 소일거리, 주의를 환기시키거나, 좋아하는 음식을 주거나, 다독거리는 등의 관심을 돌려 대처한다.

037 ② p.600

038 ② p.551
④ 약하게 손세탁 가능

039 ③ p.677
화상부위를 수돗물에 직접대면 압력으로 손상을 입을수 있으며 장신구는 빨리 제거한다.

040 ② p.682-683
① 심폐소생술을 멈추고 대상자에게서 손을 뗀다.
③ 2분 간격으로 자동 반복한다.
④ 주변을 물러나게 하고 버튼을 누른다.
⑤ 전원 켜기 → 패드부착→ 심장 리듬 분석→ 제세동버튼 누르기

041 ④ p.678
골절 시 스스로 움직이게 하거나 직접 압박하지 않도록 한다.

042 ① p.651
② 중립적 자세를 유지한다.
③ 장례식에는 참석하지 않는다.
④ 손을 잡는 정도의 신체적 접촉을 통하여 지지해 준다.
⑤ 가족의 곁에 함께 있어 준다.

043 ③ p.601

044 ③ p.645

045 ② p.316-317
육하원칙에 따라 구체적으로 기록한다.

4회 필기 적중 문제 정답 및 해설

해설에 기재된 페이지 번호는 『요양보호사 양성 표준교재』 페이지입니다.

정답

001	002	003	004	005	006	007	008	009	010
③	①	④	③	⑤	②	①	④	③	①
011	012	013	014	015	016	017	018	019	020
⑤	②	④	③	⑤	①	②	⑤	③	④
021	022	023	024	025	026	027	028	029	030
②	①	①	④	⑤	③	②	③	①	⑤
031	032	033	034	035					
④	②	④	①	③					

해설

001 ③ p.27
사적 부양과 공적 부양을 서로 보완하며 서비스를 이용한다.

002 ① p.20
경직성의 증가 – 자신에게 익숙한 습관적인 태도나 방법을 고수한다. 매사에 융통성이 없어지고, 새로운 변화를 싫어한다.

003 ④ p.45
노인공동생활가정 : 가정과 같은 주거 여건과 급식, 그 밖에 일상생활에 필요한 편의를 제공함
노인요양공동생활가정 : 9인 이내 시설로 노인성 질환 등으로 장애가 발생하여 도움이 필요한 노인에게 가정과 같은 주거, 요양, 그 밖에 일상생활 편의를 제공함(입소자 9인이내 시설)

004 ③ p.53
장기요양 3등급은 장기요양인정점수가 60점 이상 75점 미만이고, 심신의 기능상태장애로 일상생활에서 부분적으로 다른 사람의 도움이 필요한 사람이다.

005 ⑤ p.57
방문요양 : 요양보호사, 사회복지사
방문목욕 : 요양보호사
방문간호 : 간호사, 간호조무사, 치위생사

006 ② p.65
일상생활지원서비스는 식사준비, 세탁, 청소 및 주변정돈, 외출, 관공서 동행 등이다.
①, ④ 신체활동서비스
③, ⑤ 정서지원서비스

007 ① p.65

008 ④ p.77
① 서비스를 제공하기 전 충분히 설명한 후 동의하면 서비스를 제공한다.
② 모든 서비스는 대상자에게만 제공한다.
③ 의료행위는 하지 않는다.

009 ③ p.81

010 ① p.92

011 ⑤ p.109

012 ② p.119
치료비는 산재보험을 관리하는 근로복지공단에서 지불하고 산재보험급여는 양도 및 압류를 할 수 없다. 사업장의 부도 및 폐업 후에도 산재보험을 받을 수 있고 요양보호사의 나이와 무관하다.

013 ④ p.120-121
감정적인 대응은 피하고 단호하게 거부의사를 말한다.

014 ③ p.124-126
대상자 및 가족에게 돈을 받지 않는다.

015 ⑤ p.141

016 ① p.147
② 통증은 근육의 긴장과 부상을 초래할 수 있다.
③ 동작사이에 5-10초 정도 쉰다.
④ 호흡은 편안하고 자연스럽게 한다.
⑤ 천천히 안정되게 한다.

017 ② p.151
대상자와 동거가족 및 요양보호사도 증상에 관계없이 다 같이 치료한다.

018 ⑤ p.164
직장벽의 탄력성은 감소하고 대장의 활동성은 감소한다. 또한 짠맛과 단맛에 둔해지고 쓴맛은 잘 느끼고 타액과 위액 분비는 감소한다.

019 ③ p.171-172
충분한 수분을 섭취하고 복부 마사지를 꾸준히 한다.

020 ④ p.175
갑작스러운 온도 변화, 차가운 기후, 습기가 많은 기후는 기관지자극을 증가시킨다.

021 ② p.181
말초혈관 저항이 증가하고 심박동수는 감소한다. 그리고 심장근육 탄력성은 감소하고 심박출량도 감소한다.

022 ① p.186-187

023 ① p.191

024 ④ p.191

025 ⑤ p.197
전립선비대증은 남성호르몬의 감소로 인하여 발생한다.

026 ③ p.200
욕창 발생 원인
- 장기간 와상 상태
- 체중 압박 부위
- 체위 변경이 어려움
- 요실금 및 변실금
- 부적절한 영양
- 부적절한 체위 변경

027 ② p.215
백내장은 불빛 주위에 무지개, 눈부심이 있고 색 구별이 어려워지고 동공에 백색혼탁의 증상이 나타난다.

028 ③ p.221

029 ① p.224-225
뇌졸중 전구증상을 관찰하기 위함이다.

030 ⑤ p.244-247

031 ④ p.246
삼키는 것이 어렵거나 발음이 어눌해진 대상자가 음식을 삼킬 때 폐로 흡입될 수 있어서 주의해야 한다.

032 ② p.254
폐조직의 탄력성 감소, 흉곽의 경직으로 폐활량이 줄어들어 운동할 때 쉽게 숨이 찬다.

033 ④ p.257

034 ① p.260
성욕은 개인차가 있고, 남성이나 여성의 성욕이 감소되거나 사라지지 않는다. 노인은 성호르몬의 변화가 찾아오고 성기능 저하가 발현하더라도 성에 대한 관심은 여전히 존재한다.

035 ③ p.271
60세 이상인 노인은 반드시 대상포진 예방접종을 권장한다.

4회 실기 적중 문제 정답 및 해설

해설에 기재된 페이지 번호는 『요양보호사 양성 표준교재』 페이지입니다.

정답

001	002	003	004	005	006	007	008	009	010
②	⑤	③	②	⑤	②	①	③	④	②
011	012	013	014	015	016	017	018	019	020
②	③	②	④	④	⑤	③	④	④	③
021	022	023	024	025	026	027	028	029	030
⑤	②	①	③	①	②	④	①	③	④
031	032	033	034	035	036	037	038	039	040
②	④	⑤	①	③	④	④	②	③	①
041	042	043	044	045					
②	⑤	③	②	⑤					

해설

001 ② p.20
나이가 들수록 조심성이 증가하며 일의 결과를 중시하기 때문에 조심스럽게 행동하고 시·청각 및 지각능력이 감퇴하고 자신감이 감퇴한다.

002 ⑤ p.53

003 ③ p.567
따뜻하게 응대하고 치매 대상자를 존중한다.
규칙적인 생활을 하게 한다.
대상자에게 남아있는 기능을 최대한 살린다.
항상 안전에 주의한다.

004 ② p.572
일정한 시간 간격으로 변기에 앉혀 배변을 유도하고, 의료인과 충분히 상의하여 필요하면 변비약을 먹이거나 관장을 할 수도 있다. 섬유질이 많은 음식을 섭취하는게 좋다.

005 ⑤ p.572-573
① 혼자 두지 않기 위해 모든 물품을 준비해 둔다.
② ④ 일정한 시간에 정해진 방법에 따라 해야 거부감을 줄인다.

006 ② p366
① 건강한 쪽에 휠체어를 둔다.
③ 양팔로 대상자의 겨드랑이 밑으로 감싸 안아 반동을 이용하여 대상자를 세운다.
④ 대상자 옆에 호출기를 두고 도움이 필요할 시 요청하도록 알린다.
⑤ 중간중간 대상자에게 말을 걸어 상태를 살피도록 한다.

007 ① p.370-371
침대를 올려주어 대상자가 배에 힘을 주기 쉬운 자세를 취하게 한다.

008 ③ p.376
② 물티슈로 닦아내고 마른 수건으로 물기를 닦아 말린다.

009 ④ p.377

010 ② p.433

011 ② p.432

012 ③ p.524

013 ② p.526

014 ④ p.286
바람직한 공감은 상대방의 말에 충분히 귀를 기울이고 자신의 말로 요약해서 다시 반복해 주는 것이다.

015 ④ p.286
공감이란 상대방이 하는 말을 상대방의 관점에서 이해하고, 감정을 함께 느끼며, 자신이 느낀 바를 전달하는 것을 의미한다

016 ⑤ p.680-681

017 ③ p.452

018 ④ p.591

019 ④ p.659

020 ③ p.177
기관지확장흡인기 사용법에 대한 설명이다.
① 머리를 약간 뒤로 젖히고 숨을 내쉰다.
② 사용 전에 뚜껑을 열고 흔든다.
④ 10초간 숨을 참는다.
⑤ 하루에 한 번 이상 흐르는 물에 씻는다.

021 ⑤ p.177

022 ② p.181
① 말초혈관으로부터 혈액순환이 감소된다.
③ 심박출량이 감소된다.
④ 정맥의 귀환 감소된다.
⑤ 심박동수가 감소된다.

023 ① p.192
②, ③, ④ 골다공증의 증상이다.
⑤ 퇴행성 관절염의 증상이다.

024 ③ p.198

025 ① p.200

026 ③ p.200

027 ④ p.29-30
① 무엇이든 강제로 하지 않는다.
③ 겨드랑이를 잡아 올리지 않는다.
⑤ 억제대는 하지 않는다.

028 ① p.347

029 ③ p.347

030 ④ p.388
칫솔을 45° 각도로 잇몸에서 치아 쪽으로 3분간 세심하게 닦는다.

031 ② p.393
① 귀에 물이 들어가지 않도록 귀막이를 해 준다.
④ 린스를 한 후 따뜻한 물로 충분히 헹군다.
⑤ 소량의 샴푸를 사용한다.

032 ④ p.571
① 비난하거나 화를 내지 않는다
② 더러워지면 옷을 빨리 갈아입힌다.
③ 바로 기저귀를 채우지 말고 배뇨 훈련을 한다.
⑤ 환기를 자주 시킨다.

033 ⑤ p.572

034 ① p.573
② 거부반응이 있는 경우 강제로 하지 않는다.
③ 다치지 않도록 욕조 내에 적당량의 물을 받는다.
④ 욕조에서 목욕하는 것이 안전하다.
⑤ 목욕하는 동안 혼자 두지 않는다.

035 ③ p.225
착각 및 환각이 보일 경우 대상자의 말을 경청하고 현실을 확인할 수 있는 환경을 만들어 준다.

036 ④ p.223

037 ④ p.257
① 취침시간이 길면 오히려 불면증이 올 수 있다
② 수면제는 장기간 복용하지 않는다.
③ 낮잠을 자지 않는다.
⑤ 규칙적인 운동을 한다.

038 ② p.595
① 간단하고 직접적인 언어로 설명한다.
③ 약어나 외래어는 사용하지 않는다.
④ 긍정적인 기억이나 사건을 회상하도록 돕는다.
⑤ 집중력이 높은 시간대를 파악하여 대화한다.

039 ③ p.647

040 ① p.632

041 ② p.646
① 대상자의 곁을 떠나지 않고 이야기하고 손을 잡아 준다.
③ 만나고 싶은 사람을 만날 수 있도록 돕는다.
④ 임종하기를 원하는 장소에 대해 물어보고 알아본다.
⑤ 대상자가 의사결정에 참여하고 존중해 준다.

042 ⑤ p.639
① 전문인이 올 때까지 응급처치를 중단하지 않는다.
② 긴급을 요하는 순으로 처치한다.
③ 응급처치 교육을 많이 받은 사람의 지시에 따른다.
④ 토사물은 병원으로 함께 가져간다.

043 ③ p.264
① 자몽주스는 고혈압약의 부작용을 증가시킨다.
② 약 복용시간은 약마다 다르다.
④ 약 복용을 잊었을 경우 생각난 즉시 복용한다.
⑤ 이전 약이 많이 남았어도 최근 처방약을 먹는다.

044 ② p.679
심폐소생술 단계 중 도움요청 단계이다.

045 ⑤ p.288
그 상황에 대해 내가 느끼는 바를 솔직하게 말한다.

5회 필기 적중 문제 정답 및 해설

해설에 기재된 페이지 번호는 『요양보호사 양성 표준교재』페이지입니다.

정답

001	002	003	004	005	006	007	008	009	010
④	①	③	⑤	②	④	③	①	①	⑤
011	012	013	014	015	016	017	018	019	020
②	④	③	①	④	②	④	③	①	⑤
021	022	023	024	025	026	027	028	029	030
②	⑤	④	③	①	①	②	④	⑤	②
031	032	033	034	035					
④	①	②	⑤	③					

해설

001 ④ p.21
수동성 증가, 경직성 증가, 조심성 증가, 애착심 증가이다.

002 ① p.25
상실감 → 정체감 → 혼자 사는 삶의 개척 및 계획 순으로 진행된다.

003 ③ p.45
①, ⑤ – 노인주거복지시설
②, ④ – 노인여가복지시설

004 ⑤ p.51

005 ② p.55

006 ④ p.58

007 ③ p.65

008 ① p.71

009 ① p.74

010 ⑤ p.120
①, ③ – 육체적 폭력
②, ④ – 시각적 폭력

011 ② p.123

012 ④ p.126

013 ③ p.128
본인 부담금을 면제 또는 감경하는 행위는 2년 이하의 징역 또는 2천만 원의 벌금에 처한다(노인장기요양보험법 제69조).

014 ① p.144
초기치료는 손상 후 24-72시간에 치료하는 것이며 초기에는 냉찜질이 좋다.

015 ④ p.141

016 ② p.147
동작과 동작 사이에는 5~10초 정도 휴식을 취하고 동작은 천천히 안정되게 실시한다. 통증이 느껴지지 않을 정도의 강도로 실시하고, 스트레칭 된 자세로 10~15초간 유지한다.

017 ④ p.148
직업성 감염질환으로는 폐결핵, 노로바이러스 장염, 옴, 독감, 머릿니 등이 있다.

018 ③ p.162
만성퇴행성 질환이고 원인이 불명확하다. 약물에 대한 반응이 민감하고, 치료 경과가 느리다.

019 ① p.169

020 ⑤ p.177
갑작스런 온도 변화, 먼지 곰팡이를 피하고 운동 30분 전에 기관지확장제를 투여하는 것이 도움이 된다.

021 ② p.178

022 ⑤ p.184
규칙적인 운동을 하며, 저염식이와 저콜레스테롤 식이요법을 한다. 건, 습식 사우나는 피한다.

023 ④ p.192
골절은 골다공증을 기반으로 한 낙상에 의해 발생한다.

024 ③ p.194
노화로 인한 성 변화로는 유방 크기가 감소하고 빈뇨증, 요실금 증가 및 난소 크기도 감소한다. 또한 에스트로겐 분비도 감소한다.

025 ① p.195

026 ① p.197
소변줄기의 끊어짐, 배뇨 후 잔뇨감, 힘을 주어야 소변이 나오는 증상이 나타난다.

027 ② p.200

028 ④ p.200
1단계 : 표피가 손상되어 피부가 분홍색으로 변하고, 피부를 누르면 색깔이 일시적으로 없어진다.
2단계 : 피부가 벗겨지고 물집이 생긴다.
3단계 : 피부 전체에 손상이 나타나고 깊은 욕창이 생긴다.

029 ⑤ p.238
지남력 저하로 인하여 가족을 몰라본다.

030 ③ p.245
손상된 뇌의 반대쪽 팔다리에 마비가 나타난다.

031 ④ p.245

032 ① p.252-253

033 ② p.263
신장으로 가는 혈류량이 감소되어 순환 혈류 내에 약물 축적을 초래하고 약물중독의 위험을 증가시킨다.

034 ⑤ p.263
의사의 처방 없이 약의 용량을 늘리거나 중단하지도 않는다. 약 복용시간을 준수하고 약을 술과 같이 복용하지 않는다. 다른 사람의 약을 복용하거나 자기 약을 남에게 주지 않는다.

035 ③ p.272

5회 실기 적중 문제 정답 및 해설

해설에 기재된 페이지 번호는 『요양보호사 양성 표준교재』페이지입니다.

정답

001	002	003	004	005	006	007	008	009	010
④	④	②	③	④	③	④	③	②	④
011	012	013	014	015	016	017	018	019	020
⑤	②	③	④	①	②	④	④	①	②
021	022	023	024	025	026	027	028	029	030
③	④	③	④	⑤	②	③	④	④	③
031	032	033	034	035	036	037	038	039	040
③	⑤	②	④	③	③	②	②	③	③
041	042	043	044	045					
①	③	③	②	②					

해설

001 ④ p.439

002 ④ p.395

003 ② p.522-523
골고루 섭취하고, 나트륨을 많이 먹으면 혈압이 높아진다. 체중 조절을 위해 적정한 열량을 섭취한다.

004 ③ p.367

005 ④ p.371
차가운 변기가 피부에 바로 닿을 경우 대상자가 놀랄 수 있으며 피부와 근육이 수축하여 변의가 감소될 수 있다.

006 ③ p.636
호스피스·완화의료 서비스는 크게 입원형, 가정형, 자문형으로 구분된다. 입원형의 경우 암질환에 한하여 이용가능하다.

007 ④ p.390-391

008 ③ p.646
① 배설물을 만질 때는 반드시 장갑을 착용한다.
② 따로 세탁해야 한다.
④ 장갑을 착용했더라도 손을 씻어야 한다.
⑤ 오염된 세탁물은 격리장소에 다로 배출한다.

009 ② p.471-472
지팡이의 길이는 대상자의 키에 맞춰야 하며 지팡이를 사용하는 쪽 새끼발가락으로부터 15cm 팔꿈치를 20-30° 정도 구부린 자세가 좋다.

010 ④ p.524
① 밥을 국이나 물에 말아 먹지 않는다.
② 떡류는 잘게 잘라 천천히 먹는다.
③ 한 번에 조금씩 여러 번 먹는다.
⑤ 식사 후 눕지 말고 30분 정도 앉는다.

011 ⑤ p.526-527
커피나 탄산음료는 체내에서 칼슘의 흡수를 방해하므로 섭취를 줄인다.

012 ② p.544
그늘에서 건조, 옷걸이에 걸어서 건조표시이다.

013 ③ p.282

014 ④ p.571
① 화장실 이용을 유도하되 강요하지 않는다.
② 낮에는 되도록 기저귀를 채우지 않는다.
③⑤ 뒤처리 후 아무 일도 없었던 것처럼 행동한다.

015 ① p.579
한가지 음식만 요구할 시 좋아하는 대체식품을 이용하고 금방 식사한 것을 알 수 있도록 먹고 난 식기를 그대로 두거나 식사 후 달력에 표시하게 한다.

016 ② p.585
① 조명을 밝게 하는 것이 도움이 된다.
③ 신체적 제한은 행동을 더욱 악화시킬 수 있다.
④ 충분한 시간을 가지고 대상자와 함께 있다.
⑤ 주의를 주기보다 밖으로 데려가서 들뜬 마음을 가라앉도록 도와준다.

017 ③ p.593
① 정면으로 마주 보면 눈높이를 맞추고 이야기한다.
② 대상자에게 접근할 때 앞에서 다가간다.
④, ⑤ 대상자가 위협적으로 느끼는 자세를 취하지 않는다.

018 ④ p.286

019 ① p.284

020 ② p.361-362
① 사용 시 매번 세척한다.
③ 비위관이 새는 경우 간호사에게 보고한다.
④ 설사를 유발할 수 있다.
⑤ 위장보다 높은 위치에 건다.

021 ③ p.419

022 ④ p.430-431
① 양발을 무릎보다 조금 뒤쪽에 놓는다.
② 대상자의 마비된 쪽 가까이에 선다.
③ 요양보호사는 한손으로 마비된 대퇴부를 지지하고 다른 한손을 허리를 부축하여 일으킨다.
⑤ 선 자세에서 균형을 잡을 수 있게 잡아 준다.

023 ④ p.386
① 앉은 자세나 옆으로 누운 자세를 취한다.
② 거즈나 스폰지, 브러쉬로 물에 적셔 사용한다.
③ 혀 안쪽이나 목젖을 자극하면 구토나 질식을 일으킬 수 있으므로 깊숙이 닦지 않는다.
⑤ 치료를 받아야 할 치아가 있거나, 상처가 있다면 관리자에게 보고한다.

024 ④ p.388

025 ⑤ p.398
여성은 방광염, 요로감염의 원인이 되므로 청결을 유지하는 것이 중요하다.

026 ② p.399

027 ③ p.407

028 ③ p.409

029 ④ p.422
① 건강한 쪽 팔을 먼저 벗긴다.
② 수액을 빼서 건강한 쪽 팔 소매의 밖에서 안으로 뺀다.
③ 수액을 건다.
④ 마비된 쪽 팔을 벗긴다.

030 ② p.636
연명의료결정법에 규정된 암, 후천성면역결핍증, 만성 폐쇄성 호흡기 질환, 만성 간경화 환자만이 이용할 수 있다.

031 ③ p.529
한손은 대상자의 이마에 올려놓고 손바닥으로 대상자의 머리를 뒤로 젖힌다. 다른 한 손으로 턱 아래 뼈 부분을 머리 쪽으로 당겨 턱을 위로 들어 준다.

032 ⑤ p.499
요양보호사가 제공하는 서비스는 대상자에게만 제한하여 제공한다.

033 ② p.581
배회 예방을 위해 현관이나 출입문에 벨을 달아 놓아 대상자가 출입하는 것을 관찰한다.

034 ④ p.580-581
① 낮에는 졸지 않게 말을 걸어 자극을 준다.
②, ③ 소음을 최대한 없애 준다.
⑤ 오후에는 커피나 술을 주지 않는다.

035 ③ p.579-580

036 ③ p.467
①, ② 사용하지 않을 때 타고 내릴 때 모두 잠금장치를 확인해야 한다.
④ 욕창을 유발할 수 있다.
⑤ 엄지손가락으로 눌렀을 때 0.5cm 들어간 상태가 적정 공기압 상태이다.

037 ② p.373
체위변경의 목적은 폐확장 촉진, 관절의 움직임을 돕고 변형 방지, 부종과 혈전, 욕창 예방, 허리와 다리통증 등의 불편감을 줄인다.

038 ② p.539-540
① 침대 높이와 이동변기의 높이가 같도록 맞춘다.
③ 이동변기는 건강한 쪽으로 45° 붙인다.
④ 변기는 따뜻한 물로 데워 준다.
⑤ 배설 시 하반신을 수건이나 무릎덮개로 덮어 준다.

039 ③ p.379~380
① 이불은 가볍고 부드러운 것을 선택한다.
② 매트리스는 단단한 것을 선택한다.
④ 베개는 습기를 흡수하지 않고 열에 강한 것이 좋다.
⑤ 시트는 흡습성이 좋은 옅은 색의 면이 좋다.

040 ③ p.285~286
가, 라 는 경청의 방법이다.

041 ① p.65
②, ③, ④ 일상생활지원서비스이다.

042 ③ p.324~335
① 대변실수, 소변실수는 횟수로 기록한다.
② 목욕 전, 목욕 후 상태확인 관련하여 기록한다.
④ 주야간보호서비스는 시작시간, 종료시간을 기록한다.
⑤ 시설급여서비스는 입, 퇴소시간, 외박 및 복귀시간, 외출시간을 기록한다.

043 ③ p.343

044 ② p.567
대상자 상태를 파악, 남아 있는 정신기능을 최대한 활용, 정상적인 신체기능으로 최대한 복귀, 대상자에게 의미 있는 환경을 조성한다.

045 ② p.594~595
① 중기단계이다.
③, ④, ⑤ 초기 단계이다.

6회 필기 적중 문제 정답 및 해설

해설에 기재된 페이지 번호는 『요양보호사 양성 표준교재』 페이지입니다.

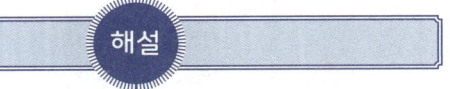

001	002	003	004	005	006	007	008	009	010
③	①	②	③	⑤	④	①	②	⑤	③
011	012	013	014	015	016	017	018	019	020
④	①	④	②	⑤	⑤	③	②	①	①
021	022	023	024	025	026	027	028	029	030
④	⑤	②	③	①	④	②	⑤	③	①
031	032	033	034	035					
④	④	③	②	⑤					

해설

001 ③ p.20

002 ① p.25
배우자나 친구의 사별은 막연하게 생각했던 죽음이 현실화 되면서 허무감, 절망감을 갖는다.

003 ② p.53
장기요양 2등급은 장기요양점수가 75점 이상 95점 미만인 자로서 일상생활에서 상당부분 다른 사람의 도움이 필요한 사람이다.

004 ③ p.64
세면도움, 식사도움, 구강관리, 몸단장, 머리감기 등이 해당한다.

005 ⑤ p.75

006 ④ p.67

007 ① p.77

008 ② p.81
요양보호사는 질병과 신체적 및 심리적인 변화를 관찰한다.

009 ⑤ p.80

010 ③ p.906

011 ④ p.107
① → 유기
② → 정서적 학대
③ → 방임
⑤ → 신체적 학대

012 ① p.110
부양의 의무를 가진 사람이 책임이나 의무를 의도적이나 비의도적으로 거부, 불이행 또는 포기하는 행위이다

013 ④ p.123
가족, 의사, 간호사 등과 적극적으로 협력하고, 예의바른 언행을 사용하며, 개인의 취향으로 차별하지 않고 사생활의 비밀을 유지한다.

014 ② p.125
자신과 같은 학교나 종교를 이유로 차별하지 않으며, 사고 발생 시 즉시 시설장에게 알리며, 업무상 알게 된 개인정보는 비밀을 유지한다. 또한 유아어, 명령어, 반말 등을 사용하지 않는다.

015 ⑤ p.126

016 ⑤ p.139
손을 털면 일시적으로 통증이 완화되고, 엄지손가락에 기능장애가 심해진다.
그리고 밤에 통증이 심해지고, 손목을 심하게 젖히거나 굽힐 때 악화된다.

017 ③ p.149
2주~1개월 이후 X-ray 검사를 통해 감염여부를 검사한다.

018 ② p.164

019 ① p.164

020 ① p.175

021 ④ p.183
과일 섭취를 늘리고 국물 위주의 식사를 피한다. 고지방의 유제품 보다는 저지방 유제품을 섭취하고 포화지방산이 많은 음식을 피한다.

022 ⑤ p.185
심부전의 증상으로는 의식혼돈, 호흡곤란, 현기증 등이 나타난다.

023 ② p.190
카페인이 함유된 음식은 피한다.

024 ③ p.195

025 ① p.200-202

026 ④ p.200-202
파스는 피하고 미지근한 바람을 쐬어준다. 욕창 부위 및 주위에 미지근한 물수건으로 찜질하고, 30분 정도 햇볕을 쬐어준다.

027 ② p.203

028 ⑤ p.215

029 ③ p.236
치매는 만성증후군으로 인지기능의 저하로 인하여 상황판단이 부정확하게 되어 올바른 일상생활 대응이 어렵다.

030 ① p.248-249
파킨슨은 무표정, 운동 완만, 근육경직, 굽은 자세, 자세반사의 소실로 인하여 자주 넘어진다.

031 ④ p.240-241
- 치매 초기 : 가족이나 동료들이 문제를 인지하나 혼자서 지낼 수 있는 수준이다.
- 치매 중기 : 최근 기억이나 먼 과거 기억의 부분적 상실, 시간 및 장소, 지남력 장애, 언어이해 및 표현력 장애, 실행증, 판단력, 수행기능 저하, 각종 정신행동 증상이 빈번히 나타나며, 도움 없이는 혼자 지낼 수 없는 수준이다.
- 치매 말기 : 혼자서 독립된 생활이 불가능한 수준이다.

032 ④ p.257

033 ③ p.259
①, ②, ④, ⑤는 성기능 변화요인이다.

034 ② p.266

035 ⑤ p.219
① 발은 씻고 충분히 말려야 하고 건조 하지 않도록 해야 한다.
② 각질을 제거하다 상처가 생길 수 있다.
③, ④ 양말은 착용해야 하고 신발은 작지도 크지도 않게 맞게 신는 게 좋다.

6회 실기 적중 문제 정답 및 해설

해설에 기재된 페이지 번호는 『요양보호사 양성 표준교재』 페이지입니다.

정답

001	002	003	004	005	006	007	008	009	010
③	②	④	③	①	③	③	④	②	④
011	012	013	014	015	016	017	018	019	020
⑤	②	③	④	④	③	④	⑤	③	④
021	022	023	024	025	026	027	028	029	030
②	⑤	③	①	③	⑤	③	②	④	③
031	032	033	034	035	036	037	038	039	040
④	⑤	④	③	③	④	①	③	②	①
041	042	043	044	045					
④	②	③	④						

해설

001 ③ p.139
양측의 손등을 맞대고 미는 동작을 유지한 채 최소한 1분 정도 손목을 구부릴 때 손바닥과 손가락의 저린 증상이 심해지면 수근관 증후군을 알아보는 테스트이다.

002 ② p.31
①, ③, ④, ⑤ 대상자를 대면 시 옳지 않은 방법이다.

003 ④ p.32
대상자에게 긍정형 문장으로 이야기 한다.

004 ③ p.347
영양부족의 위험요인 : 불균형적인 식사, 약물사용, 고령, 급성질환 또는 만성질환, 빈곤, 우울, 알코올 중독, 인지장애, 식욕부진, 오심, 연하곤란

005 ① p.354
편마비 대상자는 건강한 쪽을 밑으로 하여 옆으로 누운 자세를 취하고 마비된 쪽을 베개나 쿠션으로 지지한다.

006 ③ p.355
식사 전에 몸을 움직이거나 밖에 나가서 맑은 공기를 마시게 한다. 다양한 음식을 조금씩 준비하여 반찬의 색깔을 보기 좋게 담아내 식욕을 돋운다.

007 ③ p.356-357
① 음식을 반시계 방향으로 둔다.
② 옆으로 눕히고 얼굴을 요양보호사가 있는 방향으로 돌린다.
④ 음식을 다 삼킨 것을 확인한 후에 음식을 준다.
⑤ 건강한 쪽에서 음식을 넣어 준다.

008 ④ p.355

009 ② p.69

010 ④ p.122
감정적 대응은 삼가고 단호하게 거부의사를 표현한다.
기관 담당자에게 보고하여 적절한 조치를 취하게 한다.
법적 대응이 필요할 경우 외부의 전문기관(성폭력 상담소), 여성노동상담소에 도움을 받는다.

011 ⑤ p.353
①, ③ 의자는 깊숙이 앉고 의자를 충분히 식탁 가까이에 당겨준다.
② 의자의 높이는 발바닥이 바닥에 닿을 수 있어야 안전하다.
④ 팔받침, 등받이가 있는 의자가 안전하고 좋다.

012 ② p.361
차가운 영양액이 주입되면 통증이 유발된다.

013 ③ p.362
비위관이 빠졌을 때 임의로 밀어 넣거나 빼면 안되며 비위관을 잠근 후 시설장에게 보고한다.

014 ② p.263-264
①, ③ 약병에서 약 뚜껑으로 옮긴 후에 손으로 옮기고 손으로 만진 약은 약병에 다시 넣지 않는다.
④ 위장관에서의 흡수가 잘되도록 물을 충분히 마신다.
⑤ 임의로 약을 갈거나 쪼개면 안 된다.

015 ④ p.70

016 ③ p.365
①, ② 화장실은 밝고 물기가 없게 한다.
④ 응급벨을 설치한다.
⑤ 밤에 찾기 어려우므로 화장실 표시 등을 켜둔다.

017 ④ p.364
항문은 앞에서 뒤로 닦아야 하는데 요로계 감염을 예방하기 위함이다.

018 ⑤ p.370-371
⑤은 정상변의 하나이다.

019 ③ p.377
소변주머니가 높이 있으면 소변이 역류하여 감염의 원인이 되기 때문이다.

020 ④ p.398
① 스크린이나 커튼을 친다.
② ③ 똑바로 누워서 무릎을 세우게 한다.
⑤ 회음부는 앞쪽에서 뒤쪽으로 닦아낸다.

021 ② p.406-407
체온이 떨어지지 않도록 목욕 중에는 자주 따뜻한 물을 뿌려준다.

022 ⑤ p.402

023 ③ p.406
발끝에 물을 묻혀 미리 온도를 느껴보게 한 후 다리, 팔, 몸통의 순서로 몸을 헹구고 회음부를 닦아낸다.

024 ① p.451-452

025 ③ p.451

026 ⑤ p.459
①, ②, ③, ④ 대여 품목이다.

027 ③ p.468

028 ② p.460
① 의자처럼 사용할 수 있다.
③ 변기통은 탈부착 되어야 청소할 수 있다.
④ 소독약으로 소독할 수 있는 재질이어야 한다.
⑤ 거동이 불편한 경우 사용하는 용품이다.

029 ④ p.365
화장실은 밝고, 밤에는 어두워 화장실을 찾기 어려우므로 화장실 표시등을 켜두어, 화장실까지 가는 길에 불필요한 물건이나 발에 걸려 넘어질 우려가 있는 물건을 치워 넘어지지 않게 한다.

030 ③ p.532

031 ④ p.640-641
① 계단을 이용한다.
② 젖은 수건으로 코와 입을 감싼다.
③ 자세를 최대한 낮춘다.
⑤ 방을 나간 뒤 방문은 닫아 두어야 퍼지는 속도를 낮출 수 있다.

032 ⑤ p.518
음식은 부드럽게 조리하고 질환상 허용되는 범위 내에서 식품을 섭취하고 짜거나 자극적이지 않게 음식을 조리한다.

033 ④ p.521-522

034 ③ p.543
① 95℃ 물세탁, 세탁기, 손세탁 가능, 삶을 수 있음, 세제 제한 없음
② 40℃ 물로 세탁, 세탁기, 손세탁 가능, 세제 제한 없음
④ 30℃ 물로 세탁, 세탁기 사용 불가, 약하게 손세탁 가능, 중성세제 사용
⑤ 물세탁 안됨

035 ③ p.282

036 ④ p.282

037 ① p.286

038 ③ p.289
상황에 대해 내가 느끼는 바를 솔직하게 말한다.

039 ② p.293
노인성 난청 장애대상자와 이야기 하는 방법이다.

040 ① p.568
상황을 분석하거나 평가할 수 없다, 금방 잊어버린다, 치매가 진행된 후에도 예전 방식대로 하려고 고집한다, 새로운 일을 배우는 능력에 문제가 있고 변화에 대처하지 못한다.

041 ④ p.570-571
화장실에 가고 싶을 때 비언어적 신호이다.

042 ② p.574
① 옷 갈아입히는데 참여시킨다.
③ 옷 입기를 거부하면 잠시 기다린 뒤 다시 시도한다.
④ 뒤바꿔 입어도 무방한 옷을 입게 한다.
⑤ 시간이 걸려도 혼자 입도록 격려한다.

043 ④ p.629
① 의식이 흐려진다.
②③ 맥박이 약해지고, 혈압이 떨어진다.
⑤ 항문이 열린다.

044 ③ p.655
이물질이 목에 걸린 질식 대상자에게 행하는 응급처치이다.

045 ④ p.661-662

7회 필기 적중 문제 정답 및 해설

해설에 기재된 페이지 번호는 『요양보호사 양성 표준교재』 페이지입니다.

정답

001	002	003	004	005	006	007	008	009	010
③	①	①	⑤	②	④	④	③	⑤	①
011	012	013	014	015	016	017	018	019	020
③	④	⑤	①	①	②	④	②	⑤	③
021	022	023	024	025	026	027	028	029	030
③	①	②	④	⑤	④	②	⑤	①	③
031	032	033	034	035
④	⑤	②	①	⑤

해설

001 ③ p.20
우울증을 겪는 노인의 특성은 불면증, 식욕 부진, 체중감소 등의 신체적 변화와 기억력의 저하, 흥미와 의욕 상실 등의 심리적 변화가 나타난다.

002 ① p.21
애착심은 과거를 생각하게 하거나, 심리적 안정을 찾게 해 준다.

003 ① p.28
② 노인복지정책 강화방법이다.

004 ⑤ p.39

005 ② p.52
판정은 신청서를 제출한 날로부터 30일 이내에 완료한다. 다만 정밀 조사가 필요한 경우 연장 할 수 있다.

006 ④ p.59

007 ④ p.65
개인활동지원은 일상 업무대행으로 물품구매, 약 타기, 은행업무, 관공서 서비스 업무가 해당된다.

008 ③ p.69

009 ⑤ p.77

010 ① p.89-90
시설 운영에 관한 규칙과 규정은 구두나 문서로 공지한다.

011 ③ p.95-96

012 ④ p.111
낯선 장소에 버리거나 거주지를 다른 곳으로 바꾸고 연락을 끊는 행위를 말한다.

013 ⑤ p.125
개인적으로 서비스 계약 또는 타 기관 의뢰는 하지 않으며, 요양보호사 혼자서 결정하지 않는다. 또한 복지용구를 구매 알선하는 행위는 삼가고, 본인부담금의 추가 또는 할인 행위는 하지 않는다.

014 ① p.143
① 팔꿈치 예방 운동
②, ③, ④, ⑤ 어깨 운동

015 ① p.145
물건 이동 시 작은 근육 보다는 큰 근육을 사용하고 대상자 이동 시 천천히 부드럽게 이동한다. 또한 물건을 들어 올릴 때 허리는 곧게 피고 물건은 가까이 두고 올린다.

016 ② p.148

017 ④ p.144

018 ② p.171

019 ⑤ p.179-177
갑작스러운 온도나 습도의 차이, 차고 건조한 공기에 갑자기 노출을 피한다.

020 ③ p.185

021 ③ p.192
골절의 관련요인으로 고령, 시력장애, 골다공증, 저체중, 보조기 사용 등이 있다.

022 ① p.195

023 ② p.200
① 몸에 꽉 끼는 옷은 입히지 않는다.
③, ④ 2시간마다 체위를 변경해 준다.
⑤ 도넛 모양의 베개는 오히려 순환을 저해할 수 있다.

024 ④ p.202
욕창이 발생하면 충분한 단백질을 공급해 준다.

025 ⑤ p.203

026 ④ p.211
장기기억은 대체로 유지되며, 감각은 둔화된다. 근육의 긴장과 반응성이 저하되고, 균형능력이 감소한다.

027 ② p.213

028 ⑤ p.223

029 ① p.240-241
②, ④, ⑤ 치매 중기 증상이다.
③ 치매 말기 증상이다.

030 ③ p.241
①, ②, ④ 치매 초기 증상이다.
⑤ 치매 중기 증상이다.

031 ④ p.257

032 ⑤ p.259
강심제, 이뇨제, 신경안정제 및 당뇨병은 성 기능 감소가 크게 나타난다.

033 ② p.259
자궁적출술과 유방절제술을한 여성 노인은 스스로 덜 여자 같다고 느끼거나 두려움을 느끼지만 성기능이 변화하지는 않는다.

034 ① p.263

035 ⑤ p.271
디프테리아, 파상풍, 백일해를 1차 접종 후 10년 마다 파상풍과 디프테리아를 추가 접종한다.

7회 실기 적중 문제 정답 및 해설

해설에 기재된 페이지 번호는 『요양보호사 양성 표준교재』 페이지입니다.

정답

001	002	003	004	005	006	007	008	009	010
③	④	⑤	②	③	③	④	①	④	③
011	012	013	014	015	016	017	018	019	020
②	③	②	④	⑤	③	②	③	④	③
021	022	023	024	025	026	027	028	029	030
①	⑤	⑤	③	②	②	③	④	③	④
031	032	033	034	035	036	037	038	039	040
②	③	③	④	③	③	①	③	②	③
041	042	043	044	045					
①	④	②	⑤	②					

해설

001 ③ p.33
인지를 자극하기 위해서는 손이나 얼굴을 만지는 것이 효과적이다.

002 ④ p.357
① 상체를 약간 앞으로 숙이고 턱을 당기는 자세로 식사한다.
② 배 부위와 가슴을 압박하지 않는 옷을 입힌다.
③ 충분히 삼킬 수 있을 정도의 적은 양을 입에 넣어 준다.
⑤ 음식을 먹고 있는 도중에는 대상자에게 질문을 하지 않는다.

003 ⑤ p.361
① 영양주머니는 매번 씻는다.
② 영양액은 체온 정도의 온도로 데워 준다.
③ 영양액을 주입 할 때는 앉게 하거나 침상머리를 올린다.
④ 영양주머니는 위장보다 높은 위치에 건다.

004 ② p.602
물을 충분히 제공하여 약을 잘 삼키고 위장관에서 잘 흡수되게 한다.

005 ③ p.603-604

006 ③ p.218
당뇨병 치료 중 제시간에 식사를 못하거나 당질이 부족하면 저혈당 증세가 나타난다.

007 ④ p.300
가족중심 활동은 가족 소풍, 가족과의 대화, 외식나들이 등이 있다.

008 ① p.338
구두보고는 신속하게 보고할 수 있는 장점은 있으나 정확한 기록은 남길 수 없다는 단점이 있다.

009 ④ p.428

010 ③ p.471

011 ② p.439
② 문턱을 오를 때이다.
① 문턱 내려갈 때 동작법이다.
③ 오르막길을 갈 때 동작법이다.
④ 내리막길을 갈 때 동작법이다.
⑤ 울퉁불퉁한 길을 갈 때 동작법이다.

012 ③ p.578
반복적 행동을 할 때 관심을 다른 곳으로 돌리거나, 좋아하는 음식을 주고 좋아하는 노래를 부르거나 단순하게 할 수 있는 일거리를 주면서 관심을 다른 곳으로 돌린다.

013 ② p.366-367
① 건강한 쪽(오른쪽) 휠체어를 둔다.
③ 휠체어 발 받침대를 올려둔다.
④ 마비가 없는 대상자에게는 앉히게 하고 마비가 있을 경우 두팔과 두다리를 모아준다.
⑤ 요양보호사는 무릎을 대상자의 다리 사이에 넣고 지지면을 확보한다.

014 ④ p.316
① 서비스제공 내용과 시간, 특이사항
② 배설, 목욕, 식사섭취, 수분섭취, 외출 등의 내용을 기록
③ 사고의 내용, 결과에 대하여 기록

⑤ 간호사가 작성하는 기록지이다.

015 ⑤ p.524
① 소금에 절인 생선을 제한한다.
② 국이나 찌개종류의 국물을 적게 섭취한다.
③ 커피, 소량의 주류 섭취를 제한한다.
④ 소기름은 제거 후 섭취한다.

016 ② p.531
① 닭고기, 돼지고기는 하루 이내 사용할 경우는 냉장보관하고 그 외 냉동보관한다.
③ 조개류는 신문지에 싸서 냉장, 냉동 보관 한다.
④ 감자는 신문지에 싸서 서늘하고 그늘진 곳에 둔다.
⑤ 시금치는 세워서 보관한다.

017 ② p.532
열대과일은 실온에 보관하고 대부분의 과일은 냉장보관한다.

018 ③ p.648

019 ④ p.535-536
① 싱크대 배수구는 소다와 식초를 부어 놓으면 악취가 사라진다.
② 싱크대에 곰팡이가 있는 경우 희석한 알코올로 닦는다.
③ 냉장실은 자주 청소한다.
⑤ 수세미는 그물형이 위생적이다.

020 ③ p.374
①, ② 느긋하게 편안히 배설할 수 있도록 환경을 조성한다.
④ 배설 중 대상자가 요구하는 것이 있으면 도와준다.
⑤ 대상자가 불편하지 않은지 살펴본다.

021 ① p.377
소변주머니를 방광 위치보다 높게 두면 역류하여 감염의 원인이 된다.

022 ⑤ p.384

023 ⑤ p.427
대상자가 협조를 할 수 있는 경우 대상자가 침대머리 쪽 난간을 잡게 한후 요양보호사는 대상자의 대퇴 아래에 한쪽 팔을 넣고 나머지 한팔은 침상면을 밀면서 대상자와 같이 침대머리 쪽 방향으로 움직인다.

024 ③ p.658
①, ⑤ 증상이 없어도 반드시 병원에 방문해야 한다.
② 지시사항이 없을 때는 구토시키지 않는다.

④ 대상자의 토사물을 모아 두었다가 의료진에게 보여 준다.

025 ② p.310
태그신청 및 절차 → 사용자 등록 → 스마트장기요양앱 설치 → 급여내용 전송 → 청구 및 심사

026 ② p.572-573
① 물에 대한 거부 반응을 보인다면 작은 그릇에 물을 떠서 장난을 하게 한다.
③ 욕조 안에 물은 적당량 채우고 욕조 안에 들어간 후에 조금씩 채운다.
④ 운동실조증이 있는 대상자는 욕조에서 목욕하는 것이 안전하다.
⑤ 목욕을 거부할 때 안전을 위해 혼자서 목욕을 시키지 않는다.

027 ③ p.459
구입품목 : 이동변기, 목욕의자, 성인용 보행기, 안전손잡이, 미끄럼방지용품, 간이변기, 지팡이, 욕창예방 방석, 자세변환용구, 요실금팬티, 욕창예방매트리스(대여품목에도 해당)

028 ④ p.239

029 ③ p.627
타협을 시도하는 단계이다.

030 ④ p.401-402

031 ② p.416-422
편마비 장애가 있는 경우, 옷을 벗을 때는 건강한 쪽부터 벗고 옷을 입을 때는 불편한 쪽부터 입힌다.

032 ③ p.429
① 대상자에 가까이에 선다.
② 대상자의 양쪽 무릎을 굽혀주거나 편안하게 놓아둔다.
④ 적당하게 일어났을 때 무릎이 자연스럽게 굽혀지도록 해 준다.
⑤ 넘어질 수 있으므로 지지해 준다.

033 ③ p.433
엎드린 자세 : 등에 상처가 있거나 등 근육을 쉬게 해줄 때 자세이다.

034 ④ p.445
대상자의 건강한 쪽에 오도록 하여 휠체어와 30-45°로 비스듬히 놓는다.

035 ③ p.451-452
① 보행시킬 때 사용하는 보조기구이다.
② 요양보호사는 대상자의 불편한 쪽에 선다.
④ 요양보호사는 대상자 불편한쪽 뒤에서 벨트 손잡이를 잡는다.
⑤ 다른 한손으로는 반대편 벨트 손잡이를 잡는다.

036 ③ p.195
요실금에 대한 설명이다.

037 ① p.253
② 국과 찌개의 국물을 적게 먹는 것이 좋다.
③ 세 끼 식사는 꼭 하도록 하고 영양제는 신중하게 선택한다.
④ 물은 자주 섭취한다.
⑤ 한 가지 식단은 영양 불균형을 가져올 수 있으므로 골고루 섭취한다.

038 ③ p.282
눈 맞춤에 대한 비언어적 의사소통기법이다.

039 ② p.286

040 ③ p.294

041 ① p.407-408
질 높은 서비스를 제공, 요양보호사의 활동을 입증, 요양보호서비스의 연속성을 유지 가족과 정보 공유를 통해 의사소통을 원활하게 한다. 책임성을 높인다.

042 ④ p.317
① 사실을 그대로 기록한다.
② 서비스의 과정과 결과를 기록한다.
③ 기록은 미루지 않고 신속하게 작성한다.
⑤ 애매한 표현은 피하고 구체적으로 기록한다.

043 ② p.589
신체 부위를 짚어 가며 구체적으로 질문한다.

044 ⑤ p.638-640
회복기간이 단축된다.

045 ② p.657-658
① 대상자를 꽉 붙잡거나 억지로 발작을 멈추게 하지 말고 조용히 기다린다.
③ 고개를 돌리거나 돌려 눕혀 기도를 유지한다.
④ ⑤ 입에 손수건이나 이물질을 넣어서는 안 된다.

8회 필기 적중 문제 정답 및 해설

해설에 기재된 페이지 번호는 『요양보호사 양성 표준교재』 페이지입니다.

정답

001	002	003	004	005	006	007	008	009	010
①	⑤	⑤	③	④	②	④	①	①	③
011	012	013	014	015	016	017	018	019	020
⑤	②	④	①	②	③	⑤	④	①	②
021	022	023	024	025	026	027	028	029	030
③	⑤	④	③	①	②	③	⑤	④	②
031	032	033	034	035					
①	③	⑤	③	①					

해설

001 ① p.20

002 ⑤ p.26
세대 차이와 가치관의 차이로 인하여 고부간의 갈등, 장모와 사위간의 장서갈등도 발생할 수 있다.

003 ⑤ p.53
치매환자로서 장기요양 인정 점수가 45점 이상 51점 미만인 사람이 장기요양 5등급에 해당된다.

004 ③ p.55–56

005 ④ p.64

006 ② p.64
① → 일상생활지원서비스
③ → 시설환경관리서비스
④ → 신체활동지원서비스
⑤ → 정서지원서비스

007 ④ p.73

008 ① p.75

009 ① p.81

010 ③ p.96

011 ⑤ p.109

012 ② p.114
비난, 모욕, 위협 등의 언어 및 비언어적 행위는 노인에게 정서적으로 고통을 준다.

013 ④ p.124

014 ① p.148–152

015 ② p.150
오염된 식수나 음식물 섭취 시 감염되고, 감염되었다면 보호업무 또는 조리업무는 2~3일 정도 쉬어야하며, 구역질, 구토, 복통, 설사를 동반한다.

016 ③ p.151
대상자의 머리카락을 짧게 자르거나 햇볕에 쪼이는 방법 보다는 처방된 치료약을 바르고 일정 간격으로 자주 감는다. 살충성분이 첨가된 치료용 샴푸제를 사용한다.

017 ⑤ p.144–145
환부는 고정 후에 가급적 움직임을 최소화하고 병원 방문은 24~72시간 이내에 해야 한다. 환부는 가슴보다 높게 위치하며, 초기 치료에는 냉찜질을 해야 한다.

018 ④ p.162
약물에 대한 부작용이 많고 치료 효과도 느리다. 보통 단독보단 복합으로 나타나고 합병증을 유발한다. 또한 노화와 질병의 증세가 구별하기 힘들다.

019 ① p.169
정제된 곡물보단 통곡식물을 섭취하며 인스턴트 음식은 피해야 한다. 그리고 금연과 절주가 필요하며 동물성 지방은 피하고 식물성 지방을 섭취한다.

020 ② p.173-174
날씨에 따라 아침운동을 적절히 배분하고 외출 시 방한용구를 착용하여야 한다. 고지방식이나 가공식품 보다는 신선한 야채나 과일을 충분히 섭취하고 외출 후 손 씻기를 한다.

021 ③ p.177
꽃가루, 먼지, 곰팡이 등을 피한다.

022 ⑤ p.188
체중으로 인한 부담을 줄이기 위해 체중을 줄인다.

023 ④ p.199
각질이 많아지고 손톱은 두꺼워진다. 머리카락은 가늘어지고 힘이 없어지며 탄력성이 감소하여 주름이 잡힌다.

024 ③ p.201

025 ① p.203

026 ② p.218
당뇨의 초기 증상으로는 다음증, 다식증, 다뇨증, 체중 감소, 흐릿한 시력과 두통, 무기력, 발기부전, 질 분비물 및 질 감염의 증가이다.

027 ③ p.277
야간에 섬망 증상이 심각한 수준이면 전문가의 진료를 받아야 한다.

028 ⑤ p.224-225
개인의 정체성 유지
대상자와 접촉하는 사람의 수를 줄이고 가족 구성원이 자주 방문하도록 격려한다.

029 ④ p.224-225
지남력의 유지
낮에는 창문이나 커튼을 열어 시간을 알게 한다.
개인사물, 사랑하는 사람의 사진, 달력, 시계 등을 가까이에 둔다.

030 ② p.224-225
초조의 관리
항상 단호하고 부드러운 목소리로 말한다.
대상자를 부드럽게 마주보아 위협을 느끼지않게 한다.

031 ① p.239
치매의 정신행동은 우울증, 정신증, 초조 및 공격성, 수면장애 등이 있다.

032 ③ p.247
뇌졸중 전구증상은 팔다리 마비, 감각이상, 분명치 않는 발음, 한쪽으로 넘어짐, 어지러움, 눈이 안 보이거나 둘로 보임, 벼락 치듯한 심한 두통, 의식장애가 있다.
①, ④, ⑤ 는 파킨슨 질환의 증상이다.

033 ⑤ p.254

034 ③ p.248-249
①, ②, ④, ⑤ 는 파킨슨 질환의 비운동증상이다.

035 ① p.272

8회 실기 적중 문제 정답 및 해설

해설에 기재된 페이지 번호는 『요양보호사 양성 표준교재』 페이지입니다.

정답

001	002	003	004	005	006	007	008	009	010
⑤	③	①	①	④	⑤	④	③	③	①
011	012	013	014	015	016	017	018	019	020
②	③	⑤	④	③	②	①	③	⑤	④
021	022	023	024	025	026	027	028	029	30
③	②	①	④	③	⑤	①	④	②	⑤
031	032	033	034	035	036	037	038	039	40
③	①	④	②	⑤	③	③	①	②	⑤
041	042	043	044	045					
④	①	③	⑤	②					

해설

001 ⑤ p.24

002 ③ p.25
핵가족화로 인하여 점점 손자녀와의 만남이 없어지고, 전통적인 남, 여의 차이가 줄어들고 있다. 빈 둥지 기간은 길어지고 있으며, 고부간의 갈등은 새로운 형태로 갈등이 나타나고 있다.

003 ① p.37

004 ① p.454
지팡이를 이용하여 계단을 내려갈 때 : 지팡이→ 마비된 다리→ 건강한 다리 순으로 이동한다.

005 ④ p.64
①, ② : 기능회복훈련서비스
③ : 치매관리서비스
⑤ : 개인활동서비스

006 ⑤ p.74

007 ④ p.77

008 ③ p.70

009 ③ p.77

010 ① p.124-126

011 ② p.125

012 ③ p.354
① 앉은 자세 – 식탁의 윗부분이 대상자의 배꼽 높이에 오는 것이 좋다.
② 침대에 걸터앉은 자세 – 발이 바닥에 닿아야 안전하다.
④ 편마비 대상자 식사자세 – 건강한 쪽으로 누운 자세를 취한다.
⑤ 편마비 대상자 식사자세 – 마비가 있는 쪽에 베개나 쿠션을 지지한다.

013 ⑤ p.134
① : 무리한 힘을 쓰는 경우
② : 무거운 물품을 드는 경우
③ : 불편한 자세로 장시간 행동하는 경우
④ : 무리하게 행동하는 경우

014 ④ p.136
①, ② : 팔꿈치 통증 예방 스트레칭
③ : 요통 예방 스트레칭
⑤ : 손목 통증 예방 스트레칭

015 ③ p.139
수근관이 좁아져 신경이 자극될 때 나타난다.

016 ② p.148
결핵은 공기로 인한 호흡기 질병이며, 체중 및 식욕이 감소하고 결핵은 유전병이 아니다. 또한, 2주에서 1개월 이후 X-ray 검진을 받아야 한다.

017 ① p.151

018 ③ p.169
통곡식, 생채소, 생과일을 섭취하면 좋다.

019 ⑤ p.175
흡인성 폐렴은 음식물 등 이물질이 기도 내로 넘어가 기관지나 폐에 염증을 발생시킨다.

020 ④ p.184

021 ③ p.543
① 그늘에서 건조, 옷걸이에 걸어서 건조
② 30℃ 물로 세탁, 세탁기로 약하게 세탁 또는 약하게 손세탁 가능, 중성세제 사용
④ 손으로 약하게 짬, 세탁기에서는 단시간에 짜야함
⑤ 원단 위에 천을 덮고, 180-210℃로 다림질

022 ② p.192
고관절 골절의 90% 이상이 낙상에 의해 발생된다.

023 ① p.195
요실금에 관련된 설명이다.

024 ④ p.200
①, ②, ③, ⑤ : 욕창 발생 위험이 가장 크다.

025 ③ p.200-201

026 ⑤ p.569

027 ① p.569
② 색깔이 있는 플라스틱 제품을 사용하는 것이 좋다.
③ 양념은 식탁 위에 두지 않는다.
④ 식사 중 졸려하거나 초조해하는 경우는 식사를 제공하지 않는다.
⑤ 잘 저민 고기, 반숙된 계란, 과일 통조림 등을 갈아서 제공한다.

028 ④ p.581-582
① : 배회할 수 있는 장소를 마련해 준다.
② : 집안을 어둡지 않게 해 준다.
③ : 음악을 크게 틀지 않는다.
⑤ : 신체적 욕구를 풀어 준다.

029 ② p.581-582
배회의 관심을 다른 것으로 돌린다.

030 ⑤ p.582-583
잃어버린 물건에 대한 의심을 부정하거나 설득하지 말고 함께 찾아 본다.

031 ③ p.583-584
불필요한 신체적 압박은 피하고 온화한 표정을 유지한다. 일을 시키는 등의 자극을 피하고, 그런 행동의 이유를 묻지 않는다.

032 ① p.585
석양증후군이 있는 경우 소일거리를 주거나 애완동물과 함께 즐거운 시간을 갖게 해 준다.

033 ④ p.586
단호하게 반복해서 말하면 실수를 줄일 수 있다.

034 ② p.589
막연한 대화보다는 구체적으로 질문하거나 대화한다.

035 ⑤ p.589
신체 부위를 구체적으로 가리키며 대화한다.

036 ③ p.591
치매 대상자에게 여러 가지 일을 한 번에 시킬 경우 일의 종류를 기억하지 못해 엉뚱한 실수를 하게 된다.

037 ③ p.629
대상자의 이마를 가볍게 문질러주고, 가래가 잘 나오도록 머리를 옆으로 돌려 주며, 기저귀를 채워 준다. 그리고 음식물은 억지로 제공하지 않는다.

038 ① p.629
대상자의 고개를 옆으로 돌려 주고 젖은 수건으로 입안을 닦아 준다.

039 ② p.632

040 ⑤ p.632
장치들은 간호사에게 제거해 줄 것을 부탁하고, 조명은 차분하게 조절한다. 그리고 대상자의 물품은 모아 두고 목록을 적어두고 사후 강직이 되기 전에 바른 자세로 바꿔 준다.

041 ④ p.633

042 ① p.655
질식에 관련된 설명이다.

043 ③ p.657
몸에 꽉 끼는 옷을 풀어 주고 대상자를 꽉 잡거나 억지로 경련을 멈추게 하지 않는다. 몸을 억지로 흔들지 않으며 머리 아래에 부드러운 것을 대 준다.

044 ⑤ p.659
물집은 만지지 않고 세균감염의 위험이 있어서 다른 이물질은 바르지 않는다. 수돗물의 수압에 의해 환부가 손상될 수 있고, 장신구는 빨리 제거해 준다.

045 ② p.661-662
반응확인 → 도움요청 → 호흡확인 → 가슴압박 → 회복자세

9회 필기 적중 문제 정답 및 해설

해설에 기재된 페이지 번호는 『요양보호사 양성 표준교재』 페이지입니다.

정답

001	002	003	004	005	006	007	008	009	010
②	⑤	⑤	③	⑤	②	②	④	①	④
011	012	013	014	015	016	017	018	019	020
④	②	③	①	⑤	①	⑤	②	③	⑤
021	022	023	024	025	026	027	028	029	030
⑤	④	①	①	①	③	③	①	①	③
031	032	033	034	035					
②	①	⑤	①	③					

해설

001 ② p.37
사회복지 분야(사회보장제도)

공적부조	기초생활보장, 의료급여, 긴급복지지원, 기초연금
사회보험	국민건강보험, 산업재해보험, 고용보험, 국민연금, 노인장기요양보험
사회서비스	아동복지, 장애복지, 노인복지 등

002 ⑤ p.43-44
독거노인 복지서비스 연계는 독거노인 보호 사업에 속한다.

003 ⑤ p.45
노인의료복지시설

노인요양시설	입소자 10인 이상 시설
노인요양공동생활가정	입소자 9인 이내 시설

004 ③ p.50
65세 미만이나 노인성 질병을 가진 자는 장기요양급여 대상이 된다.

005 ⑤ p.53
장기요양 5등급-〉 장기요양 인정 점수는 45점 이상 51점 미만이다.

006 ② p.49
① 노인장기요양보험 제도는 사회보험에 속한다.
③ 보험자는 국민건강보험공단이다.
④ 장기요양등급 판정에 따라 5등급, 인지지원등급으로 분류한다.
⑤ 재원은 보험료, 국가지원, 본인부담금으로 구성된다.

007 ② p.55

008 ④ p.56

009 ① p.57
방문요양과 방문목욕의 장기요양요원은 요양보호사이다.

010 ④ p.58
급여 대상자가 시설급여를 이용하면 20%, 재가급여를 이용하면 15%를 본인이 부담한다.

011 ④ p.64
기능회복훈련서비스, 간호처치서비스 등은 전문적인 교육과 훈련을 받고 자격을 갖춘 자가 제공해야 하므로 요양보호사의 업무에서 제외된다.

012 ② p.64

013 ③ p.64

014 ① p.77
요양보호사의 모든 서비스는 대상자에게만 제공한다.

015 ⑤ p.110
방임 : 부양 의무자로서의 책임이나 의무를 의도적 혹은 비의도적으로 거부, 불이행하거나 포기하여 노인에게 의식주 및 의료를 적절하게 제공하지 않는 것을 말한다.

016 ① p.111
유기 : 스스로 독립할 수 없는 노인을 격리하거나 방치하는 행위를 말한다.

017 ⑤ p.137

018 ② p.151

019 ③ p.54
장기요양 유효기간 원칙
- 유효기간을 갱신할 때 갱신 직전 등급과 같은 등급으로 판정을 받은 경우
- 1등급의 경우 : 4년
- 2~4등급의 경우 : 3년
- 5등급, 인지지원등급의 경우 : 2년

020 ⑤ p.121

021 ⑤ p.169
대장암 대상자의 식사
- 소량씩 규칙적으로 섭취한다.
- 소화에 도움이 되는 적당량의 운동을 한다.
- 자극을 주는 찬 음식을 피하고 음식을 싱겁게 먹는다.
- 동물성 식품의 섭취를 줄이고 식물성 지방을 섭취한다.
- 통곡식, 생채소, 생과일을 많이 섭취한다.

022 ④ p.171
- 빈번한 하제의 사용은 변비를 악화시킨다.
- 변의를 느끼면 즉시 화장실을 찾도록 한다.
- 관장은 의료행위이므로 하지 않도록 한다.

023 ① p.176
②, ③, ④, ⑤ 천식 치료 및 예방법

024 ① p.178
② 흉부방사선 X-ray와 객담검사를 통해 진단 가능
③ 피로감, 체중 감소, 무기력감이 있다.
④, ⑤ 폐결핵을 치료하기 위해서는 처방된 기간에 충실하게 약을 복용해야 혈액을 완치할 수 있다. (복용 기간은 최소 6개월 이상)

025 ① p.183
고혈압 식이 : 고단백, 저지방, 저탄수화물, 염분제한

026 ③ p.186
비타민 C는 철분의 흡수를 돕는다.

027 ③ p.188
① 아침에 일어나면 관절 강직 현상이 있으며 일반적으로 30분 이내에 호전된다.
②, ④ 관절을 많이 사용할수록 통증이 심해질 수 있다.
⑤ 개인에 따라 자각하는 통증의 정도는 다르다.

028 ① p.200-202
비타민C, 고단백식이를 하도록 한다.

029 ① p.201

030 ③ p.203

031 ② p.205
내복과 침구는 뜨거운 물로 10-20분간 세탁하고 세탁 후 3일 이상 사용하지 않는다.

032 ① p.213

033 ⑤ p.216
① 저음의 차분한 소리로 이야기 한다.
② 감소된 청력을 근본적으로 복구하는 치료는 없다.
③, ④ 난청을 악화시키는 약물 복용을 피하고 보청기를 이용한다.

034 ① p.217

035 ③ p.217
① 근육질량이 감소되어 기초대사율이 감소된다.
② 갑상선 크기가 줄어들고 호르몬 분비량도 감소된다.
④ 인슐린에 대한 민감성 감소로 쉽게 고혈당이 된다.
⑤ 공복 혈당이 상승한다.

9회 실기 적중 문제 정답 및 해설

해설에 기재된 페이지 번호는 『요양보호사 양성 표준교재』 페이지입니다.

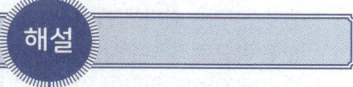

001	002	003	004	005	006	007	008	009	010
②	②	⑤	⑤	⑤	④	①	④	①	④
011	012	013	014	015	016	017	018	019	020
①	①	④	③	①	④	③	③	④	⑤
021	022	023	024	025	026	027	028	029	030
⑤	③	⑤	⑤	①	②	④	④	③	⑤
031	032	033	034	035	036	037	038	039	040
①	④	④	③	③	①	③	⑤	②	①
041	042	043	044	045					
⑤	①	①	④	③					

해설

001 ② p.355
사레에 잘 들리는 대상자에게는 신맛이 강해 침이 많이 분비되는 레몬은 피하여 기도로 흡인되지 않도록 한다.

002 ② p.187
갑자기 어지러움을 느낀 경우, 곧바로 바닥에 주저 앉지 않도록 하여 낙상으로 인한 뇌손상을 예방하도록 한다.

003 ⑤ p.73
요양보호사의 모든 서비스는 대상자에게만 제공한다.

004 ⑤ p.398
① 발톱은 일직선, 손톱은 둥글게 자르도록 한다.
②, ③ 알코올과 잦은 목욕은 피부를 건조하게 한다.
④ 대상자의 독립성을 유지하고 수치심을 느끼지 않도록 필요한 부분만 돕도록 한다.

005 ⑤ p.391
① 건조를 막기 위하여 뚜껑이 있고 물이 담긴 용기에 넣어 보관하도록 한다.
② 잇몸에 압박 자극을 해소하기 위하여 자기 전에는 의치를 빼준다.
③, ④ 뜨거운 물에 삶거나 표백제에 담그면 의치에 변형을 가져올 수 있다.

006 ④ p.149
호흡기를 통한 감염이므로 물건은 함께 써도 괜찮다.

007 ① p.409
② 말초에서 몸의 중심부로 닦아 정맥순환을 촉진시키도록 한다.
③ 눈은 제일 먼저 닦아 준다.
④ 목욕 시간은 20~30분 이내로 빠르게 한다.
⑤ 욕조 안에 미끄럼방지 매트를 깔아 미끄러지지 않도록 한다.

008 ④ p.415
편마비나 장애가 있는 경우, 옷을 벗을 때는 건강한 쪽부터 벗고 옷을 입을 때는 불편한 쪽부터 입힌다.

009 ① p.454
지팡이 보행
계단을 오르는 경우 :
지팡이 → 건강한 다리 → 마비된 다리
평지를 이동하거나 계단을 내려가는 경우 :
지팡이 → 마비된 다리 → 건강한 다리

010 ④ p.664
전극패드 부착부위(흉골패드-우측 쇄골하부, 심첨패드-좌측 유두 외측의 액와중앙선상)

011 ① p.419
편마비 대상자 돕기
• 편마비 대상자가 스스로 이동 시 요양보호사는 대상자의 불편한 쪽에서 보조한다.
• 요양보호사가 대상자를 부축하여 함께 이동하는 경우 요양보호사는 대상자의 건강한 쪽에서 보조한다.
• 침대에서 휠체어로 이동하는 경우 휠체어는 환자의 건강한 쪽에 둔다.

- 옷을 입고 벗는 경우 건강한 쪽부터 벗고, 불편한 쪽부터 입는다.
- 옆으로 누울 때에는 건강한 쪽을 아래로 한다.

012 ① p.361
② 비위관이 빠졌을 경우 임으로 밀어 넣거나 빼면 안 된다.
③ 위의 모양이 왼쪽으로 기울어져 있어서 오른쪽으로 누우면 영양액이 잘 흘러내려 간다.
④ 영양액 주입 후 상체를 높이고 30분 정도 앉아 있도록 한다.
⑤ 중력에 의해 흘러 들어가도록 위장보다 높은 위치에 건다.

013 ④ p.397

014 ③ p.376

015 ① p.429

016 ④ p.550-551
① 환기는 하루에 2-3시간 간격으로 3번 10-30분 환기한다.
② 실내온도는 겨울에 18-22도, 여름은 22-25도가 쾌적하다.
③ 실내습도는 40~60%가 적합하다.
⑤ 야간에 화장실, 계단, 복도 등 위험장소에는 조명을 켜 둔다.

017 ③ p.661-663
반응확인 → 도움요청 → 호흡확인 → 가슴압박 → 회복자세

018 ③ p.471
지팡이는 적절하게 맞춰야 하며 자세의 문제 시 사용법을 치료사에게 상담하는 것이 좋다. 지팡이를 사용하는 쪽 새끼발가락 바깥쪽 15cm, 지팡이로 바닥을 짚은 상태에서 20-30도 정도 구부린 높이가 좋다.

019 ④ p.659

020 ⑤ p.75

021 ⑤ p.356
① 수분이 적은 음식은 삼키기 어렵다.
② 국이나 물로 목을 축인 후 음식을 먹게 한다.
③ 삼킬 수 있을 정도의 양을 준다.
④ 음식을 먹고 있는 중간에 질문을 하지 않는다.

022 ③ p.524
① 식사 후 바로 눕지 말고 약 30분 정도 똑바로 앉는다.
② 밥을 국이나 물에 말아 먹지 않는다.
④ 유제품류는 마시는 형태보다 떠먹는 형태를 선택한다.
⑤ 과일류는 부드러운 과육을 잘게 잘라 먹거나 숟가락으로 긁어 먹는다.

023 ⑤ p.641

024 ⑤ p.459
대여물품(6종) 수동휠체어(전동휠체어는 포함되지 ×), 전동침대, 수동침대, 이동욕조, 목욕리프트, 배회감지기
구입물품(10종) 이동변기, 목욕의자, 성인용보행기, 안전손잡이, 미끄럼방지용품, 간이변기, 지팡이, 욕창예방방석, 자세변환용구, 요실금팬티

025 ① p.459

026 ② p.630-632

027 ④ p.659
① 만지거나 물집을 터트리면 안 된다.
② 장신구는 최대한 빨리 뺀다.
③ 압력으로 피부손상을 입을 수 있다.
⑤ 세균감염의 위험이 있으므로 절대 바르면 안 된다.

028 ④ p.263-264
① 증상이 없더라도 병원에 방문해야 한다.
② 구토한 경우 토사물을 모아 두었다가 의료진이 분석할 수 있게 한다.
③ 지시사항이 없을 경우 구토시키지 않는다.
⑤ 의식이 없는 경우 마실 것을 주지 않는다.

029 ③ p.531
감자는 냉장고에 보관하면 색이 검게 변하거나 전분이 변질되어 맛이 떨어진다.

030 ⑤ p.398

031 ① p.389

032 ④ p.402-403
① 뜨겁지 않게 40℃로 맞춘다.
② 식사 직전, 직후에는 피한다.
③ 강제로 시키지 말고 부드러운 말로 유도한다.
⑤ 다리 → 팔 → 몸통 → 회음부 순서로 목욕한다.

033 ④ p.551
① 전체난방이 바람직하다.
② 한곳만 밝을 경우 눈부심 현상으로 낙상할 수 있다.
③ 자연채광은 밝아야 한다.
⑤ 환기 시 바람은 대상자에게 직접 닿지 않도록 주의한다.

034 ⑤ p.531
① 한 번 녹인 생선·조개류는 세균이 증식하기 쉬우므로 다시 얼리지 않는다.
② 파인애플, 멜론, 오렌지, 바나나 등 열대과일은 실온에 보관이다.
③ 두부는 찬물에 담가 냉장 보관한다.
④ 감자와 고구마는 통풍이 잘되며 서늘하고 어두운 곳에 보관한다.

035 ③ p.198
① 기저귀와 소변주머니 사용은 최대한 자제하도록 하고 되도록 스스로 할 수 있도록 교육한다.
② 금기가 아니라면 수분을 섭취해 주도록 한다.

036 ① p.200-201
- 욕창의 초기 단계에는 피부손상은 없고 발적이 있다.
- 순환장애 → 발적 → 열감 → 국소적 빈혈 → 궤양 → 조직의 괴사

037 ③ p.224
착각 및 환각이 보일 경우 대상자의 말을 경청하고 현실을 확인할 수 있는 환경을 만들어 준다.

038 ⑤ p.371
차가운 변기가 피부에 바로 닿을 경우 대상자가 놀랄 수 있으며 피부와 근육이 수축하여 변의가 감소될 수 있다.

039 ② p.568
상황을 분석하거나 평가할 수 없다. 금방 잊어버린다.
치매가 진행된 후에도 예전 방식대로 하려고 고집한다.
새로운 일을 배우는 능력에 문제가 있어 변화에 대처하지 못한다.

040 ① p.661-663
환자를 바닥이 단단하고 평평한 곳에 등을 대고 눕힌 뒤에 가슴뼈(흉골)의 아래쪽 절반 부위에 깍지를 낀 두 손의 손바닥 뒤꿈치를 댄다. 압박된 가슴은 완전히 이완되도록 한다.

041 ⑤ p.449
요양보호사가 제공하는 서비스는 대상자에게만 제한하여 제공한다.

042 ① p.467
①, ② 사용하지 않을 때 타고 내릴 때 모두 잠금장치를 확인해야 한다.
③ 욕창을 유발할 수 있다.
④ 공기압이 너무 높거나 낮지 않도록 적정 공기압을 유지해야 한다. (타이어를 엄지손가락으로 눌렀을 때 0.5cm 들어간 상태가 적정 공기압)
⑤ 접은 상태에서 보관해야 한다.

043 ① p.431
체위변경의 목적 : 폐확장 촉진, 관절의 움직임을 돕고 변형 방지, 부종과 혈전 예방 등

044 ⑤ p.540
① 이불은 가볍고 부드러운 것을 선택한다.
② 매트리스는 단단한 것을 선택한다.
③ 시트는 흡습성이 좋은 옅은 색의 면이 좋다.
④ 베개는 습기를 흡수하지 않고 열에 강한 것이 좋다.

045 ③ p.567
대상자 상태를 파악, 남아 있는 정신기능을 최대한 활용, 정상적인 신체기능으로 최대한 복귀, 대상자에게 의미 있는 환경 조성

10회 필기 적중 문제 정답 및 해설

해설에 기재된 페이지 번호는 『요양보호사 양성 표준교재』 페이지입니다.

정답

001	002	003	004	005	006	007	008	009	10
①	①	③	①	①	③	①	①	①	①
011	012	013	014	015	016	017	018	019	020
①	①	④	⑤	④	①	②	③	③	①
021	022	023	024	025	026	027	028	029	030
①	①	②	③	②	④	②	④	⑤	④
031	032	033	034	035					
①	③	②	①	③					

해설

001 ① p.43
노인학대에 전문적이고 체계적으로 대처하여 노인권익을 보호하는 한편, 노인학대 예방 및 노인인식 개선 등을 통해 노인의 삶의 질 향상을 도모하기 위한 사업이다.

002 ① p.50
대상자는 65세 이상인 자 또는 65세 미만이지만 노인성 질병을 가진 자로 거동이 불편하거나 치매 등으로 인지가 저하되어 6개월 이상의 기간 동안 일상생활을 수행하기 어려운 사람이다.

003 ③ p.53

004 ① p.49

005 ① p.188
관절에 무리가 가는 운동 보다 수영, 걷기 등을 통하여 무릎 주변의 근력을 강화할 수 있는 운동이 좋다.

006 ③ p.46

007 ① p.64
언어치료는 기능회복훈련서비스에 해당된다.

008 ① p.63

009 ① p.112
요양보호사가 노인학대를 알게 된 때 즉시 노인보호전문기관 또는 수사기관에 신고할 것

010 ① p.148

011 ① p.171

012 ① p.174
심호흡과 기침을 하여 기관지 내 가래를 배출하도록 돕는다. 지나치게 뜨겁거나 차가운 음식, 자극적인 음식은 기관지 경련을 일으킬 수 있으므로 피한다.

013 ④ p.181
② 최대 심박출량과 심박동수가 감소된다.
③ 혈액순환이 감소된다.
⑤ 근육이 두꺼워져 탄력성이 떨어진다.

014 ⑤
대상자가 가슴 통증이나 호흡곤란이 있는 경우 생명과 직결된 문제이므로 최대한 빨리 조치를 취해야 한다. 협심증이란 심장근육의 허혈에 의해 발생하는 질환으로 가슴이 쥐어짜는 느낌이나 흉부에 통증 증상이 있을 수 있다.

015 ④ p.191
비타민D는 칼슘과 인의 흡수를 돕는다. 비타민 D는 달걀노른자, 생선, 간 등의 식품을 통해 섭취할 수 있지만 대부분은 햇빛을 통해 얻는다.

016 ① p.203
자주 샤워를 하는 것은 피부를 더욱 건조시킬수 있다. 목욕 후 물기를 두드려 말리고 물기가 마르기 전에 보습제를 충분히 바른다.

017 ② p.189
비타민D는 칼슘의 흡수를 도와 뼈를 튼튼하게 만들어 주는 역할을 한다. 비타민D가 결핍되면 뼈가 약해지는 결함이 발생할 수 있다.

018 ③ p.45
①⑤ => 노인주거복지시설
②④ => 노인여가복지시설

019 ③ p.51

020 ① p.218-219

021 ① p.141
어떤 물건을 들 때 중심선(허리)이 기저면에 가까워야 안정감이 있으며, 허리 대신 무릎을 구부려 중심선이 기저면과 가깝도록 한다.

022 ① p.377
② 자유로이 움직일 수 있다.
③ 소변량과 색깔을 2-3시간마다 확인한다.
④ 소변의 역류를 방지하기 위하여 소변 주머니는 항상 방광 보다 낮게 유지하도록 한다.
⑤ 아랫배의 팽만감과 불편감은 관이 막히거나 꼬여서 제대로 배출이 안될 수 있으므로 확인해야 한다.

023 ② p.54
장기요양 유효기간 원칙
유효기간을 갱신할 때 갱신 직전 등급과 같은 등급으로 판정을 받은 경우
1등급의 경우 : 4년
2 ~ 4등급의 경우 : 3년
5등급, 인지지원등급의 경우 : 2년

024 ③ p.47

025 ② p.162
원인이 불명확한 만성 퇴행성 질환이며, 젊은 사람보다 약물에 더욱 민감하게 반응 하기 때문에 약물 사용시 신중해야 한다.

026 ④ p.252-253
노인의 영양관리 식단은 동물성 지방과 고열량 식품은 자제하고, 섬유질 섭취와 유제품 섭취는 권장한다.

027 ② p.270
65세 이상 폐렴구균 예방접종이 필요하다.

028 ④ p.49
고령의 노인이나 노인성 질병 등으로 일상생활을 혼자 할 수 없는 대상자에게 신체활동 및 가사지원 등의 장기요양급여를 제공하여 가족의 부담을 덜어 주고 삶의 질을 향상하기 위해 만들어진 사회보험제도이다.

029 ⑤ p.49-50
요양원 입소 대상자는 본인이 20% 부담한다. 미용비는 본인이 부담하며, 장기인정점수가 45점 이상 51점 미만이 치매대상자이다. 재가급여, 시설급여, 특별현금급여로 구분한다.

030 ④ p.55

031 ① p.200
욕창이 생기는 원인은 장기간 와상상태, 체위변경 어려움, 체중압박 부위, 부적절한 영양, 오실금 및 변금실, 부적절한 체위변경이다.

032 ③ p.201-202

033 ② p.215
백내장은 불빛 주위에 무지개, 눈부심이 있고 색 구별이 어려워지고 동공에 백색혼탁의 증상이 나타난다.

034 ① p.174

035 ③ p.178
① 피로감, 체중감소, 무기력감이 있다.
④ 폐조직이 섬유화되는 질환이다.
⑤ 폐결핵을 치료하기 위해서는 처방된 기간에 충실하게 약을 복용해야 혈액을 완치할 수 있다. (복용 기간은 최소 6개월 이상)

10회 실기 적중 문제 정답 및 해설

해설에 기재된 페이지 번호는 『요양보호사 양성 표준교재』 페이지입니다.

정답

001	002	003	004	005	006	007	008	009	010
②	④	①	⑤	④	⑤	①	⑤	①	①
011	012	013	014	015	016	017	018	019	020
⑤	③	③	①	⑤	①	①	⑤	④	②
021	022	023	024	025	026	027	028	029	030
⑤	②	⑤	⑤	⑤	②	②	③	②	④
031	032	033	034	035	036	037	038	039	040
③	③	②	②	②	⑤	⑤	⑤	②	⑤
041	042	043	044	045					
③	②	③	④	④					

해설

001 ② p.217
① 혈당강하제는 혈당을 떨어뜨리는 역할을 한다.
② 의식이 없으면 병원으로 즉시 이송해야 하며 의식이 있다면 오렌지주스, 사탕, 초콜릿 등의 단당류를 통하여 혈당을 올리도록 한다.
④ 인슐린은 혈당을 떨어뜨리는 작용을 한다.

002 ④ p.384
① 누워 있는 상태에서 양치질을 하는 경우 기도로 흡인되지 않도록 옆으로 눕도록 하여 구강청결을 돕는다.
② 혈액응고장애가 있는 대상자에게는 출혈 가능성이 있으므로 치실 사용은 피하도록 한다.
③ 대상자가 앉은 자세를 할 수 없는 경우 건강한 쪽이 아래로 향하도록 하고 옆으로 누운 자세를 취한 후 구강청결을 돕는다.

003 ① p.354
편마비 대상자의 건강한 쪽이 밑으로 가야 안정감이 있고 지지가 된다. 누워 있는 상태라도 삼키고 소화하기 쉽도록 가능한 한 상체를 세운 편안한 자세를 취한다.

004 ⑤ p.579-580

005 ④ p.578
치매 대상자가 심리적 안정과 자신감을 갖도록 도와준다. 질문에 답을 해주는 것보다 치매 대상자를 다독거리며 안심시켜 주는 것이 중요하다. 반복되는 행동을 억지로 고치려고 하지 않는다.

006 ⑤ p.518-520
음식은 부드럽게 조리하고 질환 상 허용되는 범위 내에서 식품을 섭취하고 짜거나 자극적이지 않게 음식을 조리한다.

007 ① p.459

008 ⑤ p.361-362
① 영양주머니는 매번 씻는다.
② 영양액은 체온 정도의 온도로 데워 준다.
③ 영양액을 주입할 때는 앉게 하거나 침상머리를 올린다.
④ 영양주머니는 위장보다 높은 위치에 건다.

009 ① p.270
노인대상 예방접종 종류와 주기
- 인플루엔자: 모든성인 매년 1회
- 파상풍, 디프테리아, 백일해 : 50세 이상 1회 기본접종 후 10년마다 파상풍과 디프테리아를 추가 접종한다.
- 폐렴구균 : 50-64세(위험군에 대해 1-2회 접종), 65세 이상(1회)
- 65세 이상 노인은 인플루엔자, 폐렴구균, 대상포진, 파상풍, 디프테리아 예방접종을 권고하도록 하고 있다.

010 ① p.626
임종의 단계 : 부정 → 분노 → 협상 → 우울 → 수용

011 ⑤ p.467
표면이 거칠고 딱딱한 쿠션은 욕창을 유발할 수 있다.

012 ③ p.201

013 ③ p.459
대여품목(6종) : 수동휠체어(전동휠체어는 포함되지 ×), 전동침대, 수동침대, 이동욕조, 목욕리프트, 배회감지기
구입 또는 대여품목(2종):경사로, 욕창예방 매트리스
구입품목(10종) : 이동변기, 목욕의자, 성인용보행기, 안전손잡이, 미끄럼방지용품, 간이변기, 지팡이, 욕창예방방석, 자세변환용구, 요실금 팬티

014 ① p.409
눈을 안쪽에서 바깥쪽으로 닦는 것은 비루관으로 분비물이 들어가는 것을 예방하기 위함이다.

015 ⑤ p.279
※편마비 대상자 돕기
- 편마비 대상자가 스스로 이동 시 요양보호사는 대상자의 불편한 쪽에서 보조한다.
- 요양보호사가 대상자를 부축하여 함께 이동하는 경우 요양보호사는 대상자의 건강한 쪽에서 보조한다.
- 침대에서 휠체어로 이동하는 경우 휠체어는 환자의 건강한 쪽에 둔다.
- 옷을 입고 벗는 경우 건강한 쪽부터 벗고, 불편한 쪽부터 입는다.
- 옆으로 누울 때에는 건강한 쪽을 아래로 한다.

016 ① p.429

017 ① p.431-433

018 ⑤ p.377
유치도뇨관을 강제로 빼면 요도점막이 손상되므로 빠지지 않게 주의한다.

019 ④ p.528-532
① 조리기구는 구분 사용하여 2차 오염을 방지한다.
② 육류의 생식을 자제하고 충분히 가열한다.
③ 오염된 조리기구는 10분간 세척, 소독한다.
⑤ 조리된 음식은 장시간 실온에 방치하지 않는다.

020 ② p.657
출혈 시 장갑을 착용하고 멸균거즈를 이용하여 직접 압박한다. 너무 조이지 않게 압박하면서 출혈부위를 심장보다 높게 위치하여야 한다.

021 ⑤ p.50

022 ② p.126

023 ⑤ p.134
① : 무리한 힘을 쓰는 경우
② : 무거운 물품을 드는 경우
③ : 불편한 자세로 장시간 행동하는 경우
④ : 무리하게 행동하는 경우

024 ⑤ p.659
물집은 만지지 않고 세균감염의 위험이 있어서 다른 이물질은 바르지 않는다. 수돗물의 수압에 의해 환부가 손상될 수 있고, 장신구는 빨리 제거해 준다.

025 ⑤ p.175
흡인성 폐렴: 음식물이나 이물질기 기도 내로 넘어가 기관지나 폐에 염증을 일으킴

026 ② p.663-665

027 ② p.657-658
① 대상자를 꽉 붙잡거나 억지로 발작을 멈추게 하지 말고 조용히 기다린다.
③ 고개를 돌리거나 돌려 눕혀 기도를 유지한다.
④, ⑤ 입에 손수건이나 이물질을 넣어서는 안 된다.

028 ③ p.374
①, ② 느긋하게 편안히 배설할 수 있도록 환경을 조성한다.
④ 배설 중 대상자가 요구하는 것이 있으면 도와준다.
⑤ 대상자가 불편하지 않은지 살펴본다.

029 ② p.264
삼키는 것이 힘들다고 쪼개서 복용하면 안된다. 분할선이 있는 약만 쪼개서 복용할 수 있으며, 분쇄할 수 없는 약이라면 처방을 변경해야 한다.

030 ④ p.629
① 의식이 흐려진다.
② 혈압이 떨어진다.
⑤ 항문이 열린다.

031 ③ p.451

032 ③ p.595-596
비위관이 빠졌을 때 임의로 밀어 넣거나 빼면 안 되며 비위관을 잠근 후 시설장에게 보고한다.

033 ② p.373
① 중기단계이다.
③, ④, ⑤ 초기 단계이다.

034 ② p.248
① 침대높이와 이동변기의 높이가 같도록 맞춘다.
③ 이동변기는 건강한 쪽으로 45° 붙인다.
④ 변기는 따뜻한 물로 데워 준다.
⑤ 배설 시 하반신을 수건이나 무릎덮개로 덮어 준다.

035 ② p.581
배회 예방을 위해 현관이나 출입문에 벨을 달아 놓아 대상자가 출입하는 것을 관찰한다.

036 ⑤ p.265
관절염, 근육통 등 통증에 먹는 약으로, 신장기능이 좋지 않은 경우나 심부전이 있는 경우는 복용 전 의사와 상의해야 한다. 또한 노인에서는 위염, 위궤양을 일으키는 경우가 많아 속쓰림 등이 있을 때는 의사에게 말해야 한다.

037 ⑤ p.390-391
① 건조를 막기 위하여 뚜껑이 있고 물이 담긴 용기에 넣어 보관하도록 한다.
② 잇몸에 압박 자극을 해소하기 위하여 자기 전에는 의치를 빼준다.
③④ 뜨거운 물에 삶거나 표백제에 담그면 의치에 변형을 가져올 수 있다.

038 ⑤ p.286

039 ② p.544
그늘에서 건조, 옷걸이에 걸어서 건조표시이다.

040 ⑤ p.552

041 ③ p.364

042 ③ p.355
연하곤란이 있는 대상자는 사레가 걸려 흡인성 폐렴에 걸릴 수 있으므로 식사 돕기 시 주의해야 한다.

043 ② p.578
치매대상자의 반복적인 질문이나 행동을 할 경우 주의를 환기시키거나, 좋아하는 음식을 주거나 단순하게 할 수 있는 일거리를 준다. 무리하게 중단시키려고 하지 말고 반복적인 질문에 답을 주기보다 안심을 시켜 주는 것이 중요하다.

044 ④ p.657
① 머리 아래에 부드러운 것을 대주고 위험한 물건을 치운다.
② 얼굴을 옆으로 돌려서 눕혀 기도를 유지한다.
③ 이물질을 넣어서는 안 된다.
⑤ 억지로 발작을 멈추게 하려고 하지 말고 조용히 기다린다.

045 ④ p.521
혈당이 떨어지는 경우 어지러움, 식은땀 등의 증상이 있을 수 있다. 저혈당이 의심되는 경우 의식상태를 확인하고 의식이 있는 경우 초콜릿, 오렌지주스 등을 섭취할 수 있도록 돕는다.

요양보호사 실전모의고사

핵심요약

1장 요양보호 개론

I. 요양보호 대상자 이해

01 노인과 노화과정
– 사회적으로 각종 혜택을 누리게 되는 시점인 65세 이상부터 노인으로 구분한다.

1) 노인의 기여
경제적 기여, 정치적 기여, 사회적 기여

2) 노인에 대한 보상
경제적 보상, 제도적 보상(국민연금, 국민건강보험 등의 사회보장 제도), 정치적 보상, 지적 정신적 문화유산의 전수

02 노년기 특성

1) 신체적 특성
세포의 노화, 면역능력의 저하, 잔존능력의 저하, 회복능력의 저하, 비가역적 진행(노화는 진행성 과정이며 노화의 진행을 막을 수 없음)

2) 심리적 특성

(1) 우울증 경향의 증가
불면증, 식욕부진, 체중감소의 신체적 증상, 기억력저하, 흥미와 의욕상실의 심리적 증상

(2) 내향성의 증가
노년기에 접어들면서 내면으로 향하기 향함

(3) 조심성의 증가
자신감의 감퇴로 인한 조심성 증가

(4) 경직성의 증가
새로운 변화를 싫어하고 익숙한 습관적인 태도나 방법을 고수

(5) 생에 대한 회고의 경향
지난 생에 대한 감정을 해소하고 다가오는 죽음을 맞음

(6) 친근한 사물에 대한 애착심

(7) 유산을 남기려는 경향

(8) 의존성의 증가
신체적, 사회적, 심리적, 경제적, 정신적으로 다른 사람에게 의존함

3) 사회적 특성
- 역할상실, 전제적 빈곤, 유대감의 상실, 사회적 관계 위축

03 가족관계 변화와 노인부양

1) 가족관계의 변화

(1) 부부관계
- 역할 변화에의 적응 : 부부간의 관계가 동반자로 전환됨
- 성적 적응 : 활발한 성생활을 유지하는 게 필요함
- 배우자 사별에 대한 적응

알아두기	1단계 : 상실감 → 2단계 : 정체감 → 3단계 : 혼자 사는 삶 개척함

(2) 부모 – 자녀관계
빈둥지증후군 : 자녀의 결혼으로 부부만 남게 되면서 외로움과 상실감을 겪음
수정확대가족 : 자녀가 부모와 근거리에 살면서 부양을 함

(3) 고부, 장서관계
- 가치관과 세대 차이를 역할 관계 재정립과 가치관 공유 등을 통해 노력해야 함

2) 노인부양 문제와 해결방안
- 노인 부양 문제 : 대표적 4가지는 빈곤, 질병, 고독, 무위(역할상실)
- 해결 방안 : 사회와 가족의 협력, 세대 간의 갈등조절, 노인의 개인적 대처, 노인복지정책 강화

II 요양보호 관련 제도 및 서비스

01 노인복지와 노인복지 사업의 유형

- 노인복지란 : 노인이 인간다운 생활을 영위하도록 인적, 물적 자원을 지원해 주는 것

1) 노인복지시설의 종류

종류	시설	설치목적
노인주거 복지시설	양로시설	노인을 입소시켜 급식과 그 밖에 일상생활에 필요한 편의를 제공
	노인공동 가정생활	노인들에게 가정과 같은 주거여건과 급식, 그 밖에 일상생활에 필요한 편의를 제공
	노인복지 주택	노인에게 주거시설을 임대하여 주거의 편의, 생활지도, 상담 및 안전관리 등 일상생활에 필요한 편의를 제공
노인의료 복지시설	노인 요양시설	치매, 중풍 등 노인성질환 등으로 심신에 상당한 장애가 발생하여 도움을 필요로 하는 노인을 입소시켜 급식, 요양과 그 밖에 일상생활에 필요한 편의를 제공 (입소자 10인 이상 시설)
	노인요양 공동생활 가정	치매, 중풍 등 노인성질환 등으로 심신에 상당한 장애가 발생하여 도움을 필요로 하는 노인에게 가정과 같은 주거여건과 급식, 요양, 그 밖에 일상생활에 필요한 편의를 제공(입소자 9인 이내 시설)
노인여가 복시시설	노인 복지관	노인의 교양, 취미생활 및 사회참여활동 등에 대한 각종 정보와 서비스를 제공하고, 건강증진 및 질병예방과 소득보장, 재가복지, 그 밖에 노인의 복지 증진에 필요한 서비스를 제공
	경로당	지역노인들이 자율적으로 친목도모, 취미활동, 공동작업장 운영 및 각종 정보교환과 기타 여가활동을 할 수 있도록 하는 장소를 제공
	노인교실	노인들에 대하여 사회활동 참여욕구를 충족시키기 위하여 건전한 취미생활, 노인건강유지, 소득보장 기타 일상생활과 관련한 학습프로그램을 제공
재가노인 복지시설	방문요양 서비스	가정에서 일상생활을 영위하고 있는 노인(이하 "재가노인"이라 한다.)으로 신체적, 정신적 장애로 어려움을 겪고 있는 노인에게 필요한 각종 편의를 제공하여 지역사회 안에서 건전하고 안정된 노후를 영위하도록 하는 서비스
	주, 야간 보호 서비스	부득이한 사유로 가족의 보호를 받을 수 없는 심신이 허약한 노인과 장애노인을 주간 또는 야간 동안 보호시설에 입소시켜 필요한 각종 편의를 제공하여 이들의 생활안정과 심신기능의 유지 향상을 도모하고, 그 가족의 신체적 정신적 부담을 덜어 주기 위한 서비스
	단기보호 서비스	부득이한 사유로 가족의 보호를 받을 수 없는 심신이 허약한 노인과 장애노인을 보호시설에 단기간 입소시켜 보호함으로써 노인 및 노인가정의 복지증진을 도모하기 위한 서비스
	방문목욕 서비스	목욕장비를 갖추고 재가노인을 방문하여 목욕을 제공하는 서비스
	그 밖의 서비스	그 밖에 재가노인에게 제공하는 서비스로서 보건복지부령에서 정하는 서비스

노인보호 전문기관	중앙노인보호 전문기관	노인학대행위자에 대한 상담 및 교육, 학대받은 노인의 발견, 상담, 보호
	지역노인보호 전문기관	노인학대 예방 및 방지를 위한 홍보를 담당하는 기관

* 재가급여의 장단점

장점	단점
평소 생활하는 친숙한 환경에서 지낼 수 있음 사생활이 존중되는 개인 중심 생활을 할 수 있음	의료, 간호, 요양서비스가 단편적으로 진행되기 쉬움 긴급한 상황에서 신속하게 대응하기 어려움

– 특별 현금 급여

가족요양비, 특례 요양비, 요양병원 간병비

2) 노인장기요양보험제도

(1) 대상자 : 65세 이상인자 또는 65세 미만으로 거동이 불편한 노인성질환을 가진 자

(거동이 불편하거나 치매 등으로 인지가 저하되어 6개월 이상의 기간 동안 혼자서 일상생활을 수행하기 어려운 사람이다.)

(2) 절차

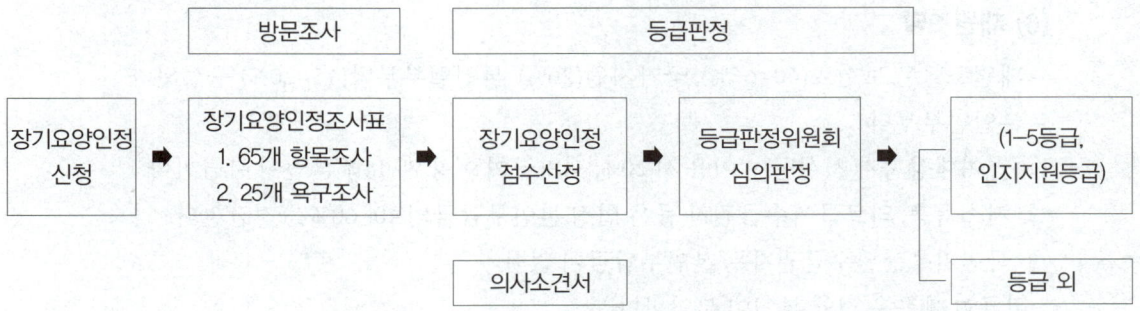

(3) 장기요양인정 점수에 따른 등급

등급	상태	장기요양 인정점수
1등급	심신의 기능 상태 장애로 일상생활에서 전적으로 다른 사람의 도움이 필요한 자	95점 이상
2등급	심신의 기능 상태 장애로 일상생활에서 상당 부분 다른 사람의 도움이 필요한 자	75점 이상 95점 미만
3등급	심신의 기능 상태로 장애로 일상생활에서 부분적으로 다른 사람의 도움이 필요한 자	60점 이상 75점 미만
4등급	심신의 기능 상태 장애로 일상생활에서 일정 부분 다른 사람의 도움이 필요한 자	51점 이상 60점 미만

5등급	치매환자(제2조에 따른 노인성 질병에 해당하는 치매로 한정한다)	45점 이상 51점 미만
인지지원등급	치매환자(제2조에 따른 노인성 질병에 해당하는 치매로 한정한다)	45점 미만

(4) 판정 결과 통보

- 공단은 장기요양인정서와 개인별 장기 요양 이용 계획서를 수급자나 보호자에게 제공한 후 서비스 이용에 대해 교육한다.
- 장기요양 유효기간 원칙

유효기간을 갱신할 때 갱신직전 같은 등급으로 판정 받는 경우
1등급의 경우 : 4년 2등급- 4등급의 경우 : 3년 5등급, 인지지원등급의 경우 : 2년

(5) 장기요양기관의 비용 청구 및 지급

장기요양기관 → 수급자에게 재가급여 또는 시설급여를 제공 → 공단에 장기요양급여비용 청구 → 공단은 심사 후 당월 장기요양기관에 지급

(6) 재원조달

- 재원조달은 보험료(60-66%), 국가지원(20%), 본인일부부담(15-20%) 구성된다.
- 본인일부부담
① 급여대상자가 시설급여 이용 시 20%, 재가급여 이용 시 15% 본인이 부담한다.
② 저소득층, 의료급여수급권자 등은 법정 본인부담금의 40-60%를 경감한다.
③ 국민기초생활수급권자는 본인부담금이 없다.
* 비급여 항목은 전액 본인이 부담한다.

3) 요양보호 업무

목적	대상자에게 실질적인 도움이 되기 위해서는 인간 욕구에 대해 기본적으로 이해하고 있어야 하며 대상자의 현재 기능수준을 향상, 유지하며 필요한 일상생활지원과 심리, 정서적 지원을 통해 노후생활을 영위할 수 있도록 도와야 한다.
요양보호 업무의 유형과 내용	
분류	서비스 내용
신체활동 지원서비스	① 세면 도움 ② 구강관리 ③ 머리 감기기 ④ 몸 단장 ⑤ 옷 갈아입히기 ⑥ 몸씻기 도움 ⑦ 식사 도움 ⑧ 체위변경 ⑨ 이동 도움 ⑩ 화장실 이용하기 ⑪ 신체기능의 유지증진

일상생활 지원서비스	① 식사준비 ② 청소 및 주변정돈 ③ 세탁 ④ 개인활동지원
정서지원, 의사소통	① 말벗, 격려, 위로 ② 생활상담 ③ 의사소통 도움
방문목욕서비스	① 방문목욕
기능회복훈련 서비스	① 신체, 인지향상프로그램 ② 기본동작 훈련 ③ 일상생활동작 훈련 ④ 물리치료 ⑤ 언어치료 ⑥ 작업치료 ⑦ 기타 재활치료 ⑧ 인지 및 정신기능 훈련
인지지원 (인지관리지원)	① 인지행동 변화 관리 등
시설환경관리 서비스	① 침구, 리넨 교환 및 정리 ② 환경관리 ③ 물품관리 ④ 세탁물관리
건강 및 간호관리	① 관찰 및 측정 ② 건강관리 ③ 간호관리 ④ 응급서비스

• 요양보호서비스 제공원칙
① 대상자의 성격, 습관, 선호하는 서비스 등을 서비스 제공 개시 전에 반드시 확인하고 대상자의 능력을 최대한 활용하면서 서비스를 제공한다.
② 서비스 제공 전 대상자에게 충분히 설명한 후 동의한 경우 서비스를 제공하며 대상자가 치매 등으로 인지능력이 없는 경우에는 보호자에게 동의를 구한다.
③ **모든 서비스는 대상자에게만 제공한다.**
④ 서비스 제공 중 예기치 못한 사고가 발생한 경우 소속된 시설장, 간호사 등에게 신속하게 보고한다.
⑤ 맥박, 호흡, 체온, 혈압측정, 흡인, 비위관삽입, 관장, 도뇨, 욕창 관리, 투약(경구약 및 외용약 제외) 등을 포함하는 모든 의료 행위를 하지 않는다.
⑥ 대상자에게 응급 상황이 발생한 경우 응급처치 우선순위에 따라 응급처치 하고 응급처치를 할 수 없거나 의사에게 보고할 수 없는 상황인 경우 의료기관으로 옮긴다.

• 요양보호사의 역할
① 숙련된 수발자
② 정보 전달자
③ 관찰자
④ 말벗과 상담자
⑤ 동기 유발자
⑥ 옹호자

III 인권과 직업윤리

01 노인의 인권 보호

- 노인의 법적 권익 보호
① 일반적 기본권 – 행복추구권과 평등권 등이 속한다.
② 자유권 – 신체, 사생활, 정신적 활동, 경제생활, 정치활동에 대한 자유권이 속한다.
③ 사회권 – 주거 공간 보장, 의료보장, 사회적 서비스, 요양보호권 등이 속한다.

(1) 재가노인 인권보호

① 생존권과 경제권보호를 위해 공적연금과 경제활동 지원사업을 제공하고 있다.
② 건강권보호를 위해 국민건강보험과 노인장기 요양보험, 노인돌봄사업을 운영하고 있다.
③ 교육, 문화권 보호를 위해 자신의 능력에 맞게 교육을 받고 여가와 문화생활 하는 것을 보장하고 있다.
④ 주거 환경권보호를 위해 지역사회 내의 자신의 집에서 생활할 수 있도록 주거환경을 개선하고 있다.

(2) 시설노인 인권 보호

- 시설 생활노인 권리보호를 위한 윤리강령
- 생활단계
① 개별화된 서비스를 제공받고 선택할 권리
② 안락하고 안전한 생활 환경을 제공받을 권리
③ 사생활과 비밀 보장에 관한 권리
④ 존엄한 존재로 대우받을 권리
⑤ 차별 및 노인학대를 받지 않을 권리
⑥ 신체구속을 받지 않을 권리
⑦ 질 높은 서비스를 받을 권리
⑧ 정치, 문화, 종교적 신념의 자유에 대한 권리
⑨ 자신의 재산과 소유물을 스스로 관리할 권리
⑩ 이성교재, 성생활, 기호품 사용에 관한 자기 결정의 권리
⑪ 자신의 견해와 불평을 표현하고 해결을 요구할 권리

02 노인학대 예방

학대 유형	학대 행위
신체적 학대	노인을 폭행한다.
	노인을 제한된 공간에 강제로 가두거나, 노인의 거주지 출입을 통제한다.
	노인의 신체적 생존을 위협할 수 있는 행위를 한다.
	약물을 사용하여 노인의 신체를 통제하거나 저해한다.
정서적 학대	노인과의 접촉을 기피한다.
	노인의 사회관계 유지를 방해한다.
	노인을 위협, 협박한 언어적 표현이나 감정을 상하게 하는 행동을 한다.
성적 학대	노인에게 성폭력을 행한다.
	노인에게 성적 수치심을 주는 표현이나 행동을 한다.
경제적 학대	노인의 소득 및 재산, 임금을 가로채거나 임의로 사용한다.
	노인의 재산에 관한 법률적 권리를 침해하는 행위를 한다.
	노인의 재산 사용 또는 관리에 대한 결정을 통제한다.
방임	거동이 불편한 노인의 의식주 등 일상생활 관련 보호를 제공하지 않는다.
	경제적 능력이 없는 노인의 생존을 위한 경제적인 보호를 제공하지 않는다.
	의료 관련 욕구가 있는 노인에게 의료적 보호를 제공하지 않는다.
자기방임	자신을 돌보지 않거나, 돌봄을 거부함으로써 노인의 생명이 위협받는다.
유기	의존적인 노인을 유기한다.

- 노인 학대 예방을 위한 법적, 제도적 장치
  - 요양보호사가 직무상 노인학대를 알게 된 때에는 즉시 노인보호전문기관 또는 수사기관에 신고할 것을 의무화하고 있다. (신고하지 않으면 500만 원 이하의 과태료 부과)

03 요양보호사의 인권 보호

(1) 산업재해보상보험법

① 산재로 요양 중에 퇴직하거나 사업장이 부도, 폐업하여 없어진 경우에도 재요양, 휴업급여, 장애급여 지급에는 지장 받지 않는다.
② 산재를 당했다는 이유로 해고할 수 없다. 산재요양으로 휴업하는 기간과 치료를 종결한 후 30일 간은 해고하지 못하도록 되어 있으며, 요양이 끝난 30일 이후에 해고할 경우 해고 및 정리해고의 요건을 충족해야 한다.
③ 보험급여는 조세 및 기타 공과금 부과가 면제되어 세금을 떼지 않는다.

④ 보험급여를 받을 권리는 급여 내용에 따라 3년 혹은 5년간 유효하며 퇴직 여부와 상관없이 받을 수 있다.
⑤ 보험급여는 양도 또는 압류 할 수 없어 채권자가 건드릴 수 없다.

(2) 성희롱으로부터의 보호

① 장기요양기관장의 대처
- 예방 교육을 1년에 1번 이상해야 한다.
- 성희롱으로 인한 피해가 있을 때 그 피해자에게 원하지 않는 업무배치 등의 불이익한 조치를 해서는 안 된다.
- 직원들 사이에 성희롱이 발생하였을 경우에는 행위자를 징계해야 한다.
- 시정 요구에도 상습적으로 계속할 경우 녹취하거나 일지를 작성해 둔다.

② 요양보호사의 대처
- 감정적인 대응은 삼가고 단호히 거부의사를 표현한다.
- 모든 피해사실에 대하여 기관의 담당자에게 보고하여 적절한 조치를 취하게 한다.
- 심리적 치유상담 및 법적대응이 필요할 경우 전문기관(성폭력상담소, 여성노동상담소)에 상담하여 도움을 받는다.
- 평소 성폭력에 대한 충분한 예비지식과 대처방법을 숙지한다.

04 요양보호사의 직업윤리

- 윤리적 태도

① 요양보호사는 대상자를 하나의 인격체로 존중해야 한다.
② 요양보호사는 초심을 잊지 않고 겸손한 태도를 유지한다.
③ 성실하고 침착한 태도로 책임감을 갖고 업무 활동을 해야 한다.
④ 요양보호 업무와 관련된 모든 직업인과 상호 협조하는 태도 및 조화를 이루려는 자세를 가져야 한다.
⑤ 필요한 교육훈련 프로그램에 적극적으로 참여하는 등 지속적으로 학습하고 개발해야 한다.
⑥ 대상자에게 신뢰감을 형성하기 위해 친절하고 바른 몸가짐과 언어생활을 하려고 노력해야 한다.
⑦ 요양보호사는 다음과 같은 행위를 하지 말고 법적, 윤리적 책임을 다해야 한다.
- 대상자나 가족에게 돈을 빌리거나 뇌물 혹은 팁을 받는 행위
- 대상자, 가족, 타 직원에 대한 언어적, 신체적 폭력
- 대상자의 기록 또는 직무기록을 고의로 위조, 변조하여 기록하는 행위
- 등급판정 또는 장기요양인정 신청을 유도하는 행위

05 요양보호사의 건강 및 안전 관리

1) 근골격계 질환의 관리법
- 요양보호사의 통증호소부위 : 어깨통증, 손목통증, 요통, 목통증, 팔꿈치 통증
- 근골격계 질환의 치료

(1) 초기치료
① 휴식 – 외상을 조절하고 추가적인 조직손상을 막기 위해 휴식이 필요하다.
② 냉찜질 – 손상과 부종을 감소시키며 급성기 3일에는 냉찜질이 좋으나 만성통증에는 온찜질이 좋다.
③ 압박 – 손상부위에 축적되어 있는 부종을 조절하고 움직임을 줄여 통증을 줄여 준다.
④ 올리기
⑤ 아픈 부위 고정
⑥ 약물

(2) 급성기 이후
① 물리치료 및 운동치료
② 스트레칭

2) 요양보호사의 감염

(1) 결핵

증상	관리
2주 이상의 기침, 가래, 호흡곤란, 흉통, 전신피로, 식욕부진, 발열	① 술과 흡연은 금하고 충분한 영양 상태를 유지하여 몸 관리를 한다. ② 결핵에 걸린 대상자와 접촉 시 병원 또는 보건소를 방문하여 검사를 받아야 한다. ③ 결핵이 의심되는 대상자를 돌볼 때는 보호구(마스크, 장갑)를 착용해야 한다. ④ 결핵균은 햇빛에 약해서 침구 등은 일광소독 하는 것이 중요하다.

(2) 독감

증상	관리
갑작스러운 발열, 두통, 근육통, 전신쇠약감, 코막힘, 인두통	① 독감예방접종은 10-12월 사이에 받는 것을 권장한다. ② 병이 회복될 즈음 다시 열이 나고 누런 가래가 생기면 폐렴이 의심되므로 반드시 병원에 방문하여 진료를 받는다. ③ 증상이 생긴 후 5일 이상 전염력이 있을 수 있으므로 1주일 정도 쉬도록 한다.

(3) 노로바이러스 장염

증상	관리
구토, 메스꺼움, 오한, 복통, 설사, 두통, 발열 등	① 증상이 약하더라도 2-3일간 요양보호 업무를 중단한다. ② 증상 회복 후에도 최소 2-3일간 음식을 조리하지 않는다. ③ 개인위생을 철저히 하고 어패류 등은 익혀서 먹는다.

(4) 옴

증상	관리
야간의 가려움증, 옴진드기 굴이 보임	① 대상자는 물론, 같이 사는 가족이나 동거인, 요양보호사 등 접촉한 사람은 증상 유무와 상관없이 함께 동시에 치료한다. ② 개인위생을 철저하게 하고 내의 및 침구류를 뜨거운 물로 10-20분간 세탁한 후 세탁 후 3일 이상 사용하지 않는다. ③ 병원에서 처방받은 도포용 약제를 목에서 발끝까지 온몸에 골고루 바르고 씻어낸다. ④ 요양보호사는 자신의 피부를 항상 주의 깊게 관찰해야 한다.

2장 요양보호 관련 기초 지식

I 노화에 따른 변화와 질환

1) 노인성 질환의 특성
① 노인성질환은 단독으로 발생하는 경우는 드물고 다른 질병을 동반하기 쉽다.
② 증상이 없거나 애매하여 정상적인 노화과정과 구분하기 어렵다.
③ 원인이 불명확한 만성 퇴행성 질환이 대부분이다.
④ 경과가 길고, 재발이 빈번하며, 합병증이 생기기 쉽다.
⑤ 젊은 사람보다 약물에 더욱 민감하게 반응하며, 신장의 소변 농축 능력과 배설 능력이 저하로 중독 상태에 빠질 수 있다.
⑥ 위험 요인에 노출 시 질병에 걸리기 쉽고, 증상, 경과, 예후 등에서 검사 기준을 적용할 수 없는 질환이 많아 초기 진단이 매우 어렵다.
⑦ 혈액순환 저하로 욕창이 잘 발생한다.
⑧ 가벼운 질환에도 의식장애를 일으키기 쉬워 뇌졸중뿐 아니라 가벼운 폐렴, 설사 등에도 의식장애가 발생한다.
⑨ 일상생활 수행능력이 저하되면 질환이 치유된 후에도 의존상태가 지속될 수 있으므로 스스로 할 수 있도록 도와주어야 한다.

2) 노화에 따른 변화와 주요 질환

(1) 소화기계
● 노화에 따른 특성
① 후각기능이 떨어져 미각이 둔화되어 짠맛과 단맛에 둔해지고 쓴맛은 잘 느끼게 된다.
② 타액과 위액분비 저하 및 위액의 산도 저하로 소화능력이 저하된다.
③ 가스가 차고, 변비, 설사, 구토 등이 자주 생긴다.
④ 췌장에서의 소화효소 생산이 감소하여 지방의 흡수력이 떨어지고, 호르몬 분비 감소로 당내성이 떨어져 당뇨병에 걸리기 쉽다.

● 주요 질환

① 위염 • 증상 : 식사 후 3-4시간이 지나 배가 고프기 시작할 때 발생하는 명치부위의 심한통증 • 치료 및 예방 : 1-2일 금식, 유동식 섭취, 제산제, 진정제 약물을 사용한다. 　　　　　　　과식, 과음, 자극적인 음식을 피하고, 규칙적인 식사를 한다.
② 위궤양 • 위벽의 점막뿐 아니라 근육층까지 손상된 상태 • 증상 : 새벽 1-2시에 발생하는 속쓰림과 상복부 불편감 심한 경우 위 출혈, 위 천공, 위 협착 • 치료 및 예방 : 약물요법과 식이요법이 중요함 　　　　　　　절대적 금연 　　　　　　　위 출혈, 위 천공 증상이 발생한 경우에는 지체 없이 병원치료를 받아야 한다.
③ 위암 • 진행정도에 따라 암세포가 점막부터 근육층까지 퍼져있는 상태이다. • 증상 : 체중감소, 소화불량, 오심, 복부통증이나 불편감 　　　　빈혈, 피로, 권태감 　　　　**출혈, 토혈, 혈변** 　　　　진단검사에서 복부 종양 덩어리 • 치료 및 예방 : 진행정도에 따라 수술, 화학요법, 방사선치료 치료 후 5년간은 재발여부 확인하기 위해 정기검진을 　　　　　　　받는다. 　　　　　　　균형 잡힌 식사와 스트레스를 줄인다.
④ 대장암 • 맹장, 결장과 직장에 생기는 악성 종양이다. • 증상 : 장습관의 변화, 장 폐색, 설사, 변비 　　　　혈변, 직장출혈, 점액분비, 체중감소 • 치료 및 예방 : 수술, 화학요법, 방사선치료 등을 받는다.
⑤ 설사 • 증상 : 수회 수분이 많은 상태의 변 배출, 혈성 설사 • 치료 및 예방 : 의사의 처방에 따라 약물을 복용한다. (지사제를 함부로 써서는 안됨) 　　　　　　　물은 충분히 마셔서 탈수를 예방한다. 　　　　　　　장운동을 증가시키는 음식(카페인이 든 음료수, 고섬유식이, 고지방식이)의 섭취를 피한다. * 지사제 남용주의 - 설사는 장내유해물질을 배출하여 자신의 신체를 보호하려는 자기방어반응인 경우가 많으므로 　필요한 경우에만 짧게 사용해야 함
⑥ 변비 • 증상 : 배변 횟수 감소, 배변 시 어려움, 복부통증과 팽만감 • 치료 및 예방 : 처방에 따라 하제를 사용한다. 　　　　　　　식물성 식이섬유, 유산균이 포함된 음식물과 다량의 물을 섭취한다. 　　　　　　　우유는 장의 운동력을 높이므로 적극적으로 섭취한다. 　　　　　　　규칙적인 운동과 복부 마사지는 배변활동을 돕는다.

(2) 호흡기계

● 노화에 따른 특성

① 폐포의 탄력성 저하, 폐 순환량 감소로 쉽게 숨이 찬다.

② 기침반사와 섬모운동 저하로 미세물질들을 걸러내지 못한다.

③ 기관지 내 분비물이 증가되어 감염이 쉽게 발생한다.

● 주요 질환

① 독감(인플루엔자) • 증상 : 갑작스러운 발열(38도 이상), 두통, 전신 쇠약감, 근육통, 마른기침, 인두통 • 치료 및 예방 : 안정을 취하고 충분한 수면을 섭취한다. 　　　　　　　매년 1회 예방접종을 통해 감염을 예방한다.
② 만성 기관지염 • 증상 : 심한기침, 이른 아침에 발생하는 가래 끓는 기침 　　　　잦은 호흡기 감염, 점액성의 화농성 가래 • 치료 및 예방 : 심호흡과 기침을 하여 기관지 내 가래를 배출한다. 　　　　　　　처방받은 거담제와 기관지 확장제를 사용하여 가래를 묽게 하여 기도를 넓혀 준다. 　　　　　　　자극적인 음식을 피하고 금연한다. 　　　　　　　갑작스러운 온도 변화 등에 노출되지 않게 하여 기관지 자극을 감소시킨다.
③ 폐렴 • 증상 : 고열, 기침, 흉통, 호흡곤란, 화농성 가래 　　　　두통, 근육통, 마른기침이나 짙은 가래를 뱉어 내는 기침 • 치료 및 예방 : 세균성 폐렴은 항생제 치료를 한다. 　　　　　　　바이러스성 폐렴은 증상에 따라 치료방법이 달라진다. 　　　　　　　체위변경, 기침 및 심호흡으로 산소 농도를 적절하게 유지한다. 　　　　　　　적절한 습도 및 온도를 유지하고 사람이 많은 장소 출입을 자제한다. 　　　　　　　폐렴구균 예방접종을 한다.
④ 천식 • 증상 : 기침, 숨을 내쉴 때 쌕쌕거리는 호흡음(천명음), 가슴이 답답한 느낌이나 불쾌감 • 치료 및 예방 : 운동을 할 때는 30분 전에 기관지 확장제를 투여 한다. 　　　　　　　먼지, 곰팡이를 피한다, 갑작스러운 온도변화를 피한다. 　　　　　　　매년 1회 인플루엔자 백신, 65세 이후에는 폐렴구균 백신을 접종한다.
⑤ 폐결핵 • 증상 : 2주 이상의 기침과 흉통, 늦은 밤에 식은땀과 함께 열이 내리는 증상이 반복됨 　　　　식욕부진, 피로감, 체중감소, 화농성, 혈액성 가래 • 치료 및 예방 : 결핵약을 제대로 복용하는지 관찰한다. (항결핵제는 임의로 끊거나 줄여서는 안 되며 처방된 기간에 　　　　　　　충실하게 복용해야 한다.) 　　　　　　　약물 투여로 인한 부작용(위장장애, 홍조, 피부발진, 가려움 등)을 관찰한다. 　　　　　　　주기적으로 간 기능 검사와 객담검사를 받는다. 　　　　　　　감염 예방을 위한 기침 예절을 지킨다.

(3) 심혈관계

● **노화에 따른 특성**

① 근육이 두꺼워져 탄력성이 떨어진다.

② 최대 심박출량과 심박동수가 감소된다.

③ 말초혈관으로부터 심장으로의 혈액순환이 감소된다.

● **주요 질환**

① 고혈압 • 증상 : 뒷머리가 뻐근하게 아프고 어지럽거나 흐리게 보임 　　　　이른 아침의 두통, 이명 • 치료 및 예방 : 혈압약을 꾸준히 복용하여 혈압을 정상으로 유지한다. 　　　　　　　혈압이 조절이 안 될 때는 의사와 상의하여 약물을 조절하도록 한다. 　　　　　　　금주, 금연한다. 　　　　　　　저염식이, 저지방식이를 하고 표준 체중을 유지한다. 　　　　　　　규칙적인 운동(걷기, 자전거타기, 수영)을 한다.
② 동맥경화증 • 혈관에 지방이 가라앉아 들어붙어 동맥이 좁아지고 탄력성을 잃게 되는 현상이다. • 증상 : 심장에 혈액을 공급하는 관상동맥 침범으로 협심증, 심근경색증, 심부전으로 인한 흉통, 조이는 듯한 느낌이 　　　　난다. 　　　　뇌에 혈액을 공급하는 뇌동맥과 경동맥(목의 혈관) 침법으로 뇌졸중, 뇌출혈로 인한 발작, 의식장애, 혼수, 반신 　　　　불수가 나타난다. • 치료 및 예방 : 고혈압과 혈당을 관리한다. 　　　　　　　저염식이, 저지방식이를 하고 규칙적인 운동을 한다.
③ 심부전 • 증상 : 의식혼돈, 현기증, 허약감, 피로, 호흡곤란 　　　　걷기, 계단 오르기 등 운동 시 심한 호흡곤란이 나타남 • 치료 및 예방 : 염분, 수분, 고지방, 고 콜레스테롤을 제한하는 식사를 소량씩 섭취한다. 　　　　　　　매일 체중을 측정하여 부종 정도를 확인한다.
④ 빈혈 • 노인에게는 철분이 부족하여 생기는 빈혈이 흔함 • 증상 : 현기증, 두통, 집중력 저하, 창백, 오심, 변비 등 • 치료 및 예방 : 철분제와 비타민C를 함께 복용한다. 　* 빈혈 예방에 좋은 음식 → 굴, 달걀노른자, 붉은 살코기, 콩류, 시금치

(4) 근골격계

● 노화에 따른 특성

① 근긴장도와 근육량이 저하되어 신체적 활동과 운동 능력이 감소된다.

② 뼈의 질량 감소로 작은 충격에도 골절되기 쉽다.

● 주요질환

① 퇴행성 관절염 • 연골이 닳아서 없어지거나 관절에 염증성 변화가 생긴 상태이다. • 증상 : 관절 부위의 통증, 아침에 일어나면 관절이 뻣뻣해지는 경직현상, 관절의 변형 • 치료 및 예방 : 온, 냉요법, 마사지, 물리치료를 한다. 　　　　　　　관절의 부담을 완화하기 위해 체중을 조절한다. 　　　　　　　규칙적인 운동(수영, 걷기)을 한다.
② 골다공증 • 증상 : 잦은 골절 • 치료 및 예방 : 칼슘을 충분히 섭취하고 체중부하운동을 한다. 　　　　　　　비타민 D를 섭취한다.
③ 고관절 골절 • 증상 : 서혜부와 대퇴부의 통증, 이동의 제한 • 치료 및 예방 : 골절 부위를 수술한다, 낙상을 예방한다.

(5) 비뇨·생식기계

● 노화에 따른 특성

① 여성은 질염이 자주 발생하며, 빈뇨증, 요실금, 야뇨증이 생긴다.

② 남성은 대부분 전립선 비대를 경험한다.

● 주요질환

① 요실금 • 증상 : 복합성 요실금 → 기침, 웃음, 재채기, 달리기, 줄넘기 등 복부 내 압력증가로 인한 소변이 배출됨 　　　　 절박성 요실금 → 소변을 보고 싶다고 느끼는 순간 갑자기 소변이 배출됨 • 치료 및 예방 : 골반근육강화 운동을 한다, 체중을 조절한다.
② 전립선 비대증 • 증상 : 소변줄기가 가늘어짐, 잔뇨감, 소변이 바로 나오지 않고 힘을 주어야 함, 빈뇨, 긴박뇨, 야뇨 • 치료 및 예방 : 약물요법, 금주, 적정 체중을 유지한다.

(6) 피부계

● **노화에 따른 특성**

① 피하조직의 감소로 저체온, 오한, 압박에 대한 손상의 위험이 높다.

② 상처회복이 지연되고 궤양이 생기기 쉽다.

③ 피부가 건조하고 표피가 얇아져서 탄력성이 감소한다.

● **주요질환**

① 욕창			
• 신체 부위가 바닥면과 접촉되는 피부가 혈액을 공급받지 못해서 괴사되는 상태			
• 증상			
1단계	2단계	3단계	4단계
표피에 홍반이 30분 이내 없어지지 않을 때	표피 또는 진피를 포함한 부분적인 손상	진피와 피하조직을 포함한 피부 손상	피하조직과 근육, 뼈나 관절을 포함한 심부조직 손상
• 치료 및 예방 : 매일 피부상태를 점검한다. 　　　　　　한 부위가 집중적으로 압박받지 않도록 2시간마다 체위변경을 한다. 　　　　　　시트에 주름이 생기지 않도록 하고 젖은 시트는 바로 교체한다. 　　　　　　도넛 베개는 순환을 저해할 수 있으므로 사용하지 않는다.			

② 피부 건조증
• 가려움증을 완화하기 위해 수분을 충분히 섭취한다.
• 자주 샤워를 하거나 때를 미는 것은 피부건조를 더욱 악화시킬 수 있으므로 삼간다.

③ 대상포진
• 증상 : 피부 저림이나 작열감을 포함한 발진, 가려움증, 통증
• 치료 및 예방 : 약물치료, 충분한 휴식과 안정을 취한다. 　　　　　　병소가 퍼지거나 감염되지 않도록 긁지 않는다.

④ 옴
• 증상: 가려움증(특히 밤에 심함), 물집, 고름
• 치료 및 예방 : 가족 또는 동거인 등 신체접촉이 있었던 모든 대상자는 증상 유무와 상관없이 동시에 치료를 받아야함 　　　　　　옴진드기가 심한 밤에 목에서 발끝까지 전신에 치료용 연고를 바른다. 　　　　　　개인위생을 철저히 하고 내의와 침구류는 뜨거운 물로 10-20분 간 세탁하고 세탁 후 3일 이상 사용하지 않는다.

(7) 신경계

● **노화에 따른 특성**

① 근육의 긴장과 자극 반응성의 저하로 신체활동이 감소됨
② 감각이 둔화된다.
③ 정서조절이 불안정해진다.
④ 단기기억이 감퇴된다.
⑤ 균형을 유지하는 능력과 신체를 바르게 유지하는 능력이 감소된다.

(8) 감각기계

● **노화에 따른 특성**

① 시각 : 색의 식별 능력이 떨어져 같은 계열의 색을 잘 구별하지 못한다.
② 청각 : 노인성 난청이 여성보다 남성에게 흔하게 나타난다.
③ 미각 : 맛에 대한 감지능력이 저하된다.
④ 촉각 : 통증을 호소하는 정도는 증가하지만 통증에 대한 민감성이 감소되어 둔감한 반응을 보인다.

● **주요질환**

① 녹내장
- 안압의 상승으로 시신경이 손상되어 시력이 점차 약해지는 질환이다.
- 증상 : 좁은 시야, 눈 이물감, 안구통증, 뿌옇게 혼탁한 각막, 심하면 실명됨
- 증상 및 치료 : 조기에 발견하여 안압을 정상범위로 유지함
  어두운 곳에서 책을 보거나 일하지 않는다.

② 백내장
- 수정체가 혼탁해져 시력장애가 발생하여 눈동자에 하얗게 백태가 껴서 뿌옇게 보이거나 잘 안 보이는 질환이다.
- 증상 : 동공의 백색 혼탁, 불빛 주위에 무지개가 보임, 통증이 없으면서 점차 흐려지는 시력, 밤과 밝은 불빛에서의 눈부심
- 치료 및 예방 : 치료제의 복용이나 점안액을 투여한다.

(9) 내분비계

● **노화에 따른 특성**

① 당대사 및 갑상선 분비호르몬, 에스트로겐 분비가 감소한다.
② 인슐린에 대한 민감성 감소로 쉽게 고혈당이 된다.
③ 갑상선 크기가 줄어들고 갑상선 호르몬 분비량도 감소한다.
④ 근육질량이 감소되어 기초대사율이 감소된다.

● 주요질환

① 당뇨병
- 증상 : 다음증, 다뇨증, 다식증, 체중감소
  상처 치유 지연, 고혈당, 저혈당

고혈당	저혈당
배뇨증가, 체중감소, 피로감, 식욕증가	땀을 많이 흘림, 두통, 시야몽롱, 어지러움

- 치료 및 예방 : 식이요법 → 매일 일정한 시간에 규칙적으로 먹기, 저지방식이와 염분의 섭취를 줄인다. 섬유소가 풍부한 식단과 설탕 등의 단순당의 섭취를 줄인다.
  운동요법 → 매일 규칙적으로 할 수 있는 가벼운 운동을 한다.
  약물요법 → 의사의 처방에 따른 약물요법을 시행한다.

(10) 심리·정신계

치매	섬망
서서히 발병함	갑자기 나타남
긴 기간	급성질환
과거 정신과적 병력 없음	대체로 회복됨
기억력에 문제가 없다고 주장하는 경우가 많음	초기에 사람을 못 알아봄
근사치의 대답을 함	신체 생리적 변화가 심함
일관된 인지기능의 저하	의식의 변화가 있음
단기 기억이 심하게 저하됨	주의 집중이 매우 떨어짐
기억력 저하가 먼저 시작됨	수면 양상이 매우 불규칙함

① 섬망
- 섬망은 단독으로 발생하기도 하고 치매와 동반되어 발생하기도 한다.
- 치료 및 예방
  - 지남력의 유지 → 개인 사물, 사랑하는 사람의 사진, 달력, 시계 등을 가까이 둔다.
  - 신체통합성 유지 → 대상자가 할 수 있는 일은 스스로 하도록 말로 지지한다.
  - 개인의 정체성 유지 → 대상자와 접촉하는 사람의 수를 줄이고 가족 구성원이 자주 방문하도록 격려한다.
  - 초조의 유지 → 항상 단호하고 부드러운 목소리로 말한다.
  - 착각 및 환각 관리 → 현실을 확인할 수 있는 환경을 만들어 준다.
  - 야간의 혼돈 방지 → 밤에는 창문을 닫고 커튼을 치고 불을 켜둔다.

II 치매, 뇌졸중, 파킨슨 질환

01 치매

치매 단계별 특징과 증상

단계	특징	증상
초기(경도)	가족이나 동료들이 문제를 알아차리기 시작하나 혼자서 지낼 수 있는 수준	• 물건을 둔 장소를 기억하지 못하며 물건을 자주 잃어버린다. • 전화 통화내용을 기억하지 못하고 반복해서 질문한다. • 공휴일, 납기일 등 연, 월, 일을 잊어버린다.
중기	최근 기억과 더불어 먼 과거 기억의 부분적 상실 시간 및 장소 지남력 장애, 언어이해 및 표현력 장애, 실행증, 판단력 및 수행기능 저하, 정신행동 증상이 빈번히 나타나며 도움없이는 혼자 지낼 수 없는 수준	• 주소, 전화번호, 가까운 가족의 이름 등을 잊어버린다. • 집 주변에서도 길을 잃거나 요일에 대한 시간개념이 저하된다. • 엉뚱한 대답을 하거나 말수가 줄어든다. • 옷을 입거나 외모를 가꾸는 위생 상태를 유지하지 못한다. • 쓸모없는 물건을 모아 두거나 배회행동과 안절부절 못하는 모습을 보인다.
말기(중증)	독립적인 생활이 불가능한 수준	• 의사소통이 거의 불가능하다. • 판단을 하거나 지시를 따르지 못한다. • 보행 장애와 대소변실금, 욕창, 낙상 등이 반복되면서 와상상태가 된다.

02 뇌졸중

- 뇌에 혈액을 공급하는 혈관이 막히거나 터져서 뇌 손상과 그에 따른 신체장애가 나타나는 질환이다.
- 증상

반신마비	손상된 뇌의 반대쪽 팔다리, 안면하부에 갑작스러운 마비가 옴
전신마비	뇌간 손상 시 전신마비와 함께 의식저하
반신감각장애	손상된 뇌의 반대쪽의 시각, 촉각, 청각 등의 장애, 남의 살 같거나 저리고 불쾌한 느낌
언어장애	좌측뇌가 손상된 경우 우측마비와 함께 말을 못하거나 남의 말을 이해하지 못하는 실어증이 발생 술 취한 사람처럼 어눌한 발음으로 말을 함
의식장애	뇌졸중으로 인한 뇌손상 부위가 광범위할 때도 의식이 저하됨
어지럼증	소뇌 손상 시 오심, 구토와 함께 몸의 불균형을 보임

운동 실조증	소뇌에 뇌졸중이 발생하였을 때 술 취한 사람처럼 비틀거리고 한쪽으로 자꾸 쓰려지려 함
시력장애	복시, 시야의 한 귀퉁이가 어둡게 보이는 시야장애가 발생
삼킴장애	음식이나 물을 삼키기 힘든 연하곤란이 옴

- 치료 및 예방 : 혈전용해제나 항응고제 등을 복용하고 뇌경색 발생 4시간 이내에는 주사제인 혈전용해제로 치료를 받을 수 있다.

03 파킨슨질환
- 중추신경계에 서서히 진행되는 퇴행성 변화로 원인은 불명확하나 신경전달 물질인 도파민을 만들어내는 신경세포가 파괴되는 질환
- 증상 : 무표정, 동작이 느려짐, 근육경직 및 안정 시 떨림
  균형감각의 소실, 피로, 수면장애, 사고의 느림, 인지능력의 감소 등

III 노인의 건강증진 및 질병예방

01 영양
① 적절한 칼로리 섭취로 표준 체중을 유지한다.
② 칼슘은 우유로 보충하고, 칼슘의 흡수를 돕기 위해서 비타민 D를 섭취한다.
③ 염분, 동물성 지방 섭취를 줄인다.
④ 물, 섬유소가 풍부한 야채나 과일을 섭취하여 변비를 예방한다.
⑤ 무기질, 비타민, 항산화물질 섭취를 위해 해조류, 버섯류, 채소, 과일류를 자주 먹는다.

02 운동
① 낮은 수준으로 운동을 시작하고 빠르게 방향을 바꾸어야 하는 운동이나 동작은 금한다.
② 10분 이상 준비운동을 하여 유연성을 높이고 근육 손상을 방지한다.
③ 운동의 강도, 기간, 빈도를 서서히 증가시킨다.
④ 안정시의 심박동수로 돌아올 때까지 마무리 운동을 한다.
⑤ 운동하는 중간 중간에 충분히 휴식한다.

03 수면
① 커피 등 카페인이 함유된 음료를 줄이거나 오후에는 금한다.
② 공복감으로 잠이 안 오는 경우 따뜻한 우유 등을 마신다.
③ 일정한 시각에 잠자리에 들고 일어난다.
④ 수면제나 진정제를 장기 복용하지 않는다.
⑤ 매일 규칙적으로 적절한 양의 운동을 한다.
⑥ 낮잠을 자지 않는다.

04 성생활
① 당뇨병 노인은 발기부전을 경험할 수 있다.
② 자궁적출술과 유방절제술을 한 여성노인은 덜 여자 같다 느끼지만 성기능이 변화되지는 않는다.
③ 전립선 절제술은 발기하는 데 문제를 유발하지 않는다.
④ 과도한 알코올 섭취는 여성에게는 오르가슴 지연, 남성은 발기 지연이 나타난다.
⑤ 노인의 성적 욕구 및 성적 표현은 기본 욕구의 하나이다.

05 약물사용
① 복용하던 약을 의사의 처방 없이 중단하면 안 된다.
② 술과 함께 먹으면 효과가 떨어지거나 부작용이 있을 수 있다.
③ 다른 사람에게 처방된 약을 먹거나 자기 약을 남에게 주면 안 된다.
④ 진료 후 가장 최근의 처방약을 복용해야 한다.
⑤ 약 복용시간을 준수해야 한다.
⑥ 약을 다른 것과 함께 복용하면 안 된다.
⑦ 우유, 녹차, 커피 등 카페인 음료와 함께 복용하면 약의 흡수가 방해된다.
⑧ 철분제는 오렌지주스와 함께 복용하면 흡수가 잘 된다.
⑨ 약복용을 잊어버렸어도 2배로 복용하면 안 된다.

06 금연과 적정 음주
① 금연
  - 오랫동안 피웠던 담배를 잠깐 끊는 것만으로도 노인의 손상된 건강을 증진할 수 있다.
② 적정 음주
  - 음주량과 음주습관을 감안하여 자신과 타인에게 해가 되지 않는 수준으로 음주하는 것을 말한다.

07 예방접종

대상 감염병	50-64세	65세 이상
디프테리아, 백일해, 파상풍(DPT)	1차 기본접종은 DPT를 접종하고 이후 10년마다 파상풍과 디프테리아를 추가 접종한다.	
인플루엔자	매년 1회	
폐렴구균	위험군에 대해 1-2회 접종	1회
대상포진	1회	1회

* 65세 이상 노인은 반드시 인플루엔자, 폐렴구균, 대상포진, 파상풍, 디프테리아 예방접종을 하도록 권장한다.

08 계절별 생활안전 수칙

① 여름
- 폭염 대응 안전수칙
  - 가급적 야외 활동이나 야외 작업을 자제한다.
  - 현기증, 메스꺼움, 두통, 근육경련 등이 있을 때는 시원한 장소에서 쉬고 시원한 물이나 음료를 천천히 마신다.

② 겨울
- 겨울철에는 뇌졸중과 낙상으로 인한 골절을 예방해야 한다.
- 예방 안전수칙
  - 실내운동을 하는 것이 좋으며 준비운동과 마무리 운동을 충분히 한다.
  - 새벽보다는 낮 시간에 운동한다.
  - 눈이나 비가 오는 날에는 가급적 외출을 삼간다.

3장 요양보호 각론

I 신체활동 지원

01 대상자 중심 요양보호

- 대상자 대면하기

① 상대방과 가까운 거리의 정면에서 최소 1초 이상 눈을 맞추며 상대를 본다.
② 2초 이내에 눈을 맞추고 인사하거나 말을 건넨다.
③ 대상자가 시선을 피할 경우 틈을 만들어서라도 "제 눈을 봐 주세요." 라고 요청한다.

* 일어서기의 장점

> 골격근의 근력유지에 좋다. 뼈와 관절에 힘을 가해 골다공증에 도움이 된다.
> 혈액순환에 도움이 된다. 폐활량에 도움이 된다.

02 식사 및 영양관리

1) 식이의 종류

① 일반식 : 치아에 문제가 없고 소화를 잘 시킬수 있는 대상자에게 제공
② 잘게 썬 음식 : 치아 및 연하능력에 따라 식재료의 크기를 조절하여 식사를 제공
③ 갈아서 만든 음식 : 삼키기 힘든 대상자에게 갈아서 제공
④ 경구유동식 : 입으로 먹는 미음 형태의 액체형 음식
⑤ 경관유동식 : 비위관(긴 관을 코에서 위로 넣음)을 통해 제공하는 액체형 음식

2) 식사자세

① 앉은 자세
  - 식탁의 높이는 식탁의 윗부분이 대상자의 배꼽 높이에 오도록 한다.
  - 의자의 높이는 발바닥이 바닥에 닿을 수 있는 정도여야 한다.
  - 의자의 깊숙이 앉고 식탁에 팔꿈치를 올릴 수 있도록 의자를 충분히 당겨 준다.
② 침대에 걸터앉은 자세
  - 넘어지지 않도록 좌우, 앞뒤에 쿠션을 대 준다.
  - 발이 바닥에 완전히 닿게 하거나 닿지 않을 경우 받침대를 받쳐 준다.
③ 침대머리를 올린 자세
  - 침대를 약 30-60도 높이고 머리를 약간 숙이고 턱을 당기면 음식을 삼키기 쉬워진다.

④ 편마비 대상자 식사 자세
  - 건강한 쪽을 밑으로 하여 약간 누운 자세를 취한다.
  - 마비된 쪽을 베개나 쿠션으로 지지한다.

3) 식사 돕기
① 식사 전에 몸을 움직이거나 밖에서 환기를 시키면 식욕이 증진된다.
② 대상자의 씹고 삼키는 능력을 고려하여 식사를 준비한다.
③ 대상자가 사레들리거나 숨 쉬기가 어려울 경우 식사를 중단하고 책임자에게 알린다.
④ 음식을 완전히 삼켰는지 확인한 다음에 음식을 입에 넣어 준다.
⑤ 가능한 한 상체를 세운 편안한 자세를 취한다.
⑥ 음식을 삼키기 쉽게 식사 전에 물을 한 모금 마시게 한다.
⑦ 편마비 대상자는 건강한 쪽에서 넣어주고 남아 있는 음식은 삼키든지 뱉을 수 있게 도와준다.
⑧ 식사 후 30분 정도 앉아 있게 하고 식후 구강 관리를 해 준다.

4) 경관영양 돕기
① 대상자가 의식이 없어도 식사 시작과 끝을 알린다.
② 영양주머니는 매번 씻어서 말린 후 사용한다.
③ 비위관이 새거나 영양액이 역류 되는지 살펴본다.
④ 위관영양액은 체온 정도의 온도로 데워 준비한다.
⑤ 너무 진한 농도의 영양을 주입하거나 너무 빠르게 주입하면 설사나 탈수를 유발할 수 있다.
⑥ 입안 건조와 갈증을 예방하기 위해 입안을 자주 청결히 하고 입술 보호제를 발라 준다.
⑦ 콧속에 분비물이 축적되기 쉬우므로 비위관 주변을 청결히 하고 윤활제를 바른다.
⑧ 영양액은 위장보다 높은 위치에 건다.
⑨ 대상자가 토하거나 청색증이 나타나면 비위관을 잠근 후 책임자 등에게 알린다.
⑩ 경관영양 주입 후 상체를 높이고 30분 정도 앉아 있도록 돕니다.

> * 대상자를 오른쪽으로 눕히는 이유
>   - 기도로의 역류 가능성이 줄어들고 중력에 의해 영양액이 잘 흘러내려 간다.

03 배설 돕기

가) 화장실 이용 돕기
① 편마비 대상자의 경우 건강한 쪽에 휠체어를 두고 침대 난간에 빈틈없이 붙이거나 30-45도 비스듬히 붙인다.
② 대상자를 갑자기 침대에서 일으키면 혈압이 떨어지고 어지러울 수 있으므로 잠시 침대에 앉게 한다.
③ 화장실 거리가 얼마 되지 않아도 휠체어에 걸터앉게 하지 말고 제대로 앉을 수 있게 한다.

④ 밖에서 기다릴 때 중간 중간 말을 걸거나 도움이 필요할시 호출기를 두고 요청하도록 한다.

나) 침상 배설 돕기
① 커튼이나 스크린으로 가린다.
② 차가운 변기는 대상자가 놀랄 수 있으므로 따뜻한 물로 데워서 준비한다.
③ 배설시 텔레비전을 켜거나 음악을 틀어서 심리적으로 안정된 상태에서 보게 한다.
④ 침대를 올려주어 대상자가 배에 힘을 주기 쉬운 자세를 취하게 한다.
⑤ 회음부와 항문부위를 앞에서 뒤로 잘 닦아 준다.
⑥ 배설물, 물기로 인해 피부가 짓무르지 않았는지 피부상태를 확인한다.
⑦ 배설물에 특이사항이 있는 경우 시설장이나 간호사에게 보고한다.

> * 보고해야 하는 경우
> 소변이 탁하거나 뿌옇다, 거품이 많이 난다, 소변의 색이 진하거나 소변냄새가 진함
> 소변에 피가 섞여 나옴, 대변의 피가 섞여 나오거나 점액질이 섞여 나오는 경우

다) 이동변기 사용 돕기
① 미지근한 물을 항문이나 요도에 끼얹으면 괄약근과 주변 근육이 이완되면서 변의를 느낄 수 있다.
② 침대높이와 이동변기의 높이가 같도록 맞춘다.
③ 안전을 위해 변기 밑에 미끄럼방지매트를 깔아주어 흔들리지 않게 한다.
④ 편마비의 경우 이동변기는 건강한 쪽으로 침대 난간에 붙이거나 30-45도 비스듬히 붙인다.

라) 기저귀 사용 돕기
① 기저귀를 사용하면 피부손상과 욕창이 잘 생길 수 있으므로 신속히 갈아 주어 피부에 문제가 생기지 않게 한다.
② 기저귀에 의존할 수 있으므로 이동변기나 화장실을 이용할 수 있도록 시도해 본다.
③ 허리를 들 수 없거나 협조가 어려운 경우 대상자를 옆으로 돌려 눕혀 기저귀를 교환한다.
④ 회음부는 앞에서 뒤로 닦는다.
⑤ 피부의 발적, 상처 등을 세심하게 살펴보고 가볍게 두드려 마사지를 해 준다.
⑥ 침상 주름이 피부손상을 줄 수 있으므로 잘 펴서 정리해 준다.

마) 유치도뇨관의 소변주머니 관리
① 소변주머니를 방광 위치보다 높게 두지 않는다. (역류 시 감염의 원인이 됨)
② 소변 량과 색깔을 2-3시간마다 확인한다.
③ 유치도뇨관이 막히거나 꼬여있을 경우 방광에 소변이 차서 팽만감과 불편감이 있을 수 있다.
④ 유치도뇨관을 삽입하고 있어도 자유로이 움직일 수 있으며 이동시 소변주머니는 아랫배보다 밑으로 가도록 들 수 있게 설명해 준다.

⑤ 소변색이 이상하거나 탁해진 경우, 소변량이 적어진 경우, 밖으로 새는 경우, 시설장이나 간호사에게 보고한다.

04 개인위생 및 환경관리

1) 구강 청결 돕기
① 입안을 닦아낼 때 혀 안쪽이나 목젖을 자극하면 구토나 질식을 일으킬 수 있으므로 깊숙이 닦지 않는다.
② 대상자가 앉은 자세나 옆으로 누운 자세를 취하게 하며 똑바로 누운 자세일 때는 상반신을 높여준다.
③ 윗니 → 윗몸 → 아래쪽 윗몸 → 아랫니 → 입천장 → 혀 → 볼 안쪽 순으로 닦아낸다.
④ 입안에 염증이 있거나, 상처가 있다면 시설장이나 간호사에게 보고한다.

※ 칫솔질 할 때 유의사항
- 치약을 칫솔모 위에서 눌러 짜서 치약이 솔 사이에 끼어들어가게 한다.
- 칫솔질로 치아뿐 아니라 혀까지 잘 닦아 준다.
- 칫솔을 45도 각도로 잇몸에서 치아쪽으로 부드럽게 회전하면서 쓸어내린다.
- 출혈 가능성이 있는 대상자는 치실을 사용하지 않는다.

※ 의치 세척 및 보관
- 의치 세정제를 묻혀 미온수로 의치를 닦는다.
- 잇몸에 대한 압박자극을 해소하기 위해 자기 전에 의치를 빼서 보관한다.
- 의치를 빼어 의치세정제나 찬물이 담긴 용기에 보관하여 의치의 변형을 막는다.

2) 두발 청결 돕기
① 공복, 식후는 피하고 추울 때에는 덜 추운 낮 시간대에 감는다.
② 머리를 감기 전에 대소변을 보게 한다.
③ 귀에 물이 들어가지 않도록 귀막이 솜으로 양쪽 귀를 막는다.
④ 두피를 손끝이 아닌 손가락 끝으로 마사지 한 후 헹군다.

3) 손발 청결 돕기
① 피부에 자극을 주는 침구나 모직의류 등은 피하고 면제품을 사용하는 것이 좋다.
② 따뜻한 물을 대야에 담근 후 손과 발을 10~15분간 담가 두면 이물질을 쉽게 제거 할 수 있다.
③ 손톱은 둥글게, 발톱은 일자로 자른다.
④ 로션을 바르며 부드럽게 마사지를 한다.
⑤ 손, 발톱 주위 염증이나 감염 등 이상이 있을 경우 시설장이나 간호사에게 보고한다.

4) 회음부 청결 돕기 & 세수 돕기
① 회음부나 음경을 닦을 때는 전용수건, 거즈나 솜을 사용해야 한다.

② 회음부는 요도 → 질 → 항문순서로, 앞 → 뒤쪽으로 닦아낸다.
③ 눈 : 눈곱이 없는 쪽 눈부터 닦고, 따뜻한 물에 적셔 눈의 안쪽에서 바깥쪽으로 닦는다.
　 한 번 사용한 수건의 면은 사용하지 않는다.
④ 귀 : 귀지는 의료기관에 가서 제거하는 것이 안전하다.
⑤ 면도 : 전기면도기를 사용하는 것이 안전하다.
　　- 면도 전 따뜻한 물수건으로 덮어 건조함을 완화한다.
　　- 면도날은 45도 각도를 유지하며 짧게 나누어 일정한 속도로 면도한다.
　　- 귀밑 → 턱 → 코밑 → 입 주위 순서로 진행한다.

5) 목욕 돕기
① 물 온도는 따뜻하게(40℃) 맞춘다.
② 식사직전, 직후에는 목욕을 피하고 대, 소변을 미리 보게 한다.
③ 다리 → 팔 → 몸통 → 회음부(말초에서 중심) 순서로 닦아낸다.
④ 대상자의 상태를 확인하며 20-30분 이내로 목욕을 끝낸다.
⑤ 목욕 후 대상자의 피로감, 어지러움이 있는지 확인하고 따뜻한 우유, 차 등으로 수분을 섭취하고 휴식을 취하게 한다.
　※ 침상목욕
　- 눈, 코, 뺨, 입 주위, 이마, 귀, 목의 순서로 닦는다.
　- 양쪽 상지 : 손목 쪽에서 팔 쪽으로 닦는다.
　- 흉부와 복부 : 유방은 원을 그리듯이 둥글게 닦고 복부는 배꼽을 중심으로 시계방향으로 닦는다.
　- 양쪽하지 : 발끝에서 허벅지 쪽으로 닦는다.
　- 등과 둔부 : 목뒤에서 둔부까지 닦는다.
⑥ 침상청결 중 침구는 부드럽고 땀 흡수가 잘되는 면제품이 제일 좋으며 정기적으로 세탁하고 햇볕에 말려야 한다.

6) 옷 갈아입히기
① 편마비 장애가 있는 경우 옷을 벗을 때는 건강한 쪽부터 벗고 옷을 입을 때는 불편한 쪽부터 입힌다.
② 상, 하의가 분리되어 입고 벗기 쉬우며 신축성이 좋은 옷을 선택하는 것이 좋다.

05 체위변경과 이동 돕기
1) 기본원칙과 신체 정렬
① 대상자의 안정도 및 운동의 능력, 통증, 장애 심리적인 측면 등을 고려한다.
② 신체 상태와 상황에 따라 돕는 속도와 빈도를 적절하게 하고 안전하고 편안하게 실시한다.
③ 신체를 움직일 때 뼈대 및 관절의 배열이나 각도 등이 자연스럽고 편안한 위치에 있도록 한다.
④ 요양보호사의 몸 가까이에서 잡고 보조해야 한다.

⑤ 안정성과 균형을 위해 발을 적당히 벌리고 서서 한 발은 다른 발보다 약간 앞에 놓아 지지면을 넓힌다.
⑥ 양다리에 체중을 지지한 후 무릎을 굽히고 중심을 낮게 하여 골반을 안정시킨다.

2) 침대 위에서의 이동 돕기
① 욕창, 상처, 마비 유무를 확인하고 대상자에게 이동하고자 하는 동작을 설명한다.
② 침대 위쪽으로 이동하는 것은 체위를 안락하게 유지하기 위함이다.
③ 침대위에서 좌우로 이동하는 방법은 침상목욕, 머리감기기 등을 위해 이동할 때도 적용할 수 있다.
④ 침대 오른쪽 또는 왼쪽으로 이동하기 : 대상자를 이동하고자 하는 쪽에 서서 상반신과 하반신을 나누어 이동시킨다.
⑤ 옆으로 눕히기 : 시선이 먼저 향하고 얼굴, 어깨, 엉덩이 순으로 돌아눕게 되며 엉덩이를 뒤로 엉덩관절과 무릎관절 모두 굽혀준다.
⑥ 일어나 앉기
   편마비 대상자의 경우 : 대상자의 건강한 쪽에 서서 양쪽 무릎을 굽혀 세운 후 어깨와 엉덩이 또는 넓적다리를 지지한다. 등과 어깨를 지지하고 반대 손은 엉덩이 또는 넓적다리를 지지하여 일으켜 세운다.
⑦ 일으켜 세우기
   앞에서 보조하는 경우: 요양보호사는 자신의 무릎으로 대상자의 마비된 쪽 무릎 앞쪽에 대고 지지하여 주고 양손은 허리를 잡아 지지하여 대상자의 상체를 앞으로 숙여 일으켜 세운다.

3) 침대에서의 체위변경
가. 체위변경의 목적
① 관절의 움직임을 돕고 변형을 방지한다.
② 부종과 혈전을 예방한다.
③ 혈액순환을 도와 욕창을 예방하고 피부괴사를 방지한다.
④ 허리와 다리의 통증 등 고정된 자세로 인한 불편감을 줄인다.
* 고려할 점 : 체위에 따라 들어간 부분이나 다리 사이를 베개나 수건으로 지지한다.
보통 2시간마다 체위를 변경하고 욕창이 있는 경우 더 자주 변경해야 한다.
나. 기본체위의 형태
① **바로 누운 자세(앙와위)** : 휴식하거나 잠을 잘 때 자세
   무릎과 발목 밑에 타월이나 작은 베개를 받쳐줄 수 있다.
② **반 앉은 자세(반좌위)** : 숨차거나 얼굴을 씻을 때, 식사 시나 위관 영양을 할 때
③ **엎드린 자세(복위)** : 등에 상처가 있거나 등 근육을 쉬게 해줄 때 아랫배와 발목 밑에 타월을 받치면 허리와 넓적다리의 긴장을 완화를 도움을 준다.
④ **옆으로 누운 자세(측위)** : 둔부의 압력을 피하거나 관장할 때

4). 휠체어 이동 돕기

기본원칙
① 휠체어 선택 시 신체기능 및 사용 공간, 체형에 맞는 것을 선택한다.
② 휠체어 상태(타이어 공기압, 잠금장치, 바퀴 손잡이, 팔걸이, 발 받침대, 안전벨트)를 확인한다.
③ 요양보호사 위치 : 항상 대상자 가까이에서 지지한다.
④ 몸 상태를 확인하고 마비, 장애, 통증 등을 고려하여 안전이나 안락에 주의를 기울인다.
⑤ 이동 중에 바퀴에 옷이나 물체가 걸리지 않도록 유의한다.

가. 침대에서 휠체어로 옮기기
① 대상자의 건강한 쪽을 침대난간에 붙인 후 반드시 잠금장치를 잠근다.
② 요양보호사의 무릎으로 대상자의 마비 측 무릎을 지지하여 준다.
③ 대상자의 뒤에서 겨드랑이 밑으로 요양보사의 손을 넣어 의자 깊숙이 앉힌다.

나. 바닥에서 휠체어로 옮기기
① 대상자 가까이 휠체어를 가져와 잠금장치를 잠근 후 대상자에게 바닥에 두릎을 대고 앉아서 한 손으로 준비한 휠체어를 잡게 한다.
② 대상자 뒤에서 한 손으로 허리를 잡아주고 다른 한 손은 어깨를 지지하여 앉힌다.

다. 휠체어에서 침대로 옮기기
① 힘센 사람이 대상자 뒤쪽에 서고 다른 한 사람은 대상자 다리 바깥쪽에 선다.
② 뒤쪽에 선 사람은 대상자의 양쪽 겨드랑이 아래로 팔을 넣어 대상자의 팔을 안쪽에서 바깥쪽으로 잡는다.
③ 다른 쪽에 선 사람은 한 손은 대상자의 종아리 아래, 다른 한 손은 넓적다리 밑에 넣고 들어 올린다.

라. 휠체어에서 이동변기로 옮기기
① 이동변기를 대상자의 건강한 쪽에 오도록 하여, 휠체어와 약 30-45도로 비스듬히 놓는다.
② 요양보호사는 대상자의 무릎과 허리를 지지한다.
③ 대상자의 건강한 손으로 변기의 먼 쪽 손잡이를 잡게 한 후 이동시켜 앉힌다.

5) 보행 돕기

가. 보행기 이동 방법
① 보행기를 앞으로 한 걸음 정도 옮긴 후 보행기 쪽으로 한쪽 발을 옮긴다.
② 나머지 한쪽 발을 먼저 옮긴 발이 나간 지점까지 옮긴다.
③ 요양보호사는 대상자의 뒤쪽에 서서 보행 벨트를 잡고 걷는다.

나. 지팡이 이용 보행 돕기
① 지팡이 길이 결정 방법: 팔꿈치가 약 30도 구부러지는 정도, 손잡이가 대상자의 둔부 높이, 평소 신는 신발을 신고 똑바로 섰을 때 손목 높이에 맞춰 지팡이를 맞춘다.
② 대상자의 건강한 쪽 손으로 지팡이를 잡고 선다.

③ 지팡이를 사용하는 쪽 발의 새끼발가락으로부터 약 15cm, 옆 15cm, 지점에 지팡이 끝을 놓는다.
④ 마비 쪽 다리를 앞으로 옮겨 놓고 건강한 쪽 다리를 옮겨 놓는다.

06 감염성 질환 예방

1) 손 씻기
① 감염 예방을 위해서는 식사 전, 화장실 사용 후, 객담이나 상처배액과 같은 대상자의 신체 분비물을 만진 후 장갑을 착용했더라도 반드시 손을 씻어야 한다.
② 흐르는 미온수로 일정량의 향균 액체 비누를 바른다.(바 형태의 고체비누는 세균으로 감염될 수 있음)
③ 손바닥과 손바닥, 손바닥과 손등, 손깍지를 끼고 문지르며 손톱 밑을 깨끗하게 한다.
④ 흐르는 온수로 비누를 헹군다.
⑤ 휴지 또는 깨끗한 마른 수건으로 손의 물기를 제거한다. (젖은 수건에는 세균이 서식할 수 있음)

2) 분비물 처리
① 배설물을 만질 때는 반드시 장갑을 착용한다.
② 오염된 세탁물은 격리장소에 따로 배출하고 가정에서는 따로 세탁하거나 씻는다.
③ 대상자가 사용하는 물품에 혈액이나 체액이 묻었을 때 찬물로 닦고 더운물로 헹구며 필요시 소독해야 한다.

3) 요양보호사의 위생관리
① 매일 샤워나 목욕을 한다.
② 가운이나 신발을 깨끗하게 유지한다.
③ 필요시 보호장구(마스크, 가운, 장갑)를 착용하고 사용한 후에는 일회용 보호장구는 재사용하지 말고 버린다.

4) 흡인 물품 관리
① 가래가 담긴 흡인병은 분비물을 버리고 1일 1회 깨끗이 닦는다.
② 사용한 카테터는 분비물이 빠질 수 있게 물에 담가 놓는다.
③ 흐르는 물에 카테터를 비벼 씻는다.
④ 전용 냄비에 15분 이상 끓여서 소독한다.
⑤ 소독 후 쟁반에 널어서 그늘에서 말린다.
⑥ 고무 제품을 햇볕에 말리면 변색, 갈라짐이 발생할 수 있다. (최근에는 일회용 카테터를 많이 사용하고 있다.)

07 복지용구 사용

대여품목(6종)	구입품목(10종)
① 수동휠체어 ② 전동침대 ③ 수동침대 ④ 이동욕조 ⑤ 목욕리프트 ⑥ 배회감지기	① 이동변기 ② 목욕의자 ③ 성인용 보행기 ④ 안전손잡이 ⑤ 미끄럼방지용품 ⑥ 간이변기 ⑦ 지팡이 ⑧ 욕창예방 방석 ⑨ 자세변환용구 ⑩ 요실금팬티

1) 욕창예방 매트리스
① 압력을 분산하고 통풍을 원활하게 하여 욕창을 예방하기 위해 사용한다.
② 보온성, 통기성, 흡수성 등이 뛰어나야 한다.
③ 날카로운 물건이나 열에 닿으면 매트리스가 터져서 공기압이 새어 나오므로 주의해야 한다.
④ 사용 중에는 대상자 이외의 다른 사람이 매트리스에 올라가지 않는다.
⑤ 하루에 한번은 정상 동작을 확인한다.

2) 지팡이
① 지팡이로 바닥을 짚은 상태에서 팔꿈치로 20-30도 정도 구부린 높이가 좋다.
② 지팡이 바닥 끝 고무의 닳은 정도를 수시로 확인해야 한다. (미끄러져 넘어질 수 있음)
③ 한발 지팡이(T자형 지팡이) : 작고 간단하고 가볍다, 균형감각 등을 향상하는데 좋다, 지팡이 중 안정성은 가장 떨어진다.
④ 네발 지팡이 : 대상자가 설 수 있어야 사용할 수 있다, 일반지팡이보다 기저면이 넓어 손이나 팔을 이용해서 체중을 지지하는데 도움을 줄 수 있다.
※ 구입 또는 대여품목(2종): 욕창예방 매트리스, 경사로

08 안전관리

1) 낙상을 일으키는 원인

신체적 요인	운동장애나 심장 질환, 빈혈, 시력저하
환경적 요인	집 안 환경이나 외부 환경
행동적 요인	지나친 음주나 개인의 활동량 저하

2) 가정에서의 낙상 예방 주의사항

① 물기가 있으면 바로 닦아 제거한다.
② 변기 옆과 욕조 벽에 손잡이를 설치한다.
③ 가능하면 모든 방과 현관의 문턱을 제거한다.
④ 조명은 LED 등의 밝은 조명으로 교체한다.
⑤ 취침 시 침대높이를 최대한 낮춘다.
⑥ 갑자기 자세를 바꾸거나 움직이지 말고 천천히 움직이는 것을 생활화한다.
⑦ 발에 꼭 맞는 신발, 바닥에 미끄럼방지 처리가 된 신발을 신게 한다.
⑧ 부엌근처의 바닥에는 고무매트를 깔아 놓는다.
⑨ 바닥타일과 장판은 미끄럼방지 처리가 되어 있는 제품을 사용한다.

II 일상생활 및 개인 활동 지원

01 일상생활 지원

* 노인장기요양보험의 표준서비스의 하나로 취사, 청소 및 주변정돈, 세탁을 의미한다.
* 노인장기요양보험의 표준서비스 : 신체활동지원, 일상생활 지원, 개인 활동 지원, 정서지원, 방문목욕, 기능회복훈련, 치매관리지원, 응급, 시설환경관리, 간호처치

02 식사준비와 영양관리

1) 식사준비

① 식단은 대상자와 함께 정한다.
② 대상자의 식사와 관련된 특이사항에 대해 기록해 둔다.
③ 한 번에 섭취할 수 있는 양만큼씩 나누어 준비해 둔다.
④ 식재료나 관련 물품의 구매내역은 대상자와 충분히 상의한 후 결정한다.

2) 노인의 영양관리와 식사관리

가. 식사구성안을 이용한 식사계획 원칙

① 곡류(탄수화물)는 매일 2-4회 섭취하여 에너지를 공급한다.
② 고기, 생선, 달걀, 콩류(단백질)는 매일 3-4회 섭취하여 근육량과 면역량을 증진한다.
③ 채소류(비타민과 무기질)는 매 끼니 두 가지 이상 섭취하여 신체 기능을 조절한다.
④ 과일류(비타민과 무기질)는 매일 1-2개 섭취하여 기능을 조절한다.
⑤ 우유, 유제품류(칼슘)는 매일 1-2잔을 섭취하여 뼈와 치아를 튼튼하게 한다.

⑥ 물(수분)은 매일 8잔 이상 마셔 노폐물을 배출한다.

나. 주요 질환별 식사관리

(1) 당뇨병 대상자의 식사관리

① 과식하지 않고 적정 체중을 유지한다.
② 단순당질을 피하고, 복합당질의 식품을 선택한다.
③ 지방섭취를 줄인다.
④ 비타민과 무기질을 충분히 섭취한다.
⑤ 술을 제한한다.
⑥ 일정한 시간에 식사를 규칙적으로 한다.

저혈당 대처방법
혈당이 급격히 낮아져 힘이 빠지고 어지럽고 식은땀이 나고, 심장박동이 빨라진다. 증상이 나타나면 즉시 과일, 주스, 설탕이나 꿀 1-2수저를 섭취한다.

(2) 고혈압 대상자의 식사관리

① 소금 섭취를 줄인다.
② 칼륨을 충분히 섭취한다. (칼륨은 나트륨을 체외로 배설하게 하여 혈압을 낮춰줌)
③ 동물성지방(소기름, 돼지기름, 닭 껍질)섭취를 줄인다.
④ 섬유소를 충분히 섭취한다.
⑤ 카페인 함유 음료, 알코올 섭취를 제한한다.
⑥ 적정체중을 유지한다.

(3) 씹기장애와 삼킴장애 대상자의 식사관리

① 채소반찬, 유제품과 과일을 매일 먹자.
② 음식을 부드럽게 조리해서 먹자.
③ 천천히 꼭꼭 씹어보자.
④ 밥을 국이나 물에 말아 먹지 않는다.
⑤ 국수류는 적당한 크기로 잘라서 먹는다.
⑥ 떡류는 잘게 잘라 천천히 먹는다.
⑦ 작은 숟가락을 사용하여 식사하고 식사도중 이야기 하지 않는다.
⑧ 식사 후 바로 눕지 말고 약 30분간 정도 똑바로 앉는다.

(4) 변비 대상자의 식사관리

① 식이섬유(장의 연동운동을 촉진)를 충분히 섭취한다.
② 생과일, 해조류, 견과류의 섭취를 증가시킨다.

③ 충분한 물(하루 8잔 이상)을 마신다.
④ 규칙적인 식사와 배변습관을 갖는다.

변비 완화에 도움이 되는 식품
곡류 : 현미, 보리, 고구마, 감자 콩류 : 검정콩, 강낭콩, 된장, 완두콩 채소류 : 무청, 양배추, 배추, 상추, 오이 과일류 : 참외, 자두, 사과, 배 해조류 : 미역, 김, 미역줄기, 파래 견과류 : 호두, 땅콩, 해바라기씨

(5) 골다공증 대상자의 식사관리
① 칼슘을 충분히 섭취한다.
② 우유 및 유제품은 하루 1회 이상 섭취한다.
③ 색이 진한 녹색채소와 해조류를 충분히 섭취한다.
④ 커피나 탄산음료는 체내에서 칼슘의 흡수를 방해하므로 섭취를 줄인다.
⑤ 체중이 실리는 운동(걷기, 산책, 등산) 등 적절한 신체활동이 도움이 된다.

03 식품, 식기 등의 위생관리

1) 식품의 위생관리

가. 기본원칙
① 유통기한을 확인하고, 설명서에 쓰인 보관방법에 따라 보관한다.
② 유통기한이 지난 식품이나 부패, 변질된 음식은 발견 즉시 설명 후 폐기한다.
③ 냉동식품을 해동했을 경우 다시 냉동하지 않으며 포장을 개봉한 식품이 남았을 경우 다른 용기에 담아 냉장 또는 냉동 보관하고 가급적 빠른 시간 내에 사용한다.
④ 조리된 음식이 남았을 경우 냉장보관하되 가급적 빨리 먹는다.

나. 안전한 식품 섭취를 위한 5가지 방법
① 청결유지
② 익히지 않은 음식과 익힌 음식의 분리
③ 완전히 익히기
④ 안전한 온도에 보관하기
⑤ 안전한 물과 원재료 사용하기

2) 식기 및 주방의 위생관리
① 싱크대 배수구 : 찌꺼기 거름망을 비우고 주방용 세정제와 솔로 닦는다. 소다와 식초를 배수구에 부으면 악취가 사라진다.
② 찬장 또는 싱크대 : 자주 건조하는 것이 좋으며 냄새나 곰팡이가 발생한 경우 희석한 알코올로 닦

는다.
③ 냉장실 : 소속용 알코올이나 맥주를 헝겊에 묻혀 닦아 주면 악취도 없어진다.
④ 수세미와 행주 : 스펀지형보다 그물형이 위생적이다. 사용하지 않을 경우 바짝 말려둔다.
⑤ 그릇 및 조리기구 : 씻은 식기는 행주로 닦지 말고 물기가 건조되도록 어긋나게 엎어 놓는다.
⑥ 고무장갑 : 조리용과 비 조리용으로 구분하여 사용한다.
⑦ 플라스틱 용기 : 냄새가 날 경우 녹차티백을 2-3개 넣고 뜨거운 물을 부어 하루정도 두어 닦으면 사라진다.
⑧ 설거지
  - 기름기가 적고 음식물이 덜 묻은 그릇부터 설거지 한다.
  - 기름기가 많은 그릇은 휴지로 기름기를 제거한 후 설거지한다.
  - 유리컵 → 수저 → 기름기가 적은 밥그릇 → 국그릇 → 반찬그릇 → 기름 두른 프라이팬 등의 순서로 설거지 한다.

04 의복 및 침상 청결관리

1) 의복관리
① 더러워진 의류는 옷감의 종류 및 세탁방법에 따라 애벌빨래하여 세탁물 주머니에 넣고 세탁한다.
② 얼룩이나 더러움이 심한 것은 즉시 세탁한다.
③ 새로 구입한 의류는 한 번 세탁한 후 입는다.
④ 의류를 버릴 때에는 대상자에게 반드시 동의를 구한다.

2) 침상 청결관리

(1) 이불
① 두껍고 무거운 것은 피하고, 가볍고, 부드러우며 보습성이 있는 것을 선택한다.
② 이불 커버는 감촉이 좋은 면제품이 좋다.
③ 건조시간은 오전 10시-오후 2시가 좋고, 양모, 오리털 등의 이불은 그늘에서 말린다.

(2) 요(매트리스)
① 단단하고, 탄력성과 지지력이 뛰어나며 습기를 배출할 수 있는 것으로 선택한다.
② 최소 한 달에 한 번씩은 말린다.

(3) 린넨류(시트, 베개커버 등)
① 시트는 주름이 생기지 않고 한 장으로 요를 덮을 수 있는 크기가 적합하다.
② 시트는 튼튼하고 흡습성이 좋은 옅은 색의 면이 좋다.
③ 소재가 두껍거나 풀을 먹이거나 재봉선이 있는 것은 욕창의 원인이 되므로 피한다.
④ 더러워진 시트는 수시로 교환한다.

(4) 베개

① 습기를 흡수하지 않고, 열에 강하며 촉감이 좋은 재질을 선택한다.
② 너무 푹신하거나 돌처럼 딱딱한 베개는 피하고 적당히 형태가 유지되는 베개를 선택한다.
③ 척추와 수평이 되는 높이가 좋다.

05 세탁하기

• 기본원칙

① 세탁표시에 따른 세탁방법에 따라 세탁한다.
② 세탁시간은 섬유의 종류나 오염의 정도에 따라 조절한다.
③ 세탁물은 옷감의 종류와 색상, 세탁방법에 따라 분류하여 세탁한다.

의복과 옷감에 생긴 얼룩을 제거하는 방법
커피 : 식초와 주방세제를 1:1 비율로 섞어서 칫솔로 얼룩부분을 살살 문질러 제거 후 탄산수에 10분 정도 담가 둔 후 세탁한다. 땀 : 재빨리 처리하는 것이 좋다. 　　겨드랑이와 같이 얼룩이 심한 부위는 온수에 과탄산소다와 주방세제를 1:1로 넣어 2~3시간 담가 둔 후 헹군다. 립스틱 : 클렌징 폼으로 얼룩부분을 문질러 따뜻한 물로 헹군다. 파운데이션 : 알코올이 함유된 화장수 또는 스킨을 화장솜에 적셔 얼룩을 톡톡 두드려 준다. 튀김기름 : 얼룩이 묻은 부위에 주방용 세제를 몇 방울 떨어뜨리고 비벼서 제거한다. 혈액이나 체액 : 찬물로 닦고 더운물로 헹군다.

06 외출동행 및 일상 업무 대행

① **외출동행** : 장보기, 병원, 은행 나들이 물품구매 등을 목적으로 외출하는 것을 의미한다.
② **업무대행** : 물품구매, 약타기, 은행, 관공서 가기 등을 대신해 주는 것이다.

07 안전하고 쾌적한 주거환경 관리

1) 안전한 주거환경 조성

① 일상생활동작에 맞게 기능적이며 자립성을 높일 수 있는 환경을 조성한다.
② **현관** : 문턱이 있으면 경사로를 설치한다.
　　문고리는 열고 닫기가 용이하도록 막대형으로 설치하고 야간에는 조명을 켜 둔다.
③ **거실** : 출입구의 문턱을 없앤다.
　　거실바닥은 평편하게 하고 가능한 한 물건을 두지 않는다.
④ **대상자의 방** : 조용하고 햇빛이 잘 비치는 남향이나 동남향이 좋다.
　　화장실이나 욕실은 가깝게 한다, 필요한 물품은 항상 손이 닿는 위치에 둔다.
　　인터폰, 전화, 비상벨 등을 설치하도록 한다.
⑤ **부엌과 식당** : 미끄럽지 않은 바닥 소재를 사용한다.

높이는 대상자의 앉은키와 휠체어의 높이를 고려한다.
⑥ **화장실, 욕실** : 안전손잡이는 대상자가 쓰기 편한 쪽에 설치한다.
사용 후에는 바닥의 물기를 닦아 넘어지지 않도록 한다.
⑦ **계단** : 가장자리는 미끄러지지 않게 고무 등으로 대고 계단과 복도에 안전 손잡이를 설치한다.

2) 쾌적한 주거환경 조성
① **환기** : 하루에 2-3시간 간격으로 3번, 최소한 10-30분 창문을 열어 환기한다.
② **실내온도** : 여름은 22-25℃, 겨울은 18-22도가 쾌적하다
③ **실내습도** : 습도는 40-60%가 적합하다.
④ **소음** : 큰 소리가 나지 않게 주의한다.
⑤ **채광** : 자연채광은 밝고 습도가 낮게 직사광선은 피하고 커튼, 블라인드를 사용한다.
⑥ **조명** : 전체적으로 고루 퍼지도록 설치하고 배설물 등을 치울 때는 간접조명보다 직접조명으로 확인한다.

III 의사소통과 정서 지원

01 효과적인 의사소통과 정서지원

1) 의사소통의 유형

언어적 의사소통	비언어적 의사소통
자신의 생각이나 감정을 말이나 글로 표현하는 것	몸짓, 표정, 행동, 자세, 옷차림 등으로 표현하는 것

2) 효과적인 의사소통 방법
① **라포형성** : 두 사람 사이의 상호신뢰 관계를 나타내며 의사소통의 기본이 된다.
② **경청** : 단순히 잘 듣는 것이 아니라 상대방이 말하려고 하는 의미를 잘 파악하고 이해하는 것이며 항상 마음을 열어두도록 한다.
③ **공감** : 상대방이 하는 말을 상대방의 관점에서 이해하고, 감정을 함께 느끼며, 자신이 느낀 바를 전달하는 것을 의미한다.
④ **말하기** : 나 - 전달법으로 대화하면 본인의 의사를 진솔하고 명확히 전달하게 되어 다른 사람과의 대화가 원활해진다.
⑤ **침묵** : 긍정적이고 수용적인 침묵은 가치 있는 치료적 도구로 작용할 수 있다.
⑥ **말벗하기** : 소외와 외로움을 느끼는 노인에게 좋은 말벗은 대상자에게 심리적, 정서적 안정감을 제공한다.

02 상황별 의사소통

1) 노인성 난청 대상자와 이야기하는 방법
① 대상자의 눈을 보며 정면에서 이야기한다.
② 어깨를 다독이거나 눈짓으로 신호를 주면서 이야기를 시작한다.
③ 입을 크게 벌리며 정확하게 말한다.
④ 몸짓, 얼굴 표정 등으로 의미 전달을 돕는다.
⑤ 이해할 때까지 되풀이하고 이해했는지 확인한다.
⑥ 천천히 차분하게 이야기 한다.

2) 시각장애 대상자와 이야기하는 방법
① 지시대명사로 사용하지 않고 사물의 위치를 정확히 시계방향으로 설명한다.
② 대상자를 중심으로 오른쪽, 왼쪽을 설명하여 원칙을 정하여 두는 것이 좋다.
③ 신체접촉을 하기 전에 먼저 말을 건네어 알게 한다.
④ 천천히 정확하게 말한다.
⑤ 어려운 형태나 사물 등은 촉각으로 이해시킨다.

3) 언어장애 대상자와 이야기하는 방법
① 얼굴과 눈을 응시하며 천천히 말한다.
② 소음이 있는 곳을 피한다.
③ 질문에 대한 답변이 끝나기 전에 다음 질문을 하지 않는다.
④ 눈을 깜박이거나 손짓, 손에 힘을 주거나 고개를 끄덕이는 등으로 의사표현하게 한다.
⑤ 실물, 그림판, 문자판 등을 이용한다.

4) 치매로 인한 장애 대상자와 이야기하는 방법
① 노인의 페이스에 맞추기
② 이해하기 쉬운 단어로 간결하게 전달하기
③ 말보다 감정표현 자주하기
④ 그 사람다움 을 소중히 하기
⑤ 스킨쉽 자주하기

Ⅳ. 요양보호 기록 및 업무보고

01 요양보호 기록

1) 요양보호 기록의 목적
① 질 높은 서비스를 제공하는 데 도움이 된다.
② 요양보호사의 활동을 입증할 수 있다.
③ 요양보호서비스의 연속성을 유지할 수 있다.
④ 시설장 및 관련 전문가에게 중요한 정보를 제공한다.
⑤ 서비스의 내용과 방법에 대한 지도 및 관리에 도움이 된다.
⑥ 가족과 정보공유를 통해 의사소통을 원활하게 한다.
⑦ 요양보호서비스의 표준화와 책임성을 높인다.

2) 요양 보호 기록 방법

요양 보호 기록의 종류
장기요양급여 제공기록지 : 서비스의 내용과 시간, 특이사항을 기입하는 것 상태기록지 : 배설, 목욕, 식사섭취, 체위변경, 외출 등의 상태 및 내용을 기록하는 것 사고보고서 : 사고의 내용, 경과, 결과에 대해 정확하게 기록하는 것 인수인계서 : 수급자명, 급여제공내용, 유의사항 등이 포함한다.

3) 요양보호 기록의 원칙
① 사실을 있는 그대로 기록한다.
② 육하원칙을 바탕으로 기록한다.
③ 서비스의 과정과 결과를 정확하게 기록한다.
④ 기록을 미루지 않고, 그때그때 신속하게 작성한다.
⑤ 공식화된 용어를 사용한다.
⑥ 간단명료하게 기록한다.
⑦ 기록자를 명확하게 한다.
⑧ 애매한 표현은 피하고 구체적으로 기록한다.

02 업무보고

1) 업무보고의 중요성
① 요양보호서비스의 질을 높일 수 있다.
② 정확하고 신속한 업무보고는 타 전문직과의 업무협조 및 의사소통을 원활하게 해 준다.
③ 업무보고가 조기에 이루어지면 피해를 최소화 할 수 있다.

2) 업무보고 방법
① 객관적인 사실을 보고한다.
② 육하원칙에 따라 보고한다.
③ 신속하게 보고한다.
④ 보고내용이 중복되지 않게 한다.

3) 업무보고 시기
대상자의 상태에 변화가 있을 때, 서비스를 추가하거나 변경할 필요가 있을 때, 새로운 정보를 파악했을 때, 새로운 업무방법을 찾았을 때, 업무를 잘못 수행했을 때, 사고가 발생했을 때

V 치매 요양보호

01 치매 대상자의 일상생활 지원

1) 일상생활 돕기 기본 원칙
① 따뜻하게 응대하고 치매 대상자를 존중한다.
② 대상자의 생활자체를 소중히 여기고 환경을 바꾸지 않는다.
③ 대상자에게 맞는 일정을 만들어 규칙적인 생활을 하게 한다.
④ 할 수 있는 일은 스스로 하도록 하여 남아 있는 기능을 유지하게 한다.
⑤ 대상자의 상태에 맞는 요양보호를 한다.
⑥ 항상 안전에 주의한다.

2) 식사 돕기
① 의치가 잘 맞는지 확인한다.
② 그릇은 접시보다는 사발을 사용하는 것이 좋다.
③ 투명한 유리제품보다는 색깔이 있는 플라스틱 제품을 사용하는 것이 좋다.
④ 양념은 식탁 위에 두지 않는다.
⑤ 질식의 위험성이 있는 작고 딱딱한 사탕, 땅콩 등은 피하고 잘 저민 고기, 반숙된 계란, 과일 통조림 등을 갈아서 제공한다.
⑥ 졸려하거나 초조해하는 경우 식사를 제공하지 않는다.
⑦ 뜨거운 음식에 대한 판단력이 부족하기 때문에 음식의 온도를 미리 확인한다.

3) 배설 돕기

① 변의를 느끼지 못하면 배설기록지를 기록하여 배설시간과 양 등의 습관을 파악한다.
② 방을 화장실에서 가까운 곳에 배정한다.
③ 화장실 위치를 쉽게 표시해 준다.
④ 옷을 쉽게 벗을 수 있도록 조이지 않는 고무줄 바지를 입도록 한다.
⑤ 낮에는 가능하면 기저귀를 사용 하지 않는 것이 좋다.
⑥ 화장실에 가고 싶을 때 보이는 비언어적 신호를 관찰한다.
* 비언어적 신호 : 바지의 뒷부분을 움켜잡고 있다, 옷을 올린다, 서성이며 안절부절 못한다, 구석진 곳을 찾는다.

4) 개인위생 돕기

목욕	목욕을 강요하지 말고 목욕과정을 단순화한다. 물의 온도를 미리 확인한다. 욕조바닥과 욕실바닥에는 미끄럼방지매트를 깔아 준다. 욕실 내에 혼자 머무르게 하지 않는다. 피부가 접혀지는 부위가 잘 씻겼는지 확인한다.
구강위생	부드러운 칫솔을 사용한다. 치약은 삼켜도 상관없는 어린이용을 사용한다. 의치는 하루에 6-7시간 정도 제거하여 무리를 주지 않게 한다.
옷 입기	몸에 꼭 끼지 않고 빨래하기 쉬운 옷을 제공한다. 색깔이 요란하지 않고 장식이 없는 옷을 선택한다. 시간이 걸려도 혼자 입도록 격려한다. 속옷부터 입는 순서대로 옷을 정리해 놓아준다.

5) 운동돕기

① 대상자와 친숙해진 뒤 운동을 시켜야 한다.
② 산책이 가장 간편하고 효과적인 운동이다.
③ 운동은 머리 쪽에서 시작하여 다리 쪽으로 진행한다.
④ 운동량은 점차 늘린다.

6) 안전과 사고예방

① 환경을 단순화한다.
② 위험한 물건은 치매 대상자가 발견할 수 없는 곳에 보관한다.
③ 글로 쓰인 단서보다는 그림을 사용한다.
④ 방안에서 잠그지 못하는 문으로 설치한다.
⑤ 시간을 잘 인식하도록 낮에는 밝게 밤에는 밝지 않게 한다.

02 치매 대상자의 문제행동 대처

1) 반복적 질문이나 행동
① 치매대상자의 주의를 환기한다.
② 반복적인 행동이 해가 되지 않으면 무리하게 중단시키지 말고 그냥 놔두어도 된다.
③ 질문에 답을 해주기보다 다독거리며 안심시켜 주는 것이 중요하다.
④ 행동을 억지로 고치려고 하지 않는다.
⑤ 대상자가 좋아하는 음식을 준다.
⑥ 단순하게 할 수 있는 일거리를 제공한다.

2) 음식섭취 관련 문제행동
① 식사시간과 식사량을 점검한다.
② 화를 내거나 대립하지 않는다.
③ 그릇의 크기를 조정하여 식사량을 조정한다.
④ 식사 도구를 사용하지 못할 경우 손으로 집어 먹을 수 있는 식사를 만들어 준다.
⑤ 식사한 것을 알 수 있도록 먹고 난 식사를 그대로 두거나 식사 후 표시하게 한다.

3) 수면장애
① 산책과 같은 야외활동을 통해 신선한 공기를 접하며 운동하도록 돕는다.
② 낮에 졸려 할 경우 말을 걸어 자극을 준다.
③ 오후에는 커피나 술과 같은 음료를 주지 않는다.

4) 배회
① 안전한 주변 환경을 조성한다.
② 단순한 일거리를 주어 배회 증상을 줄인다.
③ 배회코스를 만들어 준다.
④ 현관이나 출입문에 벨을 달아 놓아 대상자가 출입하는 것을 관찰한다.
⑤ 고향이나 가족에 관한 대화로 관심을 돌려 배회를 줄인다.

5) 의심, 망상, 환각
① 감정을 이해하고 수용한다.
② 대상자의 보고 들은 것에 대해 부정하거나 다투지 않는다.
③ 대상자 앞에서 귓속말이나 비난하거나 훈계하지 않는다.
④ 규칙적으로 시간과 장소를 알려 주어 현실감을 유지하게 한다.
⑤ 대상자에게 도움을 주려고 한다는 확신을 갖게 하고 모든 행위는 간단히 설명해 준다.

6) 파괴적 행동

① 행동반응을 유발하는 사건을 사전에 예방한다.
② 혼돈하지 않도록 한 번에 한 가지씩 제시하거나 단순한 말로 설명한다.
③ 이해하지 못한 말은 다른 형태로 설명하지 말고 같은 말로 반복한다.
④ 행동이 진정된 후에도 왜 그랬는지 질문하거나 이상행동에 대해 상기시키지 않는다.
⑤ 불필요한 신체적 구속은 피한다.
⑥ 활동에 참여중이면 활동을 중지시키고 가능한 한 다른 자극을 주지 않는다.

7) 부적절한 성적 행동

① 노출증을 감소시키기 위해 벌과 보상을 적절히 사용한다.
② 복용중인 약물 때문에 유발될 수 있음을 이해한다.
③ 노출을 할 경우 당황하지 말고 옷을 입혀준다.
④ 부정적 행동을 할 때, 멈추지 않으면 좋아하는 것을 가져간다고 경고 하는 것도 도움이 될 수 있다.

03 치매 대상자와의 의사소통

1) 언어적 의사소통

① 대상자의 신체적 상태를 파악하고 필요할 때 도와주어야 한다.
② 대상자를 존중하는 태도와 관심을 갖는다.
③ 대상자가 이해할 수 있도록 말한다.
④ 대상자의 속도에 맞춘다.
⑤ 어린아이 대하듯 하지 않는다.
⑥ 반복적으로 설명한다.
⑦ 대상자를 인격적으로 대한다.
⑧ 대상자에게는 한 번에 한 가지씩 설명한다.
⑨ 항상 현실을 알려 준다.
⑩ 일상적인 어휘를 사용한다.

2) 비언어적 의사소통

① 손짓, 발짓 또는 소리를 사용한다.
② 언어적인 표현방법과 적절한 비언어적인 표현 방법을 같이 사용한다.
③ 신체적인 접촉을 사용한다.
④ 얼굴 표정, 움직임, 눈빛, 손과 몸의 움직임 등의 비언어적인 표현 방법을 관찰한다.
⑤ 언어 이외의 다른 신호를 말과 함께 사용한다.
⑥ 대상자의 행동을 복잡하게 해석하지 않는다.

VI 임종 요양보호

01 임종 기 단계

1) 임종 징후
① 혼수상태에 빠진다.
② 맥박이 약해지고 혈압이 떨어진다.
③ 숨을 가쁘고 깊게 몰아쉰다.
④ 손발이 차가워지고 식은땀을 흘리며 점차 피부색이 파랗게 변한다.
⑤ 실금하게 되며 항문이 열린다.

2) 임종 적응 단계
부정 → 분노 → 타협 → 우울 → 수용

02 임종 대상자 지원 및 가족에 대한 요양보호

1) 임종 후 요양보호
① 사후 강직이 시작되기 전에 바른 자세를 취하게 한다.
② 대상자를 바로 눕히고 베개를 이용하여 어깨와 머리를 올려 혈액 정체로 인한 얼굴색의 변화를 방지하고 입이 벌어지는 것을 예방한다.
③ 대상자의 눈을 감기고 눈이 감기지 않을 경우 솜이나 거즈를 적셔 양쪽 눈 위에 올려놓는다.
④ 가족들이 사적으로 대상자를 만날 수 있게 시간을 준다.

2) 가족에 대한 요양보호
① 돕는 자로서 도움을 제공한다.
   – 임종 시 가족이 임종 대상자를 직접 돕게 한다.
② 가족들과 관계를 형성하면서 함께 있는다.
③ 여러 가지 방법으로 가족을 지지한다.
   – 안아 주거나 손을 잡는 등 적절한 신체 접촉을 통하여 혼자가 아니라는 느낌을 준다.
④ 가족 자신이 감정을 표현할 수 있게 돕는다.
   – 가족이 자신의 감정을 숨기지 않고 슬픔을 표현하도록 돕는다.
⑤ 가족의 태도와 행동을 판단하지 말고 중립적 자세를 유지한다.

VII 응급상황 대처

01 응급처치

1) 질식

① 질식 시 대상자의 주요 증상
- 목을 조르는 듯한 자세
- 갑작스러운 기침과 괴로운 얼굴 표정
- 숨을 쉴 때 목에서 들리는 이상한 소리

② 의식이 있는 경우
- 대상자에게 스스로 기침을 하게 한다.
- 대상자의 뒤에 서서 배꼽과 명치 중간에 주먹 쥔 손의 엄지손가락이 배에 닿도록 놓는다.
- 다른 한쪽 손으로는 주먹 쥔 손을 감싼 다음 양손으로 복부의 윗부분 후상방으로 힘차게 밀어 올린다.

③ 의식이 없는 경우 : 119에 신고하고 즉시 심폐소생술을 실시하면서 입안에 이물이 있는지 확인하고 제거한다.

2) 경련

① 몸에 꽉 끼는 옷의 단추나 넥타이를 풀고 편하게 호흡하게 한다.
② 거품 혹은 구토 등으로 숨을 쉴 수 없는 경우 얼굴을 옆으로 돌리거나 돌려 눕혀 기도를 유지한다.
③ 대상자를 꽉 붙잡거나 억지로 발작을 멈추게 하려고 하지 말고 조용히 기다린다.
④ 5분 이상 발작이 지속되면 즉시 119에 신고한다.

3) 화상

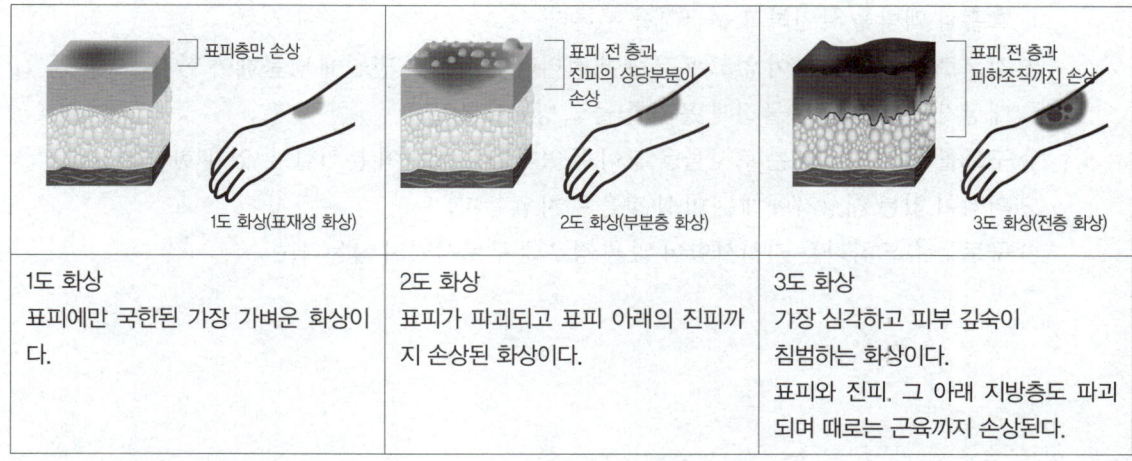

1도 화상	2도 화상	3도 화상
표피에만 국한된 가장 가벼운 화상이다.	표피가 파괴되고 표피 아래의 진피까지 손상된 화상이다.	가장 심각하고 피부 깊숙이 침범하는 화상이다. 표피와 진피, 그 아래 지방층도 파괴되며 때로는 근육까지 손상된다.

① 즉시 15분 이상 찬물(5-12°)에 담가 화상면의 확대와 염증을 억제하고 통증을 줄여 준다.
② 흐르는 수돗물을 환부에 직접 대면 물의 압력으로 화상 입은 피부가 손상을 입을 수 있다.
③ 벗기기 힘든 의복은 잘라내고 장신구는 최대한 빨리 뺀다.
④ 화상부위에 간장, 기름, 된장, 핸드크림, 치약 등을 바르면 세균감염의 위험이 있으므로 절대 바르면 안 된다.
⑤ 화상 부위를 만지거나 물집을 터트리면 안 된다.
⑥ 얼굴이나 입술에 화상을 입었을 때는 손상된 조직이 부어서 기도를 막아 호흡곤란이 오므로 즉시 병원 치료를 받아야 한다.

4) 골절
① 대상자를 안정시키고 절대로 스스로 움직이게 해서는 안 된다.
② 손상 부위의 장신구를 제거한다.
③ 담요 등을 덮어 주어 대상자를 따뜻하게 한다.
④ 상처 부위에 냉찜질을 하면 부풀어 오르거나 염증이 생기는 것을 줄일 수 있다.
⑤ 개방된 상처가 있거나 출혈이 있는 경우 멸균거즈를 이용하여 상처를 덮어 준다.
⑥ 튀어나온 뼈는 직접 압박하지 않는다.
⑦ 손상 부위에 부목을 댈 수도 있다.

5) 출혈
① 출혈의 원인이나 상처의 종류에 상관없이 가장 먼저 지혈해야 한다.
② 출혈부위에 멸균거즈를 이용하여 직접 압박한다.
③ 멸균거즈 위에 압박붕대를 감는다.
④ 출혈부위를 심장보다 높게 위치하도록 한다.

6) 약물 오남용 및 중독
① 호흡과 맥박을 확인하고 구급차를 부른다.
② 겉으로 드러난 증상이 없고 복용량이 적더라도 반드시 병원에 방문해야 한다.
③ 대상자가 먹고 남은 물질과 용기를 들고 병원에 간다.
④ 구토를 했을 경우에는 토사물을 모아 두었다가 의료진이 분석할 수 있게 한다.
⑤ 의식이 없는 대상자에게는 마실 것을 주지 않는다.
⑥ 구토를 유도하라는 지시사항이 없을 경우엔 구토시키지 않는다.

02 심폐소생술

심폐소생술 단계

1. 반응 확인	• 대상자의 양쪽 어깨를 두드리면서 "괜찮으세요?"라고 질문하면서 반응을 확인한다. • 대상자가 반응을 할 때 정상적인 호흡과 맥박이 있다면 회복자세를 취하게 하고 의료진이 도착할 때까지 호흡과 맥박을 확인한다.
2. 도움 요청	• 질문에 반응이 없고 정상적인 호흡이 없으면 즉시 119에 도움을 요청한다. • 주위에 도와줄 사람이 없는 경우 119에 신고한 후 구급상담요원의 지시를 따른다.
3. 호흡확인	① 대상자가 얼굴과 가슴을 10초 이내로 호흡을 확인한다. ② 환자의 호흡이 없거나 비정상적이라면 심정지가 발생한 것으로 단단한다. ③ 비정상적인 호흡상태를 평가하기 어려울때는 구급상환요원의 지시에 따른다.
4. 가슴압박	① 환자를 단단하고 평평한 곳에 눕힌다. ② 가슴뼈의 아래쪽 절반 부위에 깍지를 낀 두 손의 손바닥 뒤꿈치를 댄다. ③ 손가락이 가슴에 닿지 않도록 주의한다. ④ 양팔을 쭉 편 상태로 체중을 실어서 환자의 몸과 수직이 되도록 가슴을 압박한다. ⑤ 가슴압박은 분당 100~120회, 약 5cm깊이로 강하고 빠르게 시행한다.
5. 회복자세	• 대상자가 반응은 없으나 정상적인 호흡과 효과적인 순환을 보이던 대상자를 옆으로 돌려 눕힌다.

03 자동심장충격기 적용

1) 자동심장충격기의 일반적 4단계

1. 전원을 켠다. → 2. 패드를 붙인다. → 3. 심장 리듬을 분석한다. → 4. 모두 물러나고 제세동을 시행한다.

1. 전원켜기	• 자동심장충격기는 반응과 정상적인 호흡이 없는 심정지 대상자에게만 사용한다.
2. 패드부착	• 오른쪽 패드는 오른쪽 빗장뼈 밑에, 왼쪽 패드는 왼쪽 중간 겨드랑선에 붙인다.
3. 심장리듬분석	① 분석 중이니 물러나라는 음성지시가 나오면, 심폐소생술을 멈추고 대상자에게서 손을 뗀다. ② 제세동 필요하면 "제세동이 필요합니다"라는 음성 지시와 함께 자동심장충격기 스스로 에너지 충전을 시작한다. ③ 충전은 수 초 이상 소요되므로 가능한 가슴압박을 시행한다.
4. 심장충격(제세동)	① 분석 결과 "제세동이 필요합니다"는 안내와 함께 제세동버튼이 깜박인다. ② 충전이 완료되어 다시 모두 물러나라는 신호가 나오면, 모두 물러나게 하고 쇼크 버튼을 누른다.
5. 심폐소생술 재시행	① 충격이 전달된 즉시 가슴압박을 시작한다. ② 자동심장충격기는 2분 간격으로 심장 리듬 분석을 자동 반복한다. ③ 자동심장충격기 사용 및 심폐소생술 시행은 119 구급대가 현장에 도착할 때까지 지속한다.

한권으로 합격하는
요양보호사 최종모의고사 10회

발 행 일	2026년 1월 10일 개정6판 1쇄 인쇄
	2026년 1월 20일 개정6판 1쇄 발행
저 자	심은주
발 행 처	크라운출판사 http://www.crownbook.co.kr
발 행 인	李尙原
신고번호	제 300-2007-143호
주 소	서울시 종로구 율곡로13길 21
공 급 처	(02) 765-4787, 1566-5937
전 화	(02) 745-0311~3
팩 스	(02) 743-2688
홈페이지	www.crownbook.co.kr
I S B N	978-89-406-4971-8/ 13510

저자협의
인지생략

특별판매정가 16,000원

이 도서의 판권은 크라운출판사에 있으며, 수록된 내용은 무단으로 복제, 변형하여 사용할 수 없습니다.
Copyright CROWN, ⓒ 2026 Printed in Korea

이 도서의 문의를 편집부(02-6430-7028)로 연락주시면 친절하게 응답해 드립니다.